台湾选举中的媒体干政
2014《自由时报》"九合一"选举报道研究

华汝国 著

九州出版社 | 全国百佳图书出版单位

图书在版编目（CIP）数据

台湾选举中的媒体干政：2014《自由时报》"九合
一"选举报道研究／华汝国著. --北京：九州出版社，
2017. 12

ISBN 978 - 7 - 5108 - 6403 - 2

Ⅰ. ①台…　Ⅱ. ①华…　Ⅲ. ①传播媒介 - 影响 - 选举
- 研究 - 台湾　Ⅳ. ①D675. 824

中国版本图书馆 CIP 数据核字（2017）第 285146 号

台湾选举中的媒体干政

——2014《自由时报》"九合一"选举报道研究

作　　者	华汝国　著
出版发行	九州出版社
地　　址	北京市西城区阜外大街甲 35 号（100037）
发行电话	（010）68992190/3/5/6
网　　址	www. jiuzhoupress. com
电子信箱	jiuzhou@ jiuzhoupress. com
印　　刷	北京九州迅驰传媒文化有限公司
开　　本	720 毫米×1020 毫米　16 开
印　　张	11. 25
字　　数	184 千字
版　　次	2017 年 12 月第 1 版
印　　次	2017 年 12 月第 1 次印刷
书　　号	ISBN 978 - 7 - 5108 - 6403 - 2
定　　价	34. 00 元

序

　　华汝国博士是 2013 年 9 月开始进入复旦大学新闻学院攻读博士学位的，我是他的导师。由于我此时已加入我校与厦门大学、福建师范大学、中国社会科学院台湾研究所联合创建的"两岸关系和平发展协同创新中心"的科研团队，因而华汝国博士也随之将其攻读博士学位的研究方向定位于两岸关系研究。经过三年的学习与研究，这篇探讨、解析 2014 年台湾《自由时报》有关"九合一"选举报道的博士学位论文于 2016 年 4 月完稿，并通过了评审、答辩等诸多环节。之后，该论文经过进一步的修改与打磨，即将由九州出版社作为专著出版发行。华汝国博士请我为之作序，作为这本论著的见证人，我义不容辞且感到十分荣幸。

　　华汝国博士之所以选择这一研究课题，其旨在研究台湾媒体的政治偏向（Political bias）问题。由于历史与现实的原因，台湾媒体存在着十分显著的政治偏向（Political bias）问题，该论著选择台湾《自由时报》对台湾史上最大规模的地方选举——2014 年地方公职人员选举（又称"九合一"选举）的报道内容为样本，深度考察了其中的政治偏向问题，具有很强的现实意义与实践品格。在研究过程中，作者将政治学与传播学深度结合，实现了跨学科理论整合，特别是借用合法性这一政治学核心理论，不仅弥补了以往政治传播研究的理论缺失，而且还有助于在研究中产生一些独特见解，如对于权力关系与传播关系这两对关系之关系的阐释等。这些研究成果，使该论著还具有较大的理论意义与一定的创新性价值，具体体现在促进学科融合、拓展新闻传播的研究视野、搭建政治传播研究框架等方面。

　　该论著在学术研究上的特点，一是选择与考察单一媒体在特定选举中的报道情况。只选择与考察一家媒体在一场选举事件中的报道情况，研究对象集中、明确，使研究者能够沉入到报道的场景和语境中去，更好地对这次选举报道作出全面、深刻的剖析。二是该研究是从既有偏向出发，而不是证明偏向的存在。以往的研究，大多是对比不同媒体对不同政党或候选人的报道情况，从而发现其存在的偏向问题。该研究则仅选择一家存在既有偏向的媒体，对其如何在内容与形式上建构偏向进行细致考察，从而有益于理解和解答一些具体而现实的问题。三是突破了对大量样本进行文献分析的难度。作者虽然选择的是《自由时报》101 天的报道，但事实上这 101 天的样本并不少，因而作者须先克服如何选择样本这一难题。对此，作者没有选择抽样的办法，而是花了大功夫通读了《自由时报》上发表的四千多篇报道，认真研究、发现其中所蕴藏的意义。

该论著正因为在学术研究上具有上述三个特点，因而能够比较深刻地揭示出台湾政治媒体生态现实中的一些问题。该论著通过对《自由时报》"九合一"选举报道进行分析，让我们看到了台湾媒体在政治选举中的重要作用，为我们呈现了绿营媒体在这场选举中的舆论建构策略，揭示了这场选举中绿营大胜、蓝营大败结果背后的媒介因素，也为我们展现了台湾复杂的政治媒体关系生态，从而对我们更好地理解台湾政治社会情况，加强对台湾媒体、政治的辨识能力，推进两岸关系发展等方面能够提供积极的意义。

在体例上，该论著分导论、政治偏向的内容呈现、政治偏向的形式呈现、结论四个部分。第一部分即导论部分介绍了研究的缘起、研究综述、研究方法等；第二部分从报道内容方面对《自由时报》的政治偏向进行了分析，主要包括意识形态方面的报道偏向、制度制定和执行方面的报道偏向和政绩方面的报道偏向；第三部分从报道技术方面，论述了《自由时报》采取了哪些报道形式建构其政治偏向；第四部分即结论部分，提出了解决问题的意见与建议。该论著结构合理、论证严谨，层次清晰，行文流畅。

最后，为该论著的即将问世，谨向华汝国博士表示衷心的祝贺。

黄瑚

2017 年 8 月

目　　录

导　　论

第一节　研究缘起

选举报道是政治传播研究的重要领域，也是台湾媒介研究的一个重要入口。对于实行政党选举制度的中国台湾地区，大众媒介在选举报道中所呈现的一些现象与问题很值得我们关注。这一方面是因为从媒介选举报道的角度考察台湾选举有利于我们揭示选举活动之于台湾政治、经济、文化与社会变革影响的深刻性，另一方面也是因为台湾社会特有的政媒生态现象为能够为媒介研究者提供一个典型的研究对象。

台湾政媒生态的独特性源于复杂的历史与现实原因。总体上来说，台湾政媒生态可以用"党媒苟合"来形容，"政治色彩浓郁，乃是台湾媒体一大'传统'"①。从历史上来看，台湾媒体与政党的暧昧关系是由来已久的。在1987 年之前，台湾一直实行国民党一党专政下的党管媒体制度，媒体本来就是政治（党）的媒体。1987 年解除"党禁"、开放"报禁"后，虽然岛内产生了政治与媒体的快速发展变革，但也随之产生了一系列的新问题。一方面是政治上分化出蓝、绿两大阵营，相互展开无休止的明争暗斗；另一方面是媒体之间由于竞争的加剧，纷纷与蓝、绿两大政治阵营结盟，分化出"亲蓝"和"亲绿"两种不同立场的派系。这实际上意味着台湾地区"党禁""报禁"之前的"党媒苟合"生态并未发生根本变革，只是在由曾经的"一党苟合"变为当下的"两党苟合"而已，媒介的中立性并没有因为环境的"自由"而得到实现。在政治斗争不断加剧的情况下，"报纸的政治立场与倾向愈来愈明显，尤其一到选举期间更是如此……"② 各种媒体在选举报

---

① 方苏. 台湾新闻媒体公共性建构研究——公共利益原则在台湾媒体改革中的凸显与张大 [D]. 武汉：武汉大学博士论文，2010：43.

② 王天滨. 台湾报业史 [M]. 台北：亚太图书出版社，2003：376.

道中，往往为维护所属政治集团的利益，借助于其"话语公器"的身份相互之间展开政治攻讦，以期影响舆论、左右选情。

这种现象也出现在 2014 年台湾地方公职人员选举期间的媒介报道中。这场选举于该年 11 月 29 日举行，首次将九类台湾地方公职人员选举合并（简称"九合一"选举，本书其他地方亦采用该简称），覆盖全台 22 个县市，有 1800 万合格选民，共 19761 位候选人参与竞争 11130 个地方公职，所以被称为台湾有史以来范围最广、规模最大、人数最多、竞争极为激烈的一场综合性地方选举。这场选举最终的结果是，作为"执政党"的中国国民党遭遇"1949 年退台以来的空前惨败"，而它的最大反对党民进党取得"建党以来的最大战果"。① 在全台湾地区 22 个县市长选举中，民进党获得 13 席，夺取台湾大部分县市"执政权"，国民党仅保住 6 席，剩余 3 席则由无党籍参选人获得。其中，作为国民党重要传统领地的台北市市长之位，也被亲绿（甚至被称为"墨绿"）的无党籍人士柯文哲斩获。这一选举结果使得马英九的领导权威与国民党的发展势头受到空前重创，选后各方评论普遍认为，此结果将意味着 2016 年台湾"总统大选"必将产生政党轮替。事实确实如此，"九合一"败选后，"哀鸿遍野"的国民党长期士气低迷，果真于 2016 年 1 月 16 日举行的台湾地区领导人兼"立委"选举中再次全面溃败，不但输掉了地区领导人一职，而且也未能保住过半的"立委"席次。对此，多方评论分析认为，国民党这两场选举之所以大败，在很大程度上是因为该党所掌握的媒介话语权与民进党相比差距太大。如有评论所称："在全台 22 家新闻媒体平台中，只有 2 家比较亲国民党，'其他都在煽风、抹黑'。"②

"九合一"选举中，媒体一如既往地表现出了极大的参与热情，分属泛蓝、泛绿阵营的报纸、广播、电视等传统媒体及新媒体纷纷介入，展现出了对这场选举的强大影响力。在注意到这一现象时，一些疑问也随之产生：在这场选举中，媒体具体发挥了怎样的干预作用？蓝营大败、绿营大胜的结果究竟是在怎样的媒介舆论空间中产生的？如何科学地发现并解读台湾媒介选举报道行为所呈现的特征或规律？基于如此追问，笔者试图通过一个合适的

---

① 彭维学. 台湾"九合一"选举透视［J］. 领导文萃，2015（2）.
② 无署名. 蓝议员厉耿桂芳：让党政军退出媒体是国民党最大错误［N］. 海峡岛报，2015，7（19）：15. http://epaper.taihainet.com/html/20150719/hxdb566486.html

考察视角，对"九合一"选举期间的台湾媒介行为进行一次深入地研究。

第二节　国内外相关研究综述

　　对大众媒介关于选举报道的考察隶属于政治传播研究的范畴。政治传播是人类传播行为的重要形式，先人们对于政治传播现象的关注和研究早已有之，并已产生了成果丰硕的相关著述，在诸如孔子的《论语》、亚里士多德的《修辞学》等典籍中，都曾较为深刻地论及政治传播问题。从现代传播学发展历程来看，学者们对于政治传播的研究甚至是促使整个传播学科诞生与兴盛的重要基础。在被传播学创始人施拉姆称为传播学"四大先驱"的早期传播学研究核心人物中，有两位即可被认为是直接从事政治传播研究并对这一学科做出奠基性理论贡献的人：一位是拉斯韦尔，他于1927年出版了博士论文《世界大战中的宣传技巧》一书，从战争宣传的角度解析了第一次世界大战中的政治传播策略；另一位是拉扎斯菲尔德，他对1940年美国总统大选期间媒体宣传与民众投票倾向变化之间的关系进行了调查研究，和助手完成的《人民的选择》是将选举中的传播问题作为研究对象的一本里程碑式的著作。两位先驱在其政治传播研究中所采用的实用主义研究路径，体现出了早期美国传播学研究对实证与量化方法的重视，直到今日，这一方法应用依然是美国传播学研究的主流路径。

　　因此，政治传播研究是一个非常宽泛的课题，相比之下，选举报道研究只集中关注大众传播媒介对政治选举的报道行为，研究对象较为具体。因而笔者这里将对国内外研究现状的考察重点放在关于"大众媒介对政治选举的报道研究"上，以期让研究对象更加清晰、明确。

一、国外选举报道研究

　　国外对于媒介政治选举报道的研究成果十分丰硕。总体来看，相关研究可以分为两类，一类是从功能主义角度对选举事件中媒介报道对选举舆情所产生作用的研究，一类是从批判主义角度对选举事件中媒介报道是否遵守客观中立原则进行检视的研究。由于相关的研究成果较多，这里仅对其中的典型观点作以综述。

　　首先是选举报道中的媒介功能研究。这种研究也分为两个类型，一是以选举报道为例，研究普遍意义上的传播说服作用。这种研究多以传播心理学为基本路径。例如麦库姆斯在对议程设置理论进行的研究中，以政治选举为例，研究论证了媒介在政治选举中所产生的议程设置作用。[①] 和很多类似的研究一样，麦库姆斯的议程设置研究仅是以选举事件为依托的一项传播社会心理学研究，它所揭示的只是普遍意义上的传播规律，而非政治传播的特有规律。但毫无疑问，此类研究具有极为重要的奠基意义，正是基于这种对传播说服功能普遍规律的理论发现，很多研究者能够对媒介之于选举活动的作用作延伸性的思辨研究。比如一些学者在其综合性的传播学著作中，往往会专门列出章目，论述媒介报道之于选举的作用。如大卫斯和麦克威尔所著的《新闻业的两个"W"：公共事件报道中的"为什么"与"是什么"》一书，就论及了媒介对于选举的作用。作者认为，选举过程归结于三个方面的参与，即候选人团队、新闻媒体与作为潜在投票人的公众，它们各自处于不同的位置，并具有不同的目标。[②] 哈里斯在其所著的《媒介心理学》中，也专门设置了"政治：通过新闻和广告赢得选举"一章，分析了新闻媒体可以通过拉近候选人和公众之间的距离、突出主题或淡化主题、进行偏向性解读等方式对选举产生影响。[③] 针对媒介技术的不断更新，莱文森在他的《新新媒介》一书中，也对他所谓的"新新媒体"在选举报道中的作用进行了研究。[④] 另外，也有一些关于选举报道的专门性研究，如肯尼斯和汤姆森合著的《媒介如何击败选民：原因、结果及策略》一书，即以1996年美国总统大选期间的媒介报道为例，考察了选民对媒体的使用与评估情况，以及这种使用与评估作用下的投票行为。[⑤]

其次是以批判为路径的选举报道研究。这类研究主要将问题锁定于对媒介报道是否公正客观的讨论上。相关研究也有大量的成果，并产生了一个热门的专业概念——"媒介偏向"（Media bias，或译为媒介偏差）。"偏向"在媒介报道中的存在，即是新闻业违背客观中立专业规范并可能

① ［美］麦库姆斯（著），郭镇之，徐培喜（译）. 议程设置：大众媒介与舆论 ［M］. 北京：北京大学出版社，2008：121 – 136.

② Merritt Davis, McCombs Maxwell E. The Two W's of Journalism: The Why and What of Public Affairs Reporting ［M］. NJ: Lawrence Erlbaum Associates. 2004：122. （eBook）

③ ［美］Richard Jackson Harris. 媒介心理学 ［M］. 北京：中国轻工业出版社，2007：219 – 227.

④ ［美］莱文森. 新新媒介 ［M］. 上海：复旦大学出版社，2011：181.

⑤ Dautrich Kenneth, Hartley Thomas H. How the News Media Fail American Voters: Causes, Consequences, and Remedies ［M］. New York: Columbia University Press. 1999：1. （eBook）

由此产生对舆论的不当干扰问题的表现。对于媒介偏向问题，一些学者进行了归类梳理。麦奎尔将之分为四种类型，即公开但无意的"记者偏向"、有意但隐藏的"宣传偏向"、有意且公开的"党派偏向"、无意又隐藏的"意识形态偏向"；① 阿里瑟和艾伦将之分为三种类型：一是优先选择某个政党进行报道的"守门偏向"，二是对不同政党报道存在数量差别的"报道偏向"，三是对不同政党报道在有利程度上的"陈述偏向"；② 菲克和蔻特在对选举报道进行考察时，选择了消息来源的引用比例、报道面积和内容陈述是否有利这几个方面作为评估标准；③ 在菲克和蔻特的基础上，巴伯进一步认为，对于其中"陈述偏向"的有效评估应该有所推进，在考察对不同政党报道的有利程度方面，应该进行多义评估；④ 这些学者对于"媒介偏向"的深入考察，为我们理解媒介在建构偏向性选举舆论时的表现提供了有益参考。

媒介偏向研究本身并不仅仅限于选举报道乃至政治传播领域，比如社会报道、经济报道中都可能存在媒介偏向，但由于人们对于选举公正的高度关注，他们极其希望媒体在选举报道中秉持客观公正的政治立场，因而以选举报道作为考察对象成为媒介偏向研究的一个重要方面。在对媒介选举报道中的政治偏向进行研究中，角度较为多样，有的关注选举中的党派/候选人偏向，有的关注选举中的候选人性别偏向，有的关注受众的偏向性心理认知，等等。基于与本研究的相关性，我们这里重点考察对媒介选举报道研究中关于党派/候选人偏向进行的研究。

相对于其他类型的政治偏向研究，对党派/候选人偏向的关注是选举报道政治偏向研究的主要方面。许多研究者采取量化分析的方法，对媒介报道中是否存在政治偏向进行求证。迈克尔·埃默里通过对报纸在总统选举中的立场进行分析，认为美国日报的社论立场所支持的总统候选人以共和党为多

① McQuail, D. Media Performance. Newbury Park, CA: Sage. 转引自：王国珍."媒体偏向"现象探析 [J]. 新闻知识，2009 (07).

② D D'Alessio, M Allen. Media bias in presidential elections: A meta - analysis [J]. Journal of Communication, 2000, 50 (4): 133.

③ Fico Frederick, Cote William. Fairness and Balance in the Structural Characteristics of Newspaper Stories on the 1996 Presidential Election [J]. Journalism and Mass Communication Quarterly; Spring 1999, 76 (1): 124.

④ Marsha Barber, Getting the Picture: Airtime and Lineup Bias on Canadian Networks during the 2006 Federal Election [J]. Canadian Journal of Communication, 2008, 33: 631.

数，显现出略微的偏向。① 史特恩分析了 2000 年美国总统大选中多家报纸的新闻报道，也证实了其中存在对两位主要总统候选人的不公与偏向问题。② 伯丁菲尔德及其合作者分析了 2012 年美国总统大选期间的报纸新闻，对其政治选举报道的框架建构与内容偏向进行了揭示。③ 也有学者重点研究了媒介偏向建构的方法与呈现方式，如哈耶斯通过对美国报纸关于美国三届总统大选报道的内容分析发现，媒介在报道由某一政党发起的自有议题时，比在报道该政党的反对议题时对该政党更为有利。④ 赛特曼通过对 2004 年美国总统大选中媒体报道情况的分析，指出 "极化框架"（The polarization frame）在报纸和电视两种媒体中均高频出现，这样的选举报道使得美国社会一度成为由愤怒的、极化的选民所组成的撕裂战场。⑤ 也有研究者关注到了媒介可能存在的非语言偏向。米勒及其合作者注意到电视台主持人在对美国总统大选进行报道时，其面部表情也存有特定的偏向性。⑥ 除关注美国大选之外，也有学者以其他国家的媒介选举报道为例进行分析，论证了相关媒体在选举报道中的偏向问题。如胡斯及其合作者在对 2006 年荷兰议会选举中的电视访谈节目进行量化分析后，发现访谈中主持人对左翼政治人物所提出的反对性问题比对右翼和中立政治人物要少，体现出采访者在向公众展示这些政治人物过程中的一种偏袒行为。⑦ 其他还有简耐特及其合作者对荷兰 2006 年选举中多家报纸报道的研究，⑧ 安善金以韩国第十六届总统选举非法

① ［美］迈克尔·埃默里，埃德温·埃默里（著）；南希·L. 罗伯茨（撰稿）；展江，殷文（译）. 美国新闻史大众传播媒介解释史，第 8 版［M］. 北京：新华出版社，2001：593.

② Jennifer Barbara Stein. The 2000 presidential election：A content analysis of newspaper media coverage［D］，Master of Arts Degree, Hank Greenspun School of Communication Greenspun College of Urban Affairs. 2001.

③ Sid Bedingfield, Dien Anshari. Thinking about Romney：Frame Building in a Battleground State in the 2012 Presidential Election［J］. Journalism & Mass Communication Quarterly, 2014, 91 (1)：78 - 97.

④ Danny Hayes. Party Reputations, Journalistic Expectations：How Issue Ownership Influences Election News［J］. Political Communication, 2008, 25 (4)：377 - 400.

⑤ Jonathan S. Morris. Slanted Objectivity? Perceived Media Bias, Cable News Exposure, and Political Attitudes［J］. Social Science Quarterly, 2007, 88 (3)：707.

⑥ Andrea Miller, Renita Coleman, Donald Granberg. TV Anchors, Elections, and Bias：A Longitudinal Study of the Facial Expressions［J］. Visual Communication Quarterly, 2007, 14 (4)：244 - 257.

⑦ Erica Huls, Jasper Varwijk. Political bias in TV interviews［J］. Discourse & Society, 2011, 22 (1)：48 - 65.

⑧ Takens Janet, Ruigrok Nel, van Hoof Anita, Scholten Otto. Leaning to the Right or Leaning to the Left?［A］. Dutch Media and Politics, Conference Papers—International Communication Association［C］. 2008：1 - 27.

筹款事件为例的研究,① 阿波特对马来西亚报纸的选举报道研究,② 等等。

　　另有一些学者在对选举报道政治偏向的研究中得出了不同的结论。例如巴伯通过对加拿大 2006 年联邦选举中三家电视网的相关报道进行分析后指出, 尽管批评者认为媒体存在偏向, 但是事实上偏向并不明显。不过一种更微妙而结构性的偏向却显而易见, 即那些在民调中显示胜率较高的阵营受到了更多的报道, 而被认为胜率较低的候选人则受到的报道较少。③ 尼古拉斯及其合作者还注意到了竞选连任的候选人在新闻报道中存在一种 "在位优势" (Incumbency bonus) 的情况, 他们通过对丹麦五场国家大选中的新闻报道进行内容分析后发现, 政治系统中的力量越参差不齐, 越能显现出在位候选人的优势。④ 但阿达契和黑仁在另一项研究中得出了相反的结论, 他们认为媒体的选举报道存在 "反在位" 偏向 ("Anti - incumbent" bias),⑤ 由此体现出了 "在位" 状况之于 "媒介偏向" 问题可能存在的条件性与复杂性。

　　在英文文献中, 关于台湾选举报道的研究为数极少。通过检索, 仅得到韦幸福 (音译) 对美国媒体对于 1996—2004 年间三次台湾地区领导人选举中关于 "台独" 问题报道的一项研究。研究认为, 美国媒体对 "台独" 问题的报道框架在十年内发生了明显转变, 从一开始的支持民主/自治/自由, 最终转变为支持 "一个中国" 政策/和平/稳定。该文由此得出结论: "台独" 的空间已经越来越窄, 中国大陆增长中的政治经济实力开始得到美国认可; 美国不管以何种方式来处理台海问题, 都首先将国家利益置于首位等结论。⑥ 除此之外, 暂未发现其他关于台湾选举报道研究的有代表性的英文文献。

---

① An Seon - Kyoung, Cho Seung. How Does News Media Frame Organizational Crisis Response? Selective Bias of Crisis News Coverage in South Korea Political Crisis, Conference Papers [A]. National Communication Association [C], 2008: 1.

② Jason P. Abbott. Electoral Authoritarianism and the Print Media in Malaysia: Measuring Political Bias and Analyzing Its Cause [J]. Asian Affairs: An American Review, 2011, 38 (1): 1 - 38.

③ Marsha Barber. Getting the Picture: Airtime and Lineup Bias on Canadian Networks during the 2006 Federal Election [J]. Canadian Journal of Communication, 2008, 33 (4): 621 - 637.

④ Hopmann David Nicolas, Erik Albaek. Incumbency bonus in election news coverage explained: The logic of the political system and the media market [A] Conference Papers—International Communication Association [C], 2009: 1 - 29.

⑤ T. Adachi, Y. Hizen. Political Accountability, Electoral Control and Media Bias [J]. The Japanese Economic Review, 2014, 65 (3).

⑥ Wei - Hsin Fu. Framing Taiwan's independence in the coverage of Taiwan's presidential elections, 1996 to 2004: An analysis of the U. S. press [D]. Rutgers, the State University of New Jersey. Ph. D. Dissertation, 2007, 10.

二、国内选举报道研究

与西方学者类似，一些国内学者也对媒介在政治选举中的干预作用进行了综合讨论。首先是大陆学者方面。徐兆荣在《新闻的分量》一书中，分析了电视时代的美国政治选举，认为美国的政治及其政治选举已经形成了以传媒为中心的"媒介政治"；同时，他还简要对比了日美之间总统选举过程中电视辩论的差别。[①] 钟瑛、余红在《传播科技与社会》一书中论述了报纸、广播、电视、互联网等不同形态媒体对于政治选举的干预作用。[②] 张学智在《日本电视》中，论述了电视媒体在塑造候选人、传播政治主张、增加透明度等方面的作用。[③] 贾乐蓉在《当代俄罗斯大众传媒研究》中论及了俄罗斯大众传媒于1996年俄国大选期间沦为"选举工具"的现象，并称之"严重恶化了俄罗斯的新闻自由状况"。[④] 台湾方面，郑贞铭在《新闻传播总论》一书中论述了新闻媒体对于政治选举的重要性，并简要介绍了报纸、电视媒体在政治选举中产生作用的方式；[⑤] 他还在《美国大众传播》一书中分析了美国总统竞选通常所采用的诸如插播演说、开展电视辩论、私用民意测验等宣传报道方式，并强调了大众媒体对选民心理及其投票行为的影响。[⑥]

另外，也有一些学者在其政治传播研究中专门对选举报道问题进行了考察。如杨柳研究了美国媒体在选举报道中的政治偏向问题，她认为，美国媒体存在通过直接表明竞选立场、为特定候选人塑造竞选形象、为候选人设定公众评价等方式参与总统竞选的现象。[⑦] 谢岳的博士后论文《大众传媒与美国民主——政治传播的个案研究》归纳了美国新闻报道影响公众选举态度和选举行为的方式，主要表现为新闻为公众设置政治议题，包括建构候选人的知名度、政策倾向以及个人品质等。[⑧]

① 徐兆荣. 新闻的分量 [M]. 北京：新华出版社，2001：54.
② 钟瑛，余红. 传播科技与社会 [M]. 武汉：华中科技大学出版社，2006：167 – 178.
③ 张学智. 日本电视 [M]. 北京：中国电影出版社，2001：67.
④ 贾乐蓉. 当代俄罗斯大众传媒研究 [M]. 北京：中国广播电视出版社，2008：16.
⑤ 郑贞铭. 新闻传播总论 [M]. 台北：允晨文化实业股份有限公司，1984：91 – 95.
⑥ 郑贞铭. 美国大众传播 [M]. 台北：台湾商务印书馆，1977：161 – 173.
⑦ 杨柳. 媒体文化对美国政治选举的影响 [J]. 新闻传播，2009：1.
⑧ 谢岳. 大众传媒与美国民主——政治传播的个案研究 [D]. 上海：复旦大学博士后出站论文，2003：73 – 76.

　　对台湾媒介选举报道的研究也可以分为综合类和专门类两种。大陆学者研究台湾选举报道以综合性考察为主,台湾学者则有较多的专门性研究。综合性研究方面,如史卫民在《解读台湾选举》一书中专门列出一节,讨论选举中的媒体作用,对台湾主要媒体及其政治倾向、媒体介入选举的方式、媒体的"守法"和"中立"、媒体的可信度等问题进行了考察;① 黄辉所编的《广播电视学》一书中,有一部分是关于台湾选举与媒体关系的研究,作者认为,"如今的台湾选举活动实际上已经逐渐演变成通过候选人、媒介与选民三者间互动而完成的政治活动",形成了一个由政治候选人、媒介与选民组成的"选举三角";② 另有黄嘉树、程瑞在他们合著的《台湾选举研究》一书中,考察了台湾选举中的文宣造势与选举行销现象。③

　　也有一些大陆学者对台湾媒介选举报道进行了专门研究。比如金勇以2008 年台湾地区领导人选举为例,研究揭示了台湾媒体在选举中的蓝绿政治倾向问题。④ 黄碧梅、许清茂以内容分析法对比了台湾1997 年、2005 年两场地方选举中三家报纸在报道量、编辑手段等方面所呈现的政治倾向差异及其对不同政党候选人形象建构的差异,以此观察政党更替对于台湾媒介生态的反作用。⑤ 张亚靖以历史为脉络研究了台湾媒体与政治选举的互动关系,认为新闻媒体在台湾选举中所扮演的角色由没有话语权的"侍从"演变成了"选举三角"中的"核心"。⑥ 另外,张志雄的《台湾政治营销与选民投票行为之研究》也是一个相近的研究,作者采取文献分析及历史研究相结合的方法,对大众媒介在选举中的作用进行了探讨,结论认为,在台湾选举中,许多典型的传播规律相互交织,产生了综合的作用;与此同时,政治营销并不完全等同于商业营销。⑦

　　另有一些大陆学者考察了大陆媒体对台湾选举的报道,如黄小雄与合作

---

① 史卫民. 解读台湾选举 [M]. 北京:九州出版社,2007:243 – 250.

② 黄辉. 广播电视学 [M]. 上海:同济大学出版社,2013:118.

③ 黄嘉树,程瑞. 台湾选举研究 [M]. 北京:九州出版社,2002:79.

④ 金勇,张开,吴敏苏. 台湾报业天王的"蓝绿情结"——以2008 年台湾地区领导人选举特刊为例. 和谐世界与国际报道 [M]. 北京:中国传媒大学出版社,2010:27 – 35.

⑤ 黄碧梅,许清茂. 台湾执政党更替对媒体生态之影响——以基层选举中的媒体使用为例,见:张铭清. 海峡两岸新闻与传播研究 [M]. 北京:九州出版社,2009:1 – 62.

⑥ 张亚靖. 新闻媒体与台湾选举政治的互动融合研究 [D]. 北京:首都师范大学硕士毕业论文,2014.

⑦ 张志雄. 台湾政治营销与选民投票行为之研究 [D]. 北京:中国人民大学博士学位论文,2010.

者通过对新华社关于 1996—2008 年间台湾地区领导人选举报道的研究，认为四次选举前后新华社报道的基本框架、叙述方式，没有什么大的变化，体现了我国政府始终坚持和平统一的对台政策；① 陈博威、林颖考察了人民网台湾频道关于 2012 年台湾选举辩论会的新闻报道，分析了该网站在对台报道特定"新闻框架"下的媒介倾向、意识形态及话语之间的互动关系；② 其他还有王若伊对搜狐网关于 2012 年台湾"大选"报道特征的考察；③ 苏梦珊对《人民日报海外版》关于 2012 年台湾选举报道特征的考察；④ 等等。

　　相比较而言，台湾学者对台湾媒介选举报道的研究要更为丰富而且深入。首先是对媒介报道在选举过程中所产生作用的研究。黄裕峯通过深度访谈 13 位主持人，讨论分析了新闻类谈话节目对台湾选举的作用，指出此类节目与选举存在五点交互影响。⑤ 林正士、周轩逸以"首投族"为观察对象，研究了 2012 年台湾地区领导人选举期间电视辩论对受众投票的影响情况。⑥ 另有盛治仁的相关研究，作者认为，媒体的选举新闻报道焦点与民众所关心的议题存在一定的差距，因为媒体自有一番新闻运作的逻辑。⑦

　　其次是对媒介在选举报道中所存在问题的批判研究。许多台湾学者以内容分析方法对媒体报道的公正性问题进行了考察，一些相关的研究充分运用了国外流行的"媒介偏向"概念。以媒介在选举中的政党/候选人偏向为研究对象的台湾学者首推罗文辉。他与黄葳威等人通过对 2000 年台湾地区领导人选举中台湾六家报纸关于选举的报道情况进行分析，认为公、民营报纸在选举报道中均存在政治偏差现象。⑧ 2004 年台湾地区领导人选举后，罗文

① 黄小雄，沈国麟，杜旭赟. 新华社台湾地区领导人选举报道的框架分析 [J]. 新闻大学，2009 (1).

② 陈博威，林颖. 人民网"台湾频道"的竞选报道框架分析：以台湾地区 2012 年选举辩论会报道为例 [J]. 湖北社会科学，2014 (12).

③ 王若伊. 大陆媒体对台湾 2012 年选举辩论会的报道研究：以搜狐网为例 [J]. 福建论坛（人文社会科学版），2012 (S1).

④ 苏梦珊. 大陆媒体对台湾 2012 选举辩论会报道之研究：以《人民日报海外版》为例 [J]. 文艺生活（文海艺苑），2012 (7).

⑤ 黄裕峯. 解读新闻性电视谈话节目与台湾选举 [J]. 台湾研究，2014 (4).

⑥ 林正士，周轩逸. "总统大选"电视辩论对于首投族之政治传播效果：以 2012 年台湾"总统"选举为例 [J]. 选举研究，2014，21 (1)：47 - 87.

⑦ 盛治仁. 媒体、民调和议题——谈竞选过程中民意的变动性和稳定性 [J]. 选举研究，2004，11 (1)：73 - 98.

⑧ 罗文辉，黄葳威，龚小文，庄树颖. 公民营报纸"总统"选举新闻之公正性研究 [A]. 中华传播学学会年会论文 [C]. 2000. http://ccs.nccu.edu.tw/word/HISTORY _ PAPER _ FILES/649 _ 1. pdf

辉及其合作者又研究了这次选举中台湾四大报的政治偏向问题，再次证明台湾报纸在选举报道中存在显著的政治偏向。① 对于本次选举，罗文辉及其合作者还分析了台湾地区的电视台在报道中的政党偏向问题。② 另外，林裕展、罗文辉还以内容分析与访谈的方式，揭示了台视于民营化前后在选举报道中的政党偏向变化。③

除罗文辉等人外，还有一些其他台湾学者从类似角度关注台湾媒体的选举报道问题。杨孝溁早在1973年曾于《新闻学研究》上发表《台湾报纸选举新闻中评论成分之研究》一文，对台湾报纸对于一场大型地方选举的报道做了研究。作者以内容分析方法对报纸新闻中的评论成分进行了量化，结论认为，不同报纸在对不同选区的报道中，持有差异性的政治立场，并证明了当时的台湾报纸新闻具有很高的评论性倾向（不过多以颂扬性为主）。④陈可蒂（音译）以台湾三家英文日报的选举报道为对象，研究揭示了各家英文日报如何在各相径庭的意识形态立场下，在选前造势支持特定对象，在选后又按意识形态立场的不同来分别解读支持对象的选举结果的情况，并对这些报纸在新闻报道中采用的用语策略进行了分析。⑤ 苏蘅以1993年台湾省县市长选举投票前夕，前"退辅会"主任委员许历农突然宣布退出国民党后台湾四家报纸的报道为内容进行分析，探讨了这几家报纸新闻报道的差别。研究发现，在对该事件的报道中，四家媒体在引用消息来源方面，体现出了多重明显不同，并说明了新闻记者存在借助特别的消息来源以表达立场的行为。⑥

除此之外，一些学者对岛外媒体关于岛内选举报道的公正性情况进行了考察。郝志东通过对比研究美国、大陆及台湾三方媒体对于台湾"立委"

① 罗文辉，王慧馨，候志钦．2004年台湾报纸"总统"选举新闻之政治偏差［J］．选举研究，1996，14（2）：95－120．

② 罗文辉，候志钦，郑丽萍，李伟农．2004年电视"总统"选举新闻的政党偏差［J］．广播与电视期刊，2004（7）．

③ 林裕展，罗文辉．台湾电视公司四届"总统"选举新闻报导政党偏差研究［J］．选举研究，2010（1）．

④ 杨孝溁．台湾报纸选举新闻中评论成分之研究［J］．新闻学研究，1973，11（05）：7－32．

⑤ Ketty W. Chen. 促生惊惧抑或鼓动狂热——2004年台湾"国会"选举期间的地方英文报纸报导［J］．Taiwan International Studies Quarterly，2008（4）．

⑥ 苏蘅．消息来源与新闻价值——报纸如何报道"许历农退党"效应［J］．新闻学研究，1995，50（1）：15－40．

选举的报道，认为美国的媒体较为专业，而台湾和大陆的媒体相对较差。①
黄靖惠对美国《时代》杂志关于台湾地区领导人选举的报道进行了研究，
认为该杂志也存在一定的政治偏向，主要表现为透过论述操作的方式，一再
对"马英九/蓝"赢得政权予以合理化。②

三、总结

通过对以上文献进行分析，可以发现媒介选举报道研究是一个所涉范围
极广的研究领域。在对大众媒介之于政治选举所体现角色及作用的研究中，
媒体是否能够作为公平、公正的话语平台显然得到了广泛的关注。不过，虽
然此类研究已经产生了丰富的成果，但较多只是在已有框架下的不断重复。
所以，若要在现有的基础上将选举报道研究推进一步，有必要努力跳脱现有
的框架，开辟出新的研究路径，以进一步拓宽选举报道研究的视野、开掘选
举报道研究的深度。

具体来说，现有研究存在三个方面的不足：一是缺乏真正从政治学视角
来对作为"政治传播"的选举报道进行的深入研究。过去的选举报道研究
多是从传播心理学、传播伦理学等角度分析和解答问题，因而大多并不具有
"政治传播"研究的专属性，所得出的结论也并不能揭示政治传播的特有规
律，它们往往放之四海而皆准，不但适用于选举报道，而且适用于娱乐报
道、社会报道、经济报道等。二是现有研究较为缺乏深入的案例分析。以往
的选举报道研究大多是较为宏观或综合的考察，而单独集中于对单场选举中
一家媒体报道进行深入研究的十分少见。一些学者在解读媒介报道对选举的
作用时，并不能真正地沉入到报道的场景和语境中去，这样的研究必然会产
生某种局限。由于不同选举都会有其特殊性，以往的研究结论并不一定适用
于解答当前的问题，国外的研究结论也可能不好直接套用于台湾地区。因
此，在以选举报道为主题的研究中，有必要将研究的所指更为具体化，以提
高研究的针对性。三是现有的选举报道研究（尤其是关于选举报道政治偏
向的研究）忽视了一个重要的面向，即在认可媒体既有政治偏向的基础上，
对媒体是如何对这一偏向进行建构的作进一步研究，比如媒体如何以特定的

---

① 郝志东. 媒体的专业主义和新闻工作者的角色：以2008年海峡两岸媒体对台湾"立法委员"选举的评述、报道为例 [J]. 新闻学研究, 2009 (10).

② 黄靖惠. 对美国《时代》台湾政党轮替报道的批判论述分析：以2000年及2008年"总统"选举为例 [J]. 新闻学研究, 2011 (106).

内容与形式呈现政治偏向，以及持不同政治立场的媒体（如倾向于执政党或倾向于在野党）在建构各自政治偏向中存在何种差异，等等。

第三节　研究视角与研究意义

一、合法性视角下的媒体偏向研究

基于上述梳理，笔者认为，对台湾媒介"九合一"选举报道进行研究，可以应该采取一种新的研究路径，以真正的"政治传播"视角，集中于一个个案，从一家具有既定政治立场偏向的媒体报道来入手进行分析。在台湾，一些主要媒体的政治倾向是很明确的，且不说已有一些学者曾经对之做过反复的论证，即便是通过直观感受也能做出判断。基于多种原因，本研究选择以《自由时报》对"九合一"选举的报道作为考察对象。其一，作为纸质媒体，报纸的文本具有直观性、易获取性等特点，报纸在新闻生产中可以做到反复审校以实现细节控制，使之通常更能体现编辑部及媒介操纵者的思想意图。其二，在台湾报纸中，《自由时报》发行量最大。据该报发行广告称，2014 年 7 月，由"世新大学民意调查研究中心"提供的统计数据显示，在台湾民众"最常阅读的报纸"中，《自由时报》占 50.2%，《苹果日报》占 39.4%，《联合报》占 28.1%，《中国时报》占 15.4%，"全国每二个阅报人口中就有一个人看自由"。① 因此选择该报作为研究样本，能够体现样本的典型性。其三，《自由时报》是台湾四大报中具有明显政治倾向（亲绿）的报纸之一，是我们研究具有既有政治倾向媒体在选举报道中的表现的良好样本，同时，因其隶属亲绿媒体，相关解读也有助于我们从绿营媒介舆论建构层面理解这场选举绿胜蓝败的原因。

作为支持民进党实现地方执政版图翻转的亲绿媒体，我们的总体判断是，《自由时报》对于"九合一"选举的报道是以"国民党不适合执政、民进党更适合执政为主体话语诉求的。这其实在本质上是一个关于"执政合法性"舆论资源争夺的问题。而合法性问题，是政治的核心问题。② 一个统治阶级的统治权力如果要得到其统治对象的承认，必须拥有统治的合法性，

---

① 《自由时报》广告 2014 年 9 月 1 日（A16 版）.

② ［法］让－马克·夸克（Jean - Marc Coicaud）（著）；佟心平，王远飞译. 合法性与政治［M］. 北京：中央编译出版社，2002：1.

即同时证明权力实施的正当性与民众予以服从的义务性。合法性如此重要，不管是执政党试图维持自己的执政地位，还是在野党试图实现政党轮替——如"九合一"选举中国民党试图继续保持地方执政优势以及民进党试图实现地方执政版图翻转，都需要竭尽全力对各种合法性资源进行争夺。合法性的重要性也提示我们，研究与政治有关的传播问题或传播现象，不应该忽略其与合法性问题的高度相关性。这一思考为作为政治传播研究的本研究提供了重要启发，相应的疑问也随之产生：在"九合一"选举报道中，《自由时报》是如何帮助绿营实现"执政合法性"舆论资源争夺的？基于此，本研究即尝试选择借助政治学中的合法性理论为研究视角，努力揭示该报在这场选举报道中的一些规律，并解答一些相关问题。

二、理论与实际意义

从理论意义上来看，首先，本研究以作为政治学核心概念之一的"合法性"理论为依托对选举报道进行研究，弥补了以往研究者在同类研究中对之有所忽略的问题。其次，本研究试图建构一个关于政治传播研究的新框架，能够为以后的同类研究提供参考。再次，本研究摒弃选举报道研究一向热衷于综合性考察的视角，选择以单个媒体、单场选举为对象，并以既有偏向为起点而非过去那种对偏向问题的重复论证，有助于解决选举报道研究一直存在的针对性不强，以及对执政/在野偏向进行分类考察的视角缺失问题。最后，本研究是将政治学与传播学进行深度结合的一种尝试，对于促进学科融合、拓展新闻传播的研究视野会有一定的帮助。

从实际意义上来看，首先，本研究属于对台湾媒介的现实考察，这将有助于为我们展示台湾媒介政治参与的具体生态，帮助我们了解台湾大众媒介在政治选举中的角色表现。其次，本研究通过对"九合一"选举中《自由时报》报道情况的分析，可以在一定程度上为我们展现绿营媒体在这场选举中的舆论建构策略，揭示绿营大胜、蓝营大败这一结果背后的媒介因素。再次，本研究通过对台湾政媒关系的揭示，可以为我们思考如何重建台湾地区良性互动的政媒生态关系提供思路，并能为公众提升对台湾媒介、台湾政治的辨识能力提供帮助。最后，本研究也可以在促进大陆人民对台湾政治社会的了解与认知，推进两岸关系发展方面产生一定的积极作用。

第四节　研究方法与样本选择

一、研究方法

本研究是以政治合法性理论为视角对《自由时报》"九合一"选举报道所进行的考察，考虑到研究的性质和需要，笔者选择以文献分析作为本研究最主要的研究方法。

文献分析法是研究者通过对文献资料进行收集、分析，从而满足某种调查需要与目的的研究方法。理解文献分析方法首先需要把握"文献"这一概念的主要含义。"文献"一词本来指的是"典籍"与"贤人"，即如宋朝学者朱熹在对《论语》的批注中对"文献"一词的解释："文，典籍也。献，贤也。"① 在元朝马端临那里，"文献"一词有了新的含义。他在著作《文献通考》的序言中说："凡叙事，则本之经史而参之以历代会要，以及百家传记之书，信而有证者从之，乖异传疑者不录，所谓文也；凡谓事，则先取当时臣僚之奏疏，次之近代诸儒之评论，以至名流之燕谈，稗官之记录，凡一话一言，可以订典故之得失，证史传之是非者，则采而录之，所谓献也。"② 可见，马端临对于"文献"的解释已经较为接近现代意义上的文献概念。在国外，"文献"一词最早由法国学者保罗·奥特勒于 1905 年提出。但由于历史与地点的不同，"文献"一词的含义也多有差异。我们今天理解该词的概念，可以参考《文献著录总则概说》的解释："现代'文献'一词已经扩展为一个外延较大的概念，它可以泛指记录有知识的一切载体。"③ 因此，在信息时代，"文献"的内涵不仅包括传统的报刊，还应包括以光、电、磁等为介质的各类信息载体。所以在当下开展文献分析，对象已经不仅仅限于纸质文献。

文献分析本身既包括质化研究的路径，也包括量化研究的路径，但多数情况下所采用的是质化路径。开展文献研究，研究者首先要根据研究主题的需要，确定自己所需文献的来源和范围，全面或有针对性地得到所需资料。资料获取范围的广泛性和内容的真实有用性，是保证文献分析科学性的基本

---

① （宋）朱熹集注．论语［M］．上海：上海古籍出版社，世纪出版集团，2007：21.
② （元）马端临．文献通考上［M］．北京：中华书局，1986（09）：1.
③ 黄俊贵．文献著录总则概说［M］．北京：书目文献出版社，1984：6.

条件。在获得文献之后，研究者可以根据自己的研究问题确定分析流程，进而展开对文献内容的整理分析，在归纳、演绎等基本逻辑之下，得出应有的结论。相比于其他研究方法，文献研究有其独特的优点，包括不会产生"霍桑效应"、花费较低、过失可以弥补、可采用大量样本等。当然，它也存在一些缺点，比如可能会有不准确性、不完整或不可得性、抽样误差显著等问题。① 因此，在一定情况下，若要使文献分析方法得到更为饱满的研究效果，尚需借助其他的研究方法予以补充。

所以，本研究另外还采用了文本分析方法与内容分析方法作为补充方法。作为一项政治传播研究，本研究必然需要关注新闻文本背后的权力与传播关系。而文本分析即有助于我们更为深入地揭示这场报道背后的权力与传播关系。"文本分析是一个解构的过程，旨在探索文本的运用和构建及其生产意义的方式，并且最终确定文本的各种意义。"② 文本分析也是质化研究方法的一种，它的优势在于能够深刻挖掘文本背后的意识形态或权力关系，能够对媒介内容进行深入解读，并获取较高的内在效度。但从另一角度来看，这种方法也同样有其劣势，即较高地依赖于研究者的素养，因而往往对于同一问题的研究，可能会因研究者的不同而产生多样的研究结果。所以，在一定情况下，文本分析也依然有必要结合其他研究方法作为验证或补充。

在本研究中，对内容分析法的采用即是对以上缺憾的进一步补充，虽然它在本研究中所运用得并不多。内容分析属于量化研究的一种路径，是"一种通过建立精准的编码规则，将大量的文本精简为清晰的内容分类的系统的、可复制的技术"。③ 相比之下，它具有非侵扰性、资料可量化等优点。④ 不过，内容分析也被认为有其不够完美的地方，比如在样本选择的代表性、可测量单位的决定标准、提升编码信度的方式、名词操作性定义的规范性等方面，往往只可尽量优化，无法保证十全十美。而且，它的测量结果往往只能揭示文本可以量化的表层意义，难以实现对深层意义的把握。因而，若是希望深度阐释文本的内容、结构和功能，挖掘其潜在意义，亦有必

① 秦伟，吴军等. 社会科学研究方法［M］. 成都：四川人民出版社，2000：189－191.

② ［英］格雷姆·伯顿（著）；史安斌（主译）. 媒体与社会批判的视角 critical perspectives［M］. 北京：清华大学出版社，2007：48.

③ Berelson, Bernard. Content Analysis in Communication Research.［M］. Hafner Press，1952：Ⅲ.

④ 亚瑟·伯格（著）；黄光玉，刘念夏，陈清文（译）. 媒介与传播研究方法　质化与量化研究途径［M］. 台北：风云论坛有限公司，2004：202.

要借助隶属于质化研究路径的其他分析方法作为补充。

综上所述，本研究所运用的研究方法主要是以文献分析为主，文本分析、量化分析为辅的方法组合。通过对这三种方法的同时运用，以期实现最佳的互补效应。

二、样本选择

本研究所选样本为 2014 年 8 月 21 日（即台湾"中选会"公布"九合一"选举公告日）至 2014 年 11 月 30 日（即选举结束后一天，因选举于当月 29 日下午举行，相关报道隔日见报）期间共 101 天时间里《自由时报》与该场选举有关的报道。由于《自由时报》没有在大陆地区发行，本研究样本来自台湾《自由时报》网站的电子版，所选范围为与其纸质版本在内容上高度对应的"报纸"栏目下的"焦点""政治""言论"三个子栏目，该报绝大多数选举新闻都刊登在这几个栏目之中。其电子版的页面如下图：

通过对这一时段"焦点""政治""言论"三个栏目所有文章的逐篇筛查，选出其中全部与选举有关的文章作为样本共约 4500 篇。值得说明的是，这里的"全部与选举有关的文章"不但包括关于选举活动的报道，也包括

对选举有影响的其他政治报道。本研究选择将"全部与选举有相关性的文章"作为"选举报道"的范围，是为了通过考察所有对选举有影响作用的文章，充分进入该场选举报道的实际语境，以实现对《自由时报》"九合一"报道对整个选举舆论建构与选情干预作用进行全面而深入的解析。

需要补充的是，本研究虽未直接使用《自由时报》的纸质版，但笔者认为研究效果并不会受到太大干扰。这是因为该报的电子版与纸质版在内容上有高度的对应。笔者曾借助出境机会，对该报网络版与纸质版可能存在的差异进行过抽样核对。通过对该报 9 月 5 日至 10 日网络版与纸质版文章进行对比核查，发现了二者的高度对应性，在这六天中，网络版的三个栏目与报纸的相应版块均分别发布了内容相同的与"九合一"选举相关的 252 篇文章。虽然这一抽样核对的结果并不能代表全部样本的对应性，但基本上可以证实二者的内容上的高度一致。稍显不足的是，本研究因选择以电子版作为分析素材，所以无法兼顾对原报纸版式与图片的考察。不过，考虑到本研究重点在于分析内容文本，所以这样也并不会对整个研究产生很大影响。

第一章　合法性及其在选举报道中的传播偏向

合法性理论是政治学的核心理论，因此对政治传播的考察也有必要关注其与合法性的关系。选举传播是政治传播的特殊形式，对于它的研究也同样如此。本章内容通过对合法性理论进行综合考察，梳理了合法性与选举传播的关系，并对《自由时报》在"九合一"选举报道中所呈现的合法性传播偏向问题进行了分析。

第一节　合法性理论考察

一、关于合法性的研究

"合法性"（Legitimacy，国内也有学者将其翻译为"正当性"）是"政治中的核心问题"，哲学、政治学、法学、社会学、政治人类学都将其作为优先的研究对象。① 这个概念极其重要，甚至可以说，西方学术传统下的政治哲学思考，本质上都是关于政治合法性的论证。这是因为，合法性的获取是人类有史以来所有政治统治都必须面对的问题，只有当一个政权拥有合法性身份之时，统治者才能获得维持其统治地位的保障，并得到被统治者的服从。研究者们对于合法性问题的关注古已有之。哈贝马斯对合法性研究的学术史做过这样的论述："在欧洲，如果不是从梭伦开始，那么至迟也是从亚里士多德开始，政治学理论就从事于合法化统治兴衰存亡的研究。"② 亚里士多德在其《政治学》中称，城邦政治有"一条适用于一切政体的公理"，

---

① ［法］让－马克·夸克（Jean－Marc Coicaud）（著）；佟心平，王远飞（译）. 合法性与政治［M］. 北京：中央编译出版社，2002：12.
② ［德］哈贝马斯（Habermas, J.）（著）；张博树（译）. 交往与社会进化［M］. 重庆：重庆出版社，1989：186－187.

就是"愿意维持其政体的部分必须强于反对这一政体的部分"。① 亚氏在这里也以"公理"一词表达了他对政治合法性的看法。我国学者王海洲认为："就历史而言，在合法性的理论发展和实践应用上，经历了一个重'法'向重'合'再向两者并重的转变过程。"② 王海洲所谓的"法"与"合"两个概念为我们理解合法性的发展历程提供了一个参考。依王海洲的理论，早期关于合法性的建构看重的是"法"。古代社会合法性中的"法"指的是"自然法"，这是一种至高无上的正义观念。无论是柏拉图的"正义理想国"还是亚里士多德的"优良城邦"，遵守永恒、理性、向善的自然法准则都是其具备合法性的必然要素。这种准则来自于臣民们对它的确信。与西方这种建立在自然法基础上的合法性相对应，古代中国也以伦理道德为标准，建构了类似的政治合法性理论体系。尤其是儒家的宗法伦常观念，即可视作一种与西方基督本位相对应的自然法原则。

文艺复兴以后，传统的基于"自然法"的合法性得到了自下而上的重构，从重"法"走向了重"合"。马基雅维利首先破除了以伦理与神的观念获取合法性的正义，告诫君主要赢得民众的支持，以此消除一些难以避免的问题。马基雅维利称，一个人一旦成为了君主，他"也就成了这个国家所有人们的敌人"，即使这个君主武力上很强大，他也需要得到人民的拥护才能取得统治权。③ 马氏之后的霍布斯提出了社会契约思想，他认为人拥有自然的权利，为了保护自己，需要把这种权利转让出来组成政府。④ 他的这种将自然权利而非自然法作为合法性起源的观点开辟了新的视角。合法性的论述在洛克那里则更为详实。洛克在《政府论两篇》中，上篇批判了传统社会君权神授和王位继承的观点，下篇对国家理论和法律理论进行论述，其中心议题即在于讨论公民的自然权利应该受到保护、资产阶级民主制度具有合理性。洛克也重点论述了关于社会契约的学说，他十分强调国家权力的有限性以及民众"同意"的重要性。这种"同意"便是政治合法性的基本要义，"同意"是民众服从政府的必要条件，符合人民利益而得到同意的"自然法"，才是权力的起源。洛克强调一种自然状态，"那是一种完全自由的状

---

① ［古希腊］亚里士多德（著）；吴寿彭（译）；徐大同（选编）. 政治学［M］. 北京：商务印书馆，2006：93.

② 王海洲. 合法性的争夺：政治记忆的多重刻写［M］. 南京：江苏人民出版社，2008：1.

③ ［意］马基雅维利（著）；李蒙（译）. 君主论［M］. 上海：上海三联书店，2006：6.

④ ［英］霍布斯. 利维坦［M］. 北京：商务印书馆，2009：133.

态"，"也是一种平等的状态"，人们在自然法的限度内，可以决定自己的人身、行动与财产。① 在这种自然状态下，只有民众拥有"同意"才能让政府具有合法性。"从政府必须基于每个人的同意这个原则出发，洛克回答了权威的合法性与个人服从权威的义务这个政治哲学的核心问题。"② 与洛克一样，卢梭也认为政府的权力来自于被统治者的认同。他在《社会契约论》中，探究了是否存在合法的政治权威问题，卢梭认为，"人们之间任何具有合法性的权威都必须建立在约定的基础之上"。③ 卢梭等人的观点，从民众自愿的角度对合法性理论进行阐释，其目的乃是为了确立资产阶级统治的合法性。

虽然文艺复兴之前和之后的合法性研究在路径上有着根本的区别，但不管是以"法"为依据还是以"合"为依据，一个重要的相同点在于都因预设了一些必须遵守的伦理或自然法原则而陷入绝对主义：前者带来君主或神的专制，后者带来民主的专制。社会契约论在政治实践中，通常要以宪法作为外在形式，"基于契约对统治的同意，便悄悄转化为基于宪法对统治的同意"，合法性在很大程度上演变成了"合法律性"的问题。④ 因此，这种合法性理论建构暴露了它的严重缺点，一种强调价值中立的经验主义的合法性理论阐释随之诞生。20 世纪初，马克斯·韦伯系统地提出了他的合法性理论，他以政治社会学的理论视角，避开了价值层面的讨论，从经验的层面上论述统治现象，认为合法性是政治体系的必要因素。韦伯提出了人类社会统治权威的三种"纯粹的"类型，一是合理型，是"建立在相信统治者的章程所规定的制度和指令权利的合法性之上，他们是合法授命进行统治的"；二是传统型，是"建立在一般的相信历来适用的传统的神圣性和由传统授命实施权威的统治者的合法性之上"；三是魅力型，是"建立在非凡的献身于一个人以及由他所默示和创立的制度的神圣性，或者英雄气概，或者楷模样板之上"。⑤ 韦伯认为，这三种类型并无时间上的先后之分及价值上的优劣之分，它们常常以混合的方式存在于同一个政治现实之中。随后，诸多学

① ［英］约翰·洛克（著），赵伯英（译）. 政府论两篇［M］. 西安：陕西人民出版社，2004：132.
② 姜朝晖. 权力论：合法性合理论研究［D］. 苏州：苏州大学博士论文，2005：62.
③ ［法］让-雅克·卢梭. 社会契约论［M］. 南昌：江西教育出版，2014：11.
④ 王海洲. 合法性的争夺：政治记忆的多重刻写［M］. 南京：江苏人民出版社，2008：5.
⑤ ［德］马克斯·韦伯（著）；林荣远（译）. 经济与社会上［M］. 北京：商务印书馆，1997：241.

者延续了韦伯所开启的经验主义范式的合法性研究，包括帕森斯、卢曼、李普赛特、阿尔蒙德、伊斯顿、亨廷顿等。

韦伯及其后续的这些研究者们的研究体现出了一个共同的特征，即较多地关注工具和技术层面，对被统治者由什么样的前提和根据认可统治者的统治却并不怎么关心。因此，摒弃价值考虑的经验主义研究亦呈现出了它的缺失。针对韦伯开启的这一研究范式，哈贝马斯对之提出批判并重提对于"法"的重视。一个特别的例子是，法西斯国家的存在，即便是让大众对统治者产生了忠诚与信仰，它也不应是具有合法性的。但哈贝马斯秉承了韦伯的社会学研究传统，尝试将经验研究与规范研究这两种在人类历史上长期对峙的取向之间的隔阂打通，对合法性研究范式进行重建。首先，哈贝马斯的研究是从资本主义合法性危机入手，以历史的方法来进行的。其次，哈贝马斯认识到，对照现实，单纯的经验范式和规范范式都有其不足的一面，因而他建构了一种两者结合的研究取向（虽然其中以价值取向为主）。类似于哈贝马斯，在寻求规范与经验相融通的这条研究路径上，还有其他许多学者如罗尔斯、诺齐克等人也对合法性问题进行了深入研究。

二、合法性的理论要义

合法性是一个极其复杂的概念，要将之准确把握并不容易。亨廷顿曾说："合法性是政治分析家们尽量避免使用的不易把握的概念。"[①] 但即便如此，我们依然可以从相关方面对合法性作以深入解读。

依据本研究的需要，我们对合法性的理解倾向于从权力主客体的互动性视角来进行。在基本含义上，合法性指的是人们对于统治者统治地位的确认和服从。马克·夸克说："它（合法性）试图解决一个基本的政治问题，而解决的办法即在于同时证明政治权力与服从性。"[②] 在哈贝马斯那里，他将合法性定义为"意味着某种政治秩序被认可的价值"。[③] 同样，迈克尔·罗斯金也认为："合法性意指人们内心的一种态度，这种态度认为政府的统治

---

① ［美］塞缪尔·亨廷顿（著）；刘军宁（译）. 第三波——20世纪后期民主化浪潮［M］. 上海：上海三联书店，1998：54.

② ［法］让－马克·夸克（Jean－Marc Coicaud）（著）；佟心平，王远飞（译）. 合法性与政治［M］. 北京：中央编译出版社，2002：12.

③ ［联邦德国］哈贝马斯（Habermas, J.）（著）；张博树（译）. 交往与社会进化［M］. 重庆：重庆出版社，1989：184.

是合法的和公正的"。① 这些学者对于合法性概念的论述均体现了一个共同要义，即作为权力主体的统治者若要取得合法性身份，并不单方面取决于统治者本身，而作为权力客体的被统治者的重要性同样应该得到强调，因为他们对于统治者的权力确认，是统治者合法性身份能否得以建立或维系的重要因素之一。在这里，权力主体与权力客体之间的地位并非如常规想象中的主体决定客体，或者主体优于客体，而是趋向于主体与客体之间的平等化，甚至在某种程度上可以认为客体高于主体。因此，作为统治者，他们的合法性获得实质上依赖于与被统治者之间的对话、协商，是一个互动的结果。

合法性被认为仅仅适用于政治统治问题。哈贝马斯称："只有政治秩序才拥有着或丧失着合法性，只有它们才需要合法化。跨国公司或世界市场不会有合法化问题。"② 合法性只适用于政治统治问题的特性决定了它在人类历史上只存在于阶级社会。原始社会没有阶级，没有统治者与被统治者，所以也没有权力的确认与服从即合法性问题。所以，合法性问题的产生，是在国家出现之后，在后续的人类历史中，凡是作为统治阶级的统治者只要企图实现稳定、持续的政治统治，他们都必须面对合法性问题。

理解合法性概念需要厘清它与几个相关概念的关系。一是合法性与"合法律性"（Legality）的关系。虽然二者具有一定的联系，但并不可以对等，"合法律性"所指的是符合法律的规范，而政治合法性中的"法"指的并不仅仅是法律，它所要解决的乃是"政治权威的存在具有道德基础，具有程序意义的正当性，这里所指的'法'，是一种规范的甚至是超验意义上的标准。"③ 因此，合法性的"法"所指范畴要宽泛很多。二是合法性与政治权威的关系。合法性与权威密切相关，甚至有时候可以混用。但是二者的区别依然十分明显。权威是一个以权力主体即统治者为视角的概念，而合法性则同时强调权力客体即被统治者的同等地位。"所谓合法性，可以简单地从两个方面来看：从公共权力方面讲，它指公共权力具有权威性；从公民方面讲，它指公民对公共权力及其运用的认同。"④

① ［美］迈克尔·罗斯金（Michael G. Roskin）等（著）；林震等（译）. 政治科学［M］. 北京：华夏出版社，2001：5.

② ［联邦德国］哈贝马斯（Habermas, J.）（著）；张博树（译）. 交往与社会进化［M］. 重庆：重庆出版社，1989：184 - 185.

③ 曹任何. 治理的兴起与政府合法性重建［D］. 长春：吉林大学博士毕业论文，2004：5.

④ 王长江. 政党现代化论［M］. 南京：江苏人民出版社，2004：45.

三、合法性基础

合法性何以可能？学者们对此展开了颇为热烈的讨论。综观西方学者的观点，大体有两种不同的取向。一种是"政治系统论"的观点，包括结构功能主义学派对于制度规则合法律性的强调以及经验主义学派对政治绩效和意识形态灌输的强调。此类观点均站在统治者的立场上来阐释合法性基础问题，认为合法性可以通过权力主体的自我努力来实现，具有明显的单向性特征。另一种是"社会文化系统论"的观点，以哈贝马斯、罗尔斯为代表，他们认为合法性基础并不取决于权力主体，而更应该从权力客体的角度出发，他们强调的是社会文化规范的重要性，以及权力客体基于这些规范对权力主体的反向认同。

我国学者在讨论政治合法性问题之时，也有两种类似的取向。一是倾向于从权力主体的视角进行审视。比如马宝成认为："政治权力的合法性基础一般包括三个方面：意识形态基础（政治权力从人们的认知、价值观、信仰等理念方面获得支持），制度基础（政治权力的获得和运作必须遵循宪政制度），有效性基础（政治权力必须取得实际成就）。"① 也有学者在对合法性基础的探寻上有更为多样的分类，如胡小君认为："现代政党执政的合法性基础非常广泛，主要的有意识形态基础、法理型基础、有效性或政绩基础、政党领袖的个人威望四个方面。"② 在另一层面上，有学者认为在对合法性基础的把握中更应强调认同的重要性。这种观点明显是从权力客体角度出发的一种观察。如曹任何指出："合法性的基础是同意。民众是否同意亦即政府的合法性是否存在重视政府的行为在民众看来是否是合乎理性的（是否合理）。"③

四、政党的执政合法性

政党与政府有着密切的关系。在一个国家体系中，政府是国家权力的执行机关，具有行政决策、行政命令、行政惩处等权力。卢梭认为："政府就是在臣民和主权者之间建立的、以便于两者之间互相交流的中介体，一个负

---

① 马宝成．有效性：现代政治合法性的政绩基础［J］．天津社会科学．2002（5）．
② 胡小君．执政党与当代中国选举发展研究［D］．北京：中共中央党校博士毕业论文，2006：11.
③ 曹任何．治理的兴起与政府合法性重建［D］．长春：吉林大学博士毕业论文，2004：7.

责法律的执行以及维护个人的和社会的自由的中介体。"① 但由于政府与统治者的近距离关系，关于统治者执政合法性问题的讨论，在一些不严谨的称呼中会将政府与当权者进行概念模糊等同，即用"政府"一词指代作为权力主体的统治者（比如在《自由时报》中，常常以"政府"称谓指代执政的国民党）。在广泛实行政党政治的现代国家中，一国政府通常依托于通过竞选而获取执政机会的政党来组织领导与行使权力。"政党本质上是特定阶级利益的集中代表者，是特定阶级政治力量中的领导力量，是由各阶级的政治中坚分子为了夺取或巩固国家政治权力而组成的政治组织。"② 因此，努力获取执政地位，成为政府行使国家权力的受托对象乃是政党的重要目标。当一个政党在参与国家政治权力的争夺时，合法性是根本的争夺资源，它必然会努力通过某种方式取缔对手政党的执政合法性并建立自身政党的执政合法性以获取执政权力，无论这种方式是制度性选举还是暴力革命。即便是该政党成功取得政权之后，它依然面临如何持续维护作为执政党将要长期执政的合法性问题，并努力应对因形势变化及对手建构而产生的合法性危机。

政党执政的合法性来自于多数选民的认可。一旦这种多数认可变成了少数，那么执政党的执政合法性便会随之消失，政党轮替将成为必然结果，取得多数政治认同的其他政党（在野党）将会取得执政的合法性。因此，在实行竞选的政党政治中，执政合法性的归属对象可能会在各个政党之间产生流动，因而呈现出动态特征。所以，考察不同国家、地区政治选举当中的政党执政合法性问题，需要立足于特定选举中各政党所处的特定的时空背景，方能予以深度而准确地把握。而且，政党之间在进行执政合法性资源争夺时，还会因各自所处地位的不同而呈现出策略、方法上的差异。作为执政党，它需要积极进行执政合法性维护，并响应来自对手的抨击；作为在野党，也需要努力进行自我合法性建构，并对执政党的合法性进行消解。因此从这个方面来说，合法性资源争夺可以具体区分出四个层面，不同的视角下，各政党对于合法性问题的诉求将会表现出不同的倾向与特征。

第二节　选举报道中的合法性传播问题

合法性是一个政治的问题，也是一个传播的问题。如果不考虑统治者与

---

① 卢梭. 社会契约论［M］. 南昌：江西教育出版社，2014：74.

② 王浦劬等，政治学基础（第二版）［M］. 北京：北京大学出版社，1995：210.

被统治者之间的沟通、协商与话语斗争等传播关系，合法性问题也将无从讨论。因此，在政治传播研究中以及作为政治传播研究重要组成部分的选举报道研究中，都应对合法性问题予以高度关注。

一、合法性体现权力/传播主客体双重互动关系

正如前文所述，合法性问题实质上所体现的是统治者与被统治者之间的一种关系，统治者合法性的存在与消亡源自于它与被统治者之间的双向互动。马克·夸克认为："同时证明权力与服务的合法性，这是合法性的第一要旨。而统治权利及其衍生物——政治义务，正有赖于这种双重目的的论证。但是如果这种论证要得以成功，它还必须至少要实现三个补充条件，这三者与赞同、法律和规范这三个在现实中密不可分的领域有关。"[①] 夸克在这里专门提到"赞同"的价值，便是一种对于将合法性问题仅仅从主体或客体单一层面考虑的超越。王海洲在论及合法性基础的时候，所提到的"规则、法律和民意"[②] 三个方面中，也以对"民意"的强调表达了他对权力客体的本位认识，弥补了仅以权力主体为本位解读合法性的不足问题。

这里还值得思考的是，仅仅从权力互动关系来认识合法性问题，显然是不够的。合法性作为一种关系，它不仅体现为权力主客体之间的权力互动，同样体现为二者之间的传播互动。正如上述观点中多次提到的"认同"与"民意"问题，它们其实是民众对于权力主体在"规则、法律和政绩"等方面的释读与评价，会形成对当权者产生制约性的舆论反馈。这显然是一个传播的过程。既然如此，那么就必须考虑这一过程中各种可能影响传播效果的因素，如"编码"、"解码"、"噪音"、传播通道等方面的作用。如果传播过程中的某一环节受到了某种形式的控制或出现问题，那么合法性所涉及的主客体之间的信息传播就可能受到干扰，传播效果也会因不同原因受到影响，"认同"或"民意"也可能随之产生变化。比如，作为被统治者，他们在对统治者的行为表现进行评价时，通常会依赖于大众媒介的信息推送作为认知依据，并会依赖于受自身认知经验、道德意识等控制的解码方式进行主观释读。在这样的过程中，如果媒体的信息推送受到了操纵，或者作为受众

---

① [法] 让-马克·夸克（Jean-Marc Coicaud）（著）；佟心平，王远飞（译）. 合法性与政治 [M]. 北京：中央编译出版社，2002：12-13.

② 王海洲. 合法性的争夺：政治记忆的多重刻写 [M]. 南京：江苏人民出版社，2008：7.

的被统治者因自身的价值预设而予以偏向性解读，都将会影响到他们最终对政治统治的效果评价。最后，反馈到统治者那里的，可能并不是统治者试图进行合法性传递的原始预期。因此，有效的传播与认同在这里备显关键。正如学者袁峰所称："政治系统追求政治权力统治效能的有效性、制度规则的合法律性以及谋求意识形态的一致性，但它只是在追求当代政治合法性的形式基础，而政治权力主体与政治权力客体之间达成的价值认同才构成了当代政治合法性的实质基础。"① 因此，对于合法性问题的研究，需要透析作为其"实质基础"的价值认同——即传播有效性问题。

很巧合的是，在讨论权力互动关系与传播互动关系之时，分别作为互动关系双方的权力主客体与传播主客体之间体现出了明显的对应。在对这两对关系进行理解时，我们应该重点看到的是两对关系各自主客体双方的相互作用，而不应只看到关系的某一方面。而且还应该看到的是，两对关系以价值认同为中介，相互产生了交叉与重叠。"价值认同"类似于传播学中常常提到的"反馈"，它们都是来自于客体的反作用，实际上体现的是主客体关系的相互制约与地位平等，无论在权力关系还是在传播关系中都是如此。在权力关系中，正面的反馈可以使统治者的权力得到强化，负面的反馈可以使统治者的权力得到削弱甚至消亡（引发权力主客体易位）；在传播关系中，反馈亦会产生对传播主体的制约作用，促使其做出传播方向、传播内容与形式的调整。因此，基于这种联系，我们既可以将合法性理解为权力关系，又可以将之理解为传播关系。

二、政治传播/选举报道中的合法性争夺及其形式

什么是政治传播？学者们在讨论政治传播的时候多有不同的论述。英国政治传播学者布赖恩·麦克奈尔将政治传播归纳为"关于政治的有目的的传播"，并指出了它所涵盖的三个方面含义：一，所有的政客及政治行动者为达到目的而进行的传播活动；二，所有非政治行动者对政治行动者所作出的传播活动；三，所有在媒介中涉及政治行动者的新闻报道、评论及政治讨论。② 根据麦克奈尔的理解，政治传播是"关于政治的有目的的"，体现的

① 袁峰. 价值认同与当代政治合法性的基础 [J]. 华东政法大学学报，2008 (6).
② [英] 赖恩·麦克奈尔（著），殷祺（译）. 政治传播学引论 [M]. 北京：新华出版社，2005：4.

是权力主客体之间试图以信息传播的方式争夺权力的本质。麦克奈尔的政治传播定义不仅包括权力主体的传播活动，也包括权力客体的传播活动，这种对政治传播包含双向性的认识是十分重要的，显然比将政治传播仅仅理解为"体现的是政党和政府的主体意志和愿望，这与个人、某一新闻机构所进行的传播活动不同"① 更具全面、科学的意义。

如果从广义的角度来看，政治传播的内涵极为丰富，它不但包括以大众媒体为中介的政治传播，也包括以非大众媒体为中介的政治传播。很明显，本书所研究的是隶属于政治传播的选举报道，范围仅限于政治统治中权力主客体依托于大众媒介所围绕特定选举事件而开展的政治传播行为。那么，在这一政治传播过程中，大众媒介所处的位置是怎样的？它在所涉及的权力关系与传播关系中当属主体还是客体？这里有必要对这些问题作以简要说明。从本质上来说，媒体是一种传播的中介工具，它并不构成国家权力中的主体或客体，也不构成传播活动中的主体或客体。在参与政治传播的过程中，媒体应该只是一个公共意见平台，不应沦为单一方面的话语机构。一旦媒体偏离了这个标准，沦为特定集团（群体）利益代言人的时候，它便会失去其价值中立的中介身份，从而形变为权力及传播关系主体角色的一部分，因此会具有权力/传播主体的实质性。在现实中，正如很多对于媒体偏向的研究所证实的，大众媒体作为绝对的公共意见平台通常是难以实现的，所以事实上媒介在政治传播中常常会在一定程度上产生作为权力/传播主体角色的实质属性。而对于具有明显政治倾向的媒体来说，它的这种主体角色属性则会更为显著。

为什么从绝对意义上来说，媒体在选举报道中的合法性传播偏向问题是一种必然存在呢？因为媒体在政治报道中，即便是排除了可能存在的有意的政治立场预设，也依然可能存在因社会规范、个人价值、媒体版面或时段限制等而产生的无意的、不可控的偏向。因此，如果以完全理想化的标准去刻意追求媒体在对不同政党或候选人的报道中实现绝对的等量平衡及正反中立，几乎是一件不可能的事情。但是这种问题并不是我们所要考虑的，因为它本身并不构成一个严重的问题。我们所要关注的，是在选举报道中所存在的对合法性进行主观故意干预的问题。大众媒体在进行选举报道中，只有坚持立场中立，确保客观、公正与平衡，才为新闻专业主义所期待，而有意以

---

① 段鹏. 政治传播历史、发展与外延 [M]. 北京：中国传媒大学出版社，2011：42.

倾向性的新闻建构来干预选举则是违背新闻专业操守的。但在现实中，那些参与竞选的政党及候选人往往因身陷于激烈的政治斗争，它（他）们极需媒体对本党或自己给予正面的报道，并同时对对手发动攻击，因此，通常会尽力拉拢媒体，使其对自己做出有利的报道。所以，综观那些实行政党选举的国家或地区，媒介在选举报道中产生违背中立立场、沦为特定政党传播工具的现象，是常常可见的。说到底，这都是因合法性舆论争夺而产生的结果。

从现实的政治传播的实践来看，政治力量之间关于合法性的争夺可以有两种表现形式：一是合法性建构，即一种以"立"为目的的正面传播；二是合法性消解，即一种以"破"为目的的负面传播。这两种形式自然也适用于对选举报道的考察。主观故意的关于合法性的传播一般都具有一定的态度，其根本目的不是在于建构某一政治集团或政治力量的合法性，就是在于消解某一政治集团或政治力量的合法性。无论是合法性建构，还是合法性消解，它们的政治话语意义都是明确的，在具体的政治合法性争夺过程中，各种政治力量通常会结合实际情况对两种方法进行选择运用，一般来说，它们较多采取的是对两种方法进行组合的策略，即一方面对本派政治力量的合法性进行建构，另一方面对敌方政治力量的合法性进行消解。在《自由时报》"九合一"选举报道中，也是如此。

第三节 《自由时报》"九合一"选举报道中的合法性偏向

一、偏向的总体呈现

在本研究中，我们选择考察的是《自由时报》"九合一"选举报道中关于合法性的舆论建构问题。这里值得说明的是，台湾当局在国际上并不被承认，因此它并不是一个合法的政权，我们这里采用"合法性"理论，只是出于符合政治传播研究需要的理论借用，并不代表台湾当局具有实质的合法性。

对于这场选举，《自由时报》的报道是具有明确政治倾向的，它并不表现为对排除政党身份关联的单个候选人的支持或反对。也就是说，该报在报道蓝营或绿营候选人时，对他们持支持或反对的态度完全取决于他们所属的政党（阵营），而与他们具体的个人情况无重要关系。所以虽然"九合一"

是一场极为复杂的综合性地方选举，但是《自由时报》的报道偏向却很简单，即表现为明显的亲绿。这种情况为我们简化了研究的复杂性，也使得合法性理论在这项研究中变得十分适用。

因为《自由时报》代表的是绿营的利益，所以在研究尚未具体开展之前，总体上可以对其报道中可能存在的合法性诉求做出以下两种推断：一是对以民进党为代表的绿营予以肯定和赞扬，一是对以国民党为代表的蓝营予以质疑与批判。为了确认《自由时报》"九合一"选举报道中总体上的合法性偏向情况，本研究这里尝试借用媒介偏向研究中关于"陈述偏向"的量化方法进行了统计验证。"陈述偏向"这个概念来自于阿里瑟和艾伦对媒介偏向所做的三种区分：即对特定政党是否优先报道的"守门偏向"（Gate-keeping bias）、在报道数量差别上的"报道偏向"（Coverage bias）以及在有利程度方面的"陈述偏向"（Statement bias）。其中，陈述偏向"指的是媒介工作者可以在对特定事件的报道中，将自己的观点注入到文本之中"。①这是一种考察选举报道对各政党或候选人有利性情况的分析视角，我们这里笼统地将之视为对特定政党予以合法性构建的报道偏向，而与此相反，将不利报道视为合法性消解的报道偏向。为了直观展示《自由时报》"九合一"选举报道中对于不同阵营的合法性偏向，我们选择 11 月 28 日（2014 年，后面不提年份的时间表述均指该年度）早晨出版的报纸内容为例进行分析，所选文章来自于该报电子版"焦点""政治""言论"三个栏目中与两大阵营的竞选有明显相关性的新闻（选择这一天主要是考虑到当日是选举前一日，与投票日的时间较为接近，它所体现的报道偏向可能会更加明显）。统计结果如下：

	有利于国民党	中立	有利于民进党/柯营
"焦点新闻"	2	1	12
"政治新闻"	2	1	13
"言论新闻"	0	0	12
总计	4	2	37

需要说明的是，这里的"有利性"是从全文的总体态度偏向上来确定的。其中，无党派参选人柯文哲因为与民进党政治立场基本一致，这里被归为一类。

---

① D D'Alessio，M Allen. Media bias in presidential elections：A meta - analysis［J］. Journal of Communication，（2000）. 50（4）：136.

如果将其中能体现有利性偏向的文章再作进一步分析，分别以合法性建构与合法性消解的分类进行交叉组合（每一次有利性偏向报道都可能采用对对方进行合法性消解、对本方进行合法性建构两种方式），再来看看统计结果：

	国民党		民进党/柯营	
	合法性建构	合法性消解	合法性建构	合法性消解
"焦点新闻"	2	9	3	0
"政治新闻"	2	10	3	0
"言论新闻"	0	10	2	0
总计	4	29	8	0

通过以上对《自由时报》"九合一"选举报道中陈述偏向情况的考察，我们可以清楚地看到，这家报纸在整体上呈现了以消解国民党执政合法性为主、建构民进党（与柯营）执政合法性为辅的报道方式。

除此之外，笔者在进行单篇文章审读时，还可以看到这种偏向在微观层面的进一步体现。例如，该报在关于国民党执政的报道中，类似以《党产归零　马至今没兑现》《不是国民党　是军工教党》为标题的新闻报道以及以《以中韩 FTA 愚民卸责的黑心政府》为标题的社论十分常见，此类文章仅从标题文本上就能体现极力消解国民党执政合法性的报道偏向；与此同时，还有类似以《小英赞花妈绿色执政指标》为标题的亲绿新闻，体现出旨在建构绿营执政合法性的报道偏向。

二、分析的两个层面

由于《自由时报》在"九合一"选举报道中整体上体现了以对国民党的执政合法性进行消解为主、对民进党/柯文哲的执政合法性进行建构为辅的特征，本研究在考察中也相应地突出主次，将目光更多地集中于该报对国民党执政合法性进行消解这一层面上，即深入挖掘并呈现《自由时报》是采取何种话语、何种传播形式来对国民党执政合法性予以否定的，并在这一过程中，兼顾考察该报又是如何为民进党/柯文哲进行正名并对其执政合法性予以建构的。

在对《自由时报》"九合一"选举报道中关于合法性的传播偏向进行分析的过程中，我们分别从内容和形式两个层面进行展开。前者考察《自由时报》是如何通过具体的内容来表达其选举诉求的，后者考察该报在传达这些诉求过程中采用了哪些新闻传播的技巧或手法。

首先，在内容层面的考察中，我们基于的合法性理论视角，参考国内学者普遍认可的关于合法性基础的三个方面进行分析，即意识形态合法性（另有规范合法性或价值合法性等类似说法）、制度合法性（另有程序合法性、法律合法性等类似说法）、政绩合法性（又有执政有效性的类似说法）。三种合法性基础的大致涵义是：

（1）意识形态合法性指的是统治者必须具备有利于其政治统治的思想体系。"政治权力与意识形态具有某种亲和关系，政治权力需要意识形态为自身的运行提供合法性的解释与说明，使社会秩序以及维持社会秩序的各种安排合法化。"① 意识形态本身就是一个传播的问题，在选举报道研究中，理应当属一种不可忽视的研究视角。

（2）制度合法性指的是政治系统必须依法依规行事，体现为民众对于当权者必须在一定权限范围内行动并受到规则制约的要求。只有如此，当权者的程序正义和规则正义才能为民众所信服。所以，在政治权力的争夺中，对于制度合法性的话语之争是其重要表现形式，而媒体报道中所存在的制度合法性传播偏向，也是我们理解媒介如何进行政治干预的重要分析视角。

（3）政绩合法性指的是当权者在执政过程中的业绩情况所体现的合法性价值。执政业绩是证明执政者具备执政能力，能够给权力托付方即民众以切实利益回报的重要凭证。可以想象，一个不能够给民众带来利益回报的执政者，他必将难以获得民众的支持，从而失去执政的合法性。当然，政绩合法性被认可，通常还需要对于绩效的正面而有效的传播，如果执政者做出了成绩但不能为民众所感知，那么他的政绩合法性将依然会难以实现。因此，考察选举报道中的合法性传播问题，不能缺少对执政者政绩报道情况的关注。

其次，在形式层面的考察中，我们参照新闻传播研究的一些方法和理论，来阐释《自由时报》"九合一"选举报道是如何生产其合法性传播偏向的。相关的方法和理论包括四个方面，一是新闻选择，即考察该报在这场选举报道中，倾向于选择什么样的新闻；二是信源引用，即考察该报在报道中选择从哪些方面获取新闻源；三是新闻编辑，即考察该报在报道中对新闻稿

---

① 袁峰. 价值认同与当代政治合法性的基础 [J]. 华东政法大学学报，2008（6）.

件做了怎样的加工处理；四是传播说服，即考察该报在报道中采用了哪些传播说服的技巧。

　　总体来说，从内容与形式两个层面对《自由时报》关于合法性传播的的分析是本研究的核心部分。由于其中的内容部分较为复杂，本研究将其按照合法性基础的三个方面予以分章考察，即对意识形态合法性传播偏向、制度合法性传播偏向、政绩合法性传播偏向三个方面各立一章进行论述。

第二章 价值之争:《自由时报》"九合一"选举报道的意识形态合法性偏向

本章主要从作为合法性基础之一的意识形态合法性角度,分析《自由时报》"九合一"选举报道所存在的偏向问题。由于意识形态本身具有丰富的内涵,本章分别从该报在对这场选举进行报道的过程中所显著体现的三种意识形态,即蓝绿意识形态、阶级意识形态和道德意识形态,对其合法性传播偏向进行分析。

第一节 选举报道中的意识形态合法性偏向问题

意识形态指的是一种与特定社会经济政治相联系的观念、观点、概念的总和,包括政治法律思想、道德、宗教等意识形式。虽然学术界从事意识形态研究的历史已经很长,但是学者们始终对如何定义"意识形态"持以十分审慎的态度。"意识形态在整个社会科学中是最难以把握的概念……它是一个定义(因此其应用)存在激烈争论的概念"。① 为更好地把握这一概念的内涵,我们这里先对其学术史情况作以简要考察。

一、意识形态概念的提出与发展

"意识形态"最早由法国哲学家特拉西于 18 世纪末提出,意指一种关于观念的科学。特拉西在他的《意识形态原理》一书中,认为意识形态是其他一切科学的基础。由于特拉西等一批早期意识形态学者的理论学说威胁了拿破仑的帝制统治,拿破仑便对这些学者充满空想色彩的理论及其对秩序

---

① [英]大卫·麦克里兰(Davd Mclellan)(著);孔兆政,蒋龙翔(译). 意识形态,第 2 版 [M]. 长春:吉林人民出版社,2005:1.

的破坏作用给予了批评,所以从关于"意识形态"的初期讨论开始,它即体现为一种具有合法性内涵的政治学概念。

虽然早期的意识形态概念被拿破仑赋予了明显的贬义色彩,但在后续学者们的研究中,它的含义不断趋于丰富,逐渐彰显出作为一个政治学核心概念之一的深刻性与重要性。黑格尔曾经对于意识形态的历史发展阶段进行过深入讨论(虽然他很少采用特拉西所用的"意识形态"概念),他在《精神现象学》一书中指出,意识形态具有"真实的精神:伦理""自身异化了的精神:教化""对自身有确定性的精神:道德"三个阶段。[①] 在黑格尔之后,费尔巴哈是深入研究意识形态问题的另一重要学者(与黑格尔一样,费尔巴哈也很少使用"意识形态"这一概念)。他独辟蹊径,通过揭露宗教的本质,提出神是由人创造的,宗教的基础是人的依赖感与利己思想等理论,并由此建立起以自然为基础的人本主义哲学。

马克思对于意识形态的研究为意识形态理论发展开辟了新的阶段。马克思认为,意识形态起源于人类的社会实践。他说:"思想、观念、意识的生产最初是直接与人们的物质活动,与人们的物质交往,与现实生活的语言交织在一起的。观念、思维、人们的精神交往在这里还是人们物质关系的直接产物。"[②] 在此基础上,马克思建立了他的意识形态批判理论。根据马尔库塞的总结,马克思的意识形态理论包括三种含义。"(1)它是对历史唯心主义的否定和揭示。因为以往的哲学、社会政治理论将其观念和体系看作是历史发展的动力……(2)它是一种对社会存在的系统解释。马克思在这里关心的是统治阶级的思想怎样成为社会的统治思想,即如何与统治权力结合起来……(3)它在总体上是一类确定的文化。这种文化是对社会存在的反映,受社会存在的制约,个人或群体都要自觉或不自觉地受这种文化的影响。"[③]

在马克思之后,意识形态理论得到了进一步发展。卢卡奇、柯尔施、葛兰西等人强调了意识形态斗争对于无产阶级夺取意识形态领导权的重要性。霍克海默、阿多诺、马尔库塞、哈贝马斯等一批法兰克福学派学者提出了以科学技术作为意识形态对人类进行宰制为思想内核的"社会批判理论"。与

① 陈淑雅.意识形态和意识形态控制理论 [D].开封:河南大学博士学位论文,2012:35.
② 马克思,恩格斯(著);中共中央马克思、恩格斯、列宁、斯大林著作编译局(译).马克思恩格斯全集,第3卷 [M].北京:人民出版社,1960:29.
③ 杨雪冬.论意识形态与经济增 [J].复印报刊资料(理论经济学),1996 (8).

前述学者对意识形态持肯定或否定观点不同，被认为对意识形态进行了最为系统分析的曼海姆则将意识形态视为中性的概念。曼海姆认为，狭义的意识形态是指特定主体对事实真相的有意或无意的伪装或掩饰，它的目的在于实现某种自我利益；广义的意识形态则是指特定历史条件中，一个社会整体上的观念体系，而不是个体或小范围的观念。另外，阿尔都塞还以结构主义视角阐释了这一问题，他认为意识形态和强制性的国家机器一样，乃是实现政治统治的重要途径之一。

从以上总结可以看出，学者们对意识形态的理解多强调了它的政治性内涵。作为一种思想观念，意识形态可以成为一定阶级或集团满足自身愿望、实现自身利益以及维护自身统治的工具。

二、意识形态之于政治合法性的作用

意识形态具有多重功能，比如导向、维护、批判与教化等，它是政治合法性的重要保障条件之一。意识形态为政治权力提供合法性支持一般表现为两个过程："一是政治权力将自己的意识形态或存在于社会中有利于自身的意识形态加以概括和提炼，二是将这种概括提炼后的意识形态普遍推向社会，以使社会全体成员加以接受。"[①] 这样的过程即是马克思所谓的为了实现统治，统治者"把它们（意识形态）抬出来作为生活原则，一则是作为对自己统治的粉饰或意识，一则是作为这种统治的道德手段"。[②] 当统治者们推行的意识形态得到了民众的广泛接受，那么他们就在一定程度上获得了政治合法性。对于意识形态之于政治合法性作用的研究，很多学者给出了相关的论述。

在对合法性基础进行论述时，韦伯强调一种服从的意愿，这种被统治者对于服从义务的主观承认，作为一种信仰和认同的观念，能够助益于支撑统治者与被统治者之间的结构体系。"一切经验表明，没有任何一种统治自愿地满足于仅仅以物质的动机或者仅仅以情绪的动机，或者仅仅以价值合乎理性的动机，作为其继续存在的机会。毋宁说，任何统治都企图唤起并维持对

---

① 马宝成. 试论政治权力合法性的意识形态基础 [J]. 东方论坛, 2000 (2).

② 马克思，恩格斯（著）；中共中央马克思、恩格斯、列宁、斯大林著作编译局（译）. 马克思恩格斯全集，第3卷 [M]. 北京：人民出版社, 1960：492.

它的'合法性'的信仰。"① 被统治者的这种信仰与认同观念,即隶属于意识形态范畴,它所体现的功能,便是对政治合法性的一种维护。阿尔蒙德同样以属于意识形态范畴的政治文化对政治合法性问题进行了论述。他认为政治文化"包括一国居民中当时所盛行的态度、信仰、价值观和技能",② 根据这样的解释,政治文化中蕴含着人们对于政治权力的认知、情感与评价,可以认为,这些认知、情感与评价的正负向反应所对应的即是政治合法性的强化与消解。葛兰西的"文化霸权"理论尤为重视意识形态的重要性,他认为,意识形态是统治者获取领导权的重要保证。"一个社会集团的霸权地位表现在以下两个方面,即'统治'和'智识与道德的领导权'。"③ 在哈贝马斯的理论中,他是以社会文化系统的发展形成被普遍接受的价值规范,从而确保政治权力得到充分拥护的理路来论证意识形态与政治合法性关系的,他的理论同样体现了理念认同对统治者实现政治统治的重要保障作用。总而言之,以上学者在对意识形态的深入讨论中,虽然视角各有不同,但基本上都明确强调了意识形态对于政治合法性的重要性。

三、选举报道中的意识形态合法性偏向问题

意识形态作为一种以认同为诉求的观念体系,它本身也是政党得以成立的条件之一。不同的政党之间,在各自所秉持的意识形态上必然有所差异,因为这是它们实现相互区别并各自获得凝聚力的基础。"政党将意识形态作为自己的思想武器,即意识形态认同是政党获得力量的根本所在。"④ 在这种情况下,一个政党的发展,或者说它若想得到更为广泛的民众支持,在一个方面,必须对其政党所特有的意识形态进行传播、普及;在另一个方面,有时也需要对其他政党的意识形态进行消解,以通过弱化对方意识形态的方式来扩大本党意识形态的占有率。因此,政党之间在意识形态合法性方面的斗争是合法性资源争夺的重要方面。

选举是合法性资源争夺集中爆发的节点。在政党之间对意识形态合法性

① [德] 马克斯·韦伯(著);林荣远(译). 经济与社会上 [M]. 北京:商务印书馆,1997:239.
② [美] 加布里埃尔·A·阿尔蒙德小 G·宾厄姆·鲍威尔. 比较政治学:体系、过程和政策 [M]. 上海:上海译文出版社,1987:15.
③ [意] 安东尼奥·葛兰西(Antonio Gramsci)(著);曹雷雨等(译). 狱中札记 [M]. 北京:中国社会科学出版社,2000:38.
④ 王邦佐等. 中国政党制度的社会生态分析 [M]. 上海:上海人民出版社,2000:235.

进行争夺的过程中，大众媒介往往是至关重要的战场。"大众媒介会提升和增强某些意识形态、赋予它们庞大的合法性，并且透过劝服的方式（通常看似令人向往）来向广大的阅听人进行传布。"① 由于选举中参与执政竞争的各个政党必然在地位、身份等方面具有不对等性，各方对于意识形态合法性的媒介传播也多会采用不同的策略。虽然意识形态的内涵十分丰富，但是对于特定政党来说，在政治选举中并不需要采取全方位的意识形态合法性传播策略，因为在实际操作中，过于分散的观念诉求并不一定能够产生最好的传播效果。正如本研究前面所验证的，作为绿营支持者的《自由时报》在其意识形态合法性偏向建构中，所采用的是以消解国民党的意识形态合法性为主的方式，具体体现为主要选择最能触动台湾选民的蓝绿意识形态、阶级意识形态和道德意识形态三个方面来否定国民党，以此表达它的意识形态合法性偏向诉求。

第二节　《自由时报》以消解国家认同为基础的蓝绿意识形态合法性偏向

基于台湾地区总体上所呈现的蓝绿对峙的政治格局，分属于以国民党为核心的蓝营与以民进党为核心的绿营这两个不同政治阵营的蓝绿意识形态乃是台湾社会最为突出的政治意识形态。由于两党在建党宗旨、执政理念等诸多方面存在显著差异，蓝绿两大阵营的意识形态争论也被注入了极其复杂的内涵，其中以"统独"理念之分为最根本的差异，并由此派生出两大阵营在其他意识形态层面的多种不同。在"九合一"选举报道中，《自由时报》正是通过坚持绿营意识形态立场，以宣传鼓吹"台独"、反对统一等思想理念的方式，力图对国民党关于"统一"的意识形态合法性予以消解。

一、"统独议题"下的"台独"意识形态立场

"台湾人的'统独'倾向是台湾政治文化中最重要的政治评价，以'统独'倾向为指向的'统独议题'是台湾政治评价的代表性符号。"② 在台

---

① James Lull（著）；陈芸芸（译）. 媒介、传播与文化全球化的途径 a global approach［M］. 台北：韦伯文化事业出版社，2002：21.

② 邹振东. 台湾政治文化的符号变迁研究——光复以来台湾的舆论议题演变［D］. 厦门：厦门大学博士学位论文，2007：148.

湾,"统独议题"于当代的显著性,与国民党、民进党两党的政治纲领有着密切关系,即国民党所追求的统一目标与民进党所追求的独立目标各自迎合并建构了不同民众的国家观念,并深刻地影响或决定了台湾政治格局的发展变化。因此,在以往的台湾地区领导人选举(包括 2016 年台湾地区领导人选举)中,"统独议题"都是最为核心的竞选议题。而对于"九合一"这场地方选举来说,许多人一开始预测认为,"统独议题"并不应该是其核心议题,但事实上通过对《自由时报》关于这场选举报道的考察,我们依然可以发现这一议题在这场选举中的核心地位。只是相比较而言,它在很多时候是潜在的,并不像在台湾地区领导人选举中那样被直接而集中地呈现而已。这充分说明了关于"统"与"独"的意识形态之争对台湾政治的重要影响。

"统独议题"包括"统一"和"台独"两个子议题,《自由时报》在对这一议题的报道中的基本意识形态立场是"台独",所表达的总体诉求是"反统促独"。该报在社论中称:"台湾与中国,一边一国。"① 在新闻报道中,也经常采用"一中一台"及类似概念,以表达其关于台湾与大陆属于"国与国"关系的基本立场。至于称谓,该报通常以"中国"指称大陆地区,这个"中国"在含义上并不包括"中华民国"或台湾地区;该报中所谓的"中国人",多数情况下也不包含台湾民众。所以当台湾前"行政院长"郝柏村称"台湾前途由全体中国人决定"后,该报发表言论进行抨击,指郝柏村所谓的"全体中国人"即是"全体'大陆人'"。② 此外,该报坚持"台独"立场的另一表现是热衷于报道各类"台独"组织的活动,并对它们持肯定态度。如该报于 10 月 24 日对"台湾联合国协进会"在所谓"台湾联合国日"鼓动"台独"行为给予的专门报道。③

"台独"是民进党所秉持的核心政治意识形态,作为与该党持一致立场的《自由时报》为试图建构这一意识形态合法性,采用了多重话语方式。首先是历史话语的方式。因为"台独"在台湾拥有一定的历史土壤,早在二战结束后,"台独"就已经产生,④ 所以以历史话语试图论证"台独"的合法性是《自由时报》的重要方式之一。该报试图通过对"台独"的历史合法性进行反复建构,来对台湾与大陆的历史渊源予以切割。该报所发表的

---

① 社论. 声援香港争民主 落实台湾真民主 [EB]. 自由时报,2014 – 09 – 24.

② 许又方. 打输走赢郝将军 [EB]. 自由时报,2014 – 09 – 04.

③ 曹伯晏. 推动"入联" 民团吁"国人"同心 [EB]. 自由时报,2014 – 10 – 25.

④ 于保中,陈新根. 海峡两岸关系发展简史 [M]. 北京:九州出版社. 2014:322.

一篇评论引用康熙、雍正的言论，试图推翻"台湾自古以来属于中国领土"的历史定论，该文称："台湾在 1895 年马关条约时由清廷永久割让给日本，二次大战后日本投降签署旧金山和约，放弃台澎主权，但未明确指名让与对象，台湾主权不属于中国，非常明确。"① 1971 年"中华民国"失去联合国席位后，也只能代表台湾，不能代表中国。② "台湾以前不是，现在更不是中华人民共和国的一部分。"③

《自由时报》对"台独"意识形态的宣扬，自然与国民党所秉持的"统一"意识形态相悖。因为国民党所坚持的"国号"——"中华民国"具有"两岸一中"的含义，所以，该报即通过各种方式对这一"国号"进行否定。该报的基本观点是，"中华民国"只是一个有名无实的称谓，它已经不再适合台湾。一篇言论称："根据中华民国宪法，中华民国包括长江、黄河、西藏、蒙古。可是，世界上并没有这样一个国家与政府。"④ "台湾作为主权独立的国家最大的问题是国名。在国内都自称是中华民国，但是全世界只有二十几个小国承认此国名。在国外，假如自称来自中华民国，常常会被误认是中国人。称来自台湾，就很自在愉快，因为绝大多数文明国家的人民，都知道这个位于东亚的小岛国。"⑤ 在新闻道报中，该报也倾向于引用"独派"人士对于"中华民国"称谓的批判。如一篇报道中引"台湾社"社长张炎宪的言论称："基于中华民国的名称在国际上行不通，现行宪法也已不适用于台湾，因此应该举办制定台湾新宪法的公投，未来应直接修改公投法，因为公投法不应剥夺人民为国家正名与制宪的权利。"⑥ 从《自由时报》通过各种形式发表的大量类似言论，可以看到其关于"国号"问题上的"台独"逻辑："中华民国"称号既然名不符实，那就应该以"台湾"为名实现"独立"——但这一逻辑的明显错误是，既然"中华民国"名不符实，那为什么不以一个在合法性方面完全不存在任何问题的"中华人民共和国"称谓取而代之，而去选择一个完全不切实际的"台独"称谓呢？

---

① 苏多. 苏格兰启示录 [EB]. 自由时报，2014 - 09 - 20.
② 陈春生. 与郝先生谈："中华民国"与"台独"是生命共同体 [EB]. 自由时报，2014 - 11 - 20.
③ 蔡胜雄. 中广还地 "中华民国"也该还地 [EB]. 自由时报，2014 - 08 - 30.
④ 林健次. 看世袭权贵检查柯文哲的贞操带 [EB]. 自由时报，2014 - 10 - 28.
⑤ 陈乔琪. "台湾正名"我的经验 [EB]. 自由时报，2014 - 09 - 22.
⑥ 李欣芳. 苏独公投 学者呼吁台湾应办制定"新宪公投" [EB]. 自由时报，2014 - 09 - 19.

除了论证"中华民国"称谓名不符实之外,将创立"中华民国"的国民党政权建构为"外来政权"乃是消解其"统一"意识形态合法性的另一方式。此类话语通常包含浓郁的悲情,从台湾被殖民的历史一路说来。报纸引用所谓"台独精神领袖"李登辉的言论称:"甲午战争导致台湾、澎湖割让给日本,但1945年对日战争结束后,台湾又被一个长期战乱、社会落伍又无法治秩序的'生份的祖国'接收,没有经过住民的同意以及正常国际关系的处理,同年以'光复'名义将台湾纳入国土,台湾人被'恢复国籍',台湾历史又沦入另一阶段的发展。"① 在此逻辑之下,"中华民国"当然不会被认为是本土台湾人自己的"国家",因而被台湾当局设定为"国庆日"的"双十节"到来时,《自由时报》在报道中不但对相关的庆祝活动予以淡化处理,而且还在当日的评论版块中配发一位阿美人的投书,质问称:"中华民国国庆原住民庆祝什么?庆祝的是被殖民统治的喜悦?庆祝的是失去文化自主权的欢腾?庆祝的是福利政策下的奴化?"② 这种裹挟着种族对立的质问,明显意在对"中华民国"及"统一"意识形态的合法性予以强烈否定。

这位阿美少数民族投书中所提到的"文化自主权"问题,也是《自由时报》为建构"文化台独"以控诉国民党"外来政权"对台湾本土实施"文化侵略"的话语方式。"文化台独"之于"台独"极其重要,可以被看作是"'台独'的理论前提和文化基础"。③《自由时报》的相关诉求集中表现为声称国民党所推广的"国语"乃是"外来语言",对"本土语言"造成了排挤。在"十二年国教"新课纲审议会上,有四分之三出席委员票数通过定案本土语言教育为非必修项目,并规定"当学生提出要求需开课",但对于这项以投票方式做出的决定,该报仍然引用反对派的言论质问称:"凸显外来政权的统治心态,本土语言为何要这样被看轻?"④ 在一篇社论中,该报对国民党批评道:"狭隘的语言政策框限了国人对国际大局的视野,以致多少年来,台湾人对自己家园历史、文化的隔阂无知,对外在变局反应迟钝,却独沽'中国化'一味,造成'本土化'、'国际化'都明显不

① 陈仔轩. 李登辉:台湾人要有主体史观 [EB]. 自由时报,2014 - 11 - 02.
② Hafay Nikar. "原民也国庆"数典忘祖! [EB]. 自由时报,2014 - 10 - 10.
③ 刘登翰. 海峡文化论集 [M]. 镇江:江苏大学出版社,2014:305.
④ 吴柏轩,林晓云. "教部"跳票"国中"本土语言未列必修 [EB]. 自由时报,2014 - 10 - 06.

足的现况。"① 该报所配发的一篇读者评论危言耸听地责问称："六十年来的
'殖民统治'独尊华语的错误政策几乎消灭了所有的台湾母语！"② 一位政治
评论员也充满愤慨地责问："回顾台湾史上的外来政权，我们发现来自所谓
'中华民族'的殖民统治者的语言政策竟然是最粗暴的！"③ 借助于诸如此类
的关于"本土化"与"中国化"的言论之争，其根本诉求无非是想挑起公
众对于"统"与"独"的意识形态对立。

　　然而有所矛盾的是，当《自由时报》在极力抨击"中华民国"这个
"外来政权"及国民党的"殖民统治"之时，它的报道却又透露出了对于真
正属于外来政权、对台殖民统治的日据时期的留恋。比如在一篇评论里，作
者对台北一座在日据时期为日本总督府欢迎日本皇太子莅台而兴建的足球场
改建一事表示极为惋惜，控诉此举破坏了城市的"历史与回忆"，④ 语言中
包含着作者对于日据时期的回味之情。这种言论，暴露了"台独"份子们
所特有的"日本情结"。由于早年曾受到日本殖民时期"皇民化运动"的渗
透，一部分台湾人的媚日倾向从那时延承至今。"这种'日本情结'既源自
于他们各自所处的历史环境及个人的特殊经历，同时也与他们的思想倾向和
政治需要有关。"⑤ 由于这一倾向与"台独"份子们"去中国化"的政治企
图具有思想与利益的相关性，所以这两种倾向往往联为一体，共同成为反对
统一的思想力量。"台独"份子们的媚日倾向不但美化了日本对台湾的殖民
历史，也将近在眼前的"台日关系"赋予了"神圣"色彩。例如报纸引用
李登辉的言论称："日本和台湾是命运共同体。"⑥ 报纸甚至枉顾日本在二战
期间对中国所犯下的罪行，发表支持日本行使集体自卫权与修改非战宪法的
言论，称如此可以维护日本、台湾、东亚的安定。⑦ 这种话语偏向明显意在
为"台独"鼓噪外援，进而诉求"台独"意识形态的合法性。

二、"仇中话语"中的"反蓝"意识形态表达

　　台湾绿营政治力量试图通过诉求"台独"意识形态合法性以消解蓝营

① 社论. 会讲母语盖高尚 [EB]. 自由时报, 2014 - 10 - 24.
② 张复聚. 国民党又要说话不算数了 [EB]. 自由时报, 2014 - 10 - 23.
③ 李筱峰. 给潘维刚上台湾史 [EB]. 自由时报, 014 - 10 - 26.
④ 赖禀丰. 野球 足球 浑球 [EB]. 自由时报, 2014 - 08 - 23.
⑤ 汪澍, 洪伟, 艾克. 台湾"民主政治"透视 [M]. 北京：华艺出版社, 2014：56.
⑥ 张茂森. 李登辉：日、台是命运共同体 [EB]. 自由时报, 2014 - 09 - 21.
⑦ 张茂森, 李登辉：不能把国家生存权交别人手里 [EB]. 自由时报, 2014 - 09 - 22.

意识形态合法性而试图挑起虚妄的"国族认同"之争时,"中华人民共和国"这一实在的国家形态必然是其无法撇开的言语对象。正因以民进党为代表的"台独"势力在其"国家"内涵中并不包含中国大陆地区,那么与岛内蓝营政党一样坚持统一主张的中华人民共和国便成了他们极力否定、排斥的"第三方"敌对力量。因为绿营政党"在台湾社会之外,树立大陆这个敌对力量",可以"凝聚台湾内部的向心力,型塑'台独'意识形态的合理性"。①

然而,在不容置疑的两岸一体的历史与现实面前,《自由时报》对两岸关系的努力切割,只能更多地倾向于感性诉求而非理性讨论。报纸不断通过情感渲染,将大陆定义为"非我族类",消除民众对于"中国"的本族认同,建构民众的"仇中"意识。

这种"仇中"建构首先表现为"美化—丑化"话语,即为了激发民众的"仇中"情绪,一方面努力对台湾进行美化,另一方面努力对大陆进行丑化。在《自由时报》的报道中,中国大陆被赋予了各种落后于台湾的形象。这其中包括对大陆政治、经济、文化,以及大陆民众素质等各个层面的批评。比如一篇文章引用民进党籍高雄市长陈菊的观点称,因为大批量赴台旅游的陆客素质很差,导致了日本游客对台湾饭店望而却步,因此"日本客不来,问题不在日本客,而是在中国客"。② 这种观点以一种以偏概全的方式,片面放大甚至曲解了两岸交流中的局部问题,看不到陆客赴台对台湾经济的正面效益,其用意显然在于丑化大陆人,并以此消解台湾民众对大陆民众的本族认同。

"仇中"建构的另一个重要方式是采用"民主—专制"话语,即一方面标榜台湾的"民主",另一方面批判大陆的"专制"。《自由时报》在论及大陆政治之时,丝毫看不到大陆开放包容的一面,有意将大陆完全描画成极度专制、封闭、没有民主与自由的社会。与此对应,对于台湾政治制度则会以骄傲的语态进行颂扬。事实上,台湾虽然实行政党选举制度,但其背后的问题依旧是乱象丛生,《自由时报》在将台湾与大陆作对比时,对这些乱象有意的视而不见。不过,这种视而不见只限于其在拿台湾与大陆进行对比之

---

① 佟文娟. 过程与分析:媒体与台湾政治民主化(1949 - 2007)[M]. 厦门:厦门大学出版社,2009:217.
② 郑政宏. 日本也归马英九管?[EB]. 自由时报,2014 - 09 - 01.

时，一旦其话锋转向为对国民党的批评之时，"专制"话语却又同样适用于台湾——即批判国民党的"独裁"统治导致了台湾的"民主失能"①。由此可见，《自由时报》在运用"民主"与"专制"话语之时，并没有一以贯之的标准，在不同语境下，它的针对性是有所差异的，体现了这一话语只是该报出于特定目的按需所取的攻击性术语而已。当然，这种话语不管在什么语境下使用，它都不会针对绿色阵营，似乎只有泛绿的政治党团才是民主的。

"仇中"话语更进一步的建构方式是鼓吹"大陆威胁论"。这种建构源于民进党历史上一直钟爱的"两岸悲情牌"，即"动辄以大陆打压台湾进行煽动骗取民众同情心"。② 在《自由时报》的话语空间里，大陆是唯一想吞并台湾的国家，"中国把并吞台湾列为其国家大业的一部分，从明目张胆的武力威胁到台面下的经济收买等手段，只要能达成其目标的统战手段都要尽可能对台施展。"③ 该报甚至刊发极端言论恐吓称："台湾一旦被中共统一，他们很可能仿效明太祖朱元璋，强制台湾一半的知识分子、商人、政治工作者，迁移到中国各个省市自治区……"④ 这种完全有悖于常理的猜想，其背后明显隐藏着煽动两岸仇恨的目的。事实上，自从国民党 2008 年重返执政以来，两岸关系一直在朝着更为和谐的方向迈进。尤其经济交流的长足进步，乃是国民党执政引以为傲的方面所在。而从"台独"势力的眼光来看，这正是他们所不愿乐见的，所以作为绿媒的《自由时报》便专门对之予以否定。该报坚决地站在反对两岸经济往来的立场上，理由是："台湾的资金、人才与技术早已大量流入中国，两国之经贸呈现不对称之严重倾斜。这一种特殊的经济连结方式，已把台湾经济几乎绑在中国。"⑤ 对于大陆向台商开放市场，该报称这是"拉拢台商西进，以商围政、以银弹取代子弹的新对台策略"。⑥ 大陆对台让利，被称作是"藉此达到统战，透过台商收购媒体，影响台湾政策及选举"。⑦ 两岸所签订的各项经济协议，都被认为会对台湾构成威胁，该报发文称："拥有超过六成以上的台湾人国族认同，逐

① 社论. 马英九"总统"的期中考试 [EB]. 自由时报, 2014 - 11 - 20.
② 李立. 透析台湾选举文化 [J]. 台声, 2007 (5).
③ 李承值. 台湾中国共产党员 [EB]. 自由时报, 2014 - 08 - 23.
④ 周如东. 想起我爸骂我共产党 [EB]. 自由时报, 2014 - 11 - 29.
⑤ 社论. 黑箱货贸谈判想掩盖什么？[EB]. 自由时报, 2014 - 09 - 15.
⑥ 社论. 为台湾经济保住一脉香火 [EB]. 自由时报, 2014 - 09 - 08.
⑦ 王文萱. 防两岸权贵资本操作 学者倡废两岸条例 [EB]. 自由时报, 2014 - 10 - 20.

渐因自经区政策和 ECFA 底下的服贸协议开放中国人口迁移台湾而被淡化。金融开放更让中共直接汲取大量台湾资金及以最低成本控制台湾金融体系,直到台湾对中国依赖度提升至无法将民族认同继续转化为政治认同,台湾将逐渐丧失独立性。"① 对于国民党当局试图通过服贸、自经区草案等,该报发文质疑称,殊不知还没有设置自经区,中国茶"都已大量入侵台湾市面,更遑论设置自经区之后的影响层面"。② 为表达对于两岸经济往来的威胁诉求,报纸社论甚至采用《台湾经济与中国连结将加速产业灭绝!》③ 这样的惊悚标题,抓住两岸往来中发生的偶然事件、片面问题予以强化、放大,以构建大陆威胁、否定两岸交流成果、攻击国民党的两岸政策等话语方式,达到"仇中"煽动、否定统一合法性的目的。在军事、安全领域,该报同样反复强调大陆的威胁,以此激发民众的恐慌与怨愤,甚至将大陆工作船赴台作业,比喻称作"清兵入关"。两岸文化、社会交流也被同样负面建构,如在台举办的金马奖评选,被质疑评委"中港化",得奖名单几乎全面"中国化","台湾里子、面子输到脱裤",④ 由此呈现出该报以文化诉求政治、"逢中必反"的泛政治化倾向。总之,两岸关系的一切推进,都被视为大陆"统战"工作的胜利,如该报刊发的一篇评论称:"大陆收编泛蓝政客与中国台商的策略奏效,其后更积极从民间社会下手,以'交流'、'论坛'为名的诸多统战手法扩大影响层面……"⑤

事实上,无论是"台独",还是"仇中",其背后的目的都是为了"反蓝",消解国民党关于"统一"的意识形态合法性。因为对绿营政团来说,他们的直接敌人并不是大陆,而是与之争夺执政地位的国民党。所以,《自由时报》努力建构"台独"与"仇中"意识形态,只是为了达到其"反蓝"的目的,即以此为武器,抨击国民党的"统一"理念与两岸施政。

在这重目标之下,作为两岸关系纽带的"九二共识"因为包含着与"台独"不相两立的一个中国内涵,理所当然也成为《自由时报》所极力否定的对象。"在本体论上,'九二共识'体现为对某种特定政治共识的认可,

---

① 梁文韬. 苏独政治认同与台湾 [EB]. 自由时报, 2014 – 09 – 22.
② 叶昱呈. 中国茶 MIT 台湾茶惨兮兮 [EB]. 自由时报, 2014 – 09 – 09.
③ 社论. 台湾经济与中国连结将加速产业灭绝! [EB]. 自由时报, 2014 – 09 – 01.
④ 陈启文. 巩俐压垮金马 [EB]. 自由时报, 2014 – 11 – 26.
⑤ 卢世祥. 台湾迎向变革,还是继续沉沦? [EB]. 自由时报, 2014 – 10 – 19.

即'一个中国'的政治原则。"① 报纸引用极端"独派"人士的言论，谓"九二共识"并不存在，乃是马英九、苏起当初捏造的。② 此外，该报还对其他一切涉及两岸共同利益的方面予以质疑，如在钓鱼岛领土争端、南海领土争端等问题上，该报甚至站到了国家主权的对立面。

　　与否定"九二共识"、否定两岸共同利益相比，控诉国民党或马英九在现实中"倾中卖台"则是对该党更具合法性消解作用的话语方式。这种控诉手段常常被称为"抹红"，乃是绿营在与国民党进行政治斗争中乐于使用的典型手段，③ 其表现就是将国民党在两岸交往中的任何行为都解读为"倾中卖台"。事实上，"台湾多位政治观察家表示，虽然马英九坚持'九二共识'，但始终强调'两岸政治对等、台湾优先'的原则"，④ 因而民进党对马英九的指控其实是多有不公的。但《自由时报》在指责国民党"倾中卖台"方面乐此不疲，它将马英九当选台湾地区领导人以来大力发展两岸关系的所有努力，几乎都建构成"倾中卖台"行为。报纸发表评论称，"自马英九政府开放中国学生来台后，骨牌效应一一出现：中国车来台趴趴走、中国工作船也要来台，中国配偶已缩短拿台湾身分证的时程，且还组党要参与政治进军国会、中国学历的承认、中国学生瓜分原来台生的奖助学金，且享有生活津贴、宿舍优先权等"，⑤ 以此指责马英九执政下的台湾当局"过度倾中"。该报在社论中称，马英九"执政心态简言之就是'重两岸、轻内政'，全心全力追求国共和解，携手合作追求'一中'，以致对经济民生、社会安全掉以轻心，以'牺牲台湾、服务中国'来形容也不为过"。⑥ 在一个关于开放陆生赴台求学的议题上，《自由时报》不时在报道中突显马英九在政策上对陆生提供了"过度优遇"。一篇社论称："对中国学生的照顾，马政府真是无微不至，处处替他们着想，连健保、就业都体贴得不得了。但是，台湾本地生呢？选前打包票不会调涨学费，选后却说学费随 GDP 调整。"⑦ 另外，还指称国民党的"倾中"路线对台湾的国际地位造成了损害：

　　① 祝捷. 两岸关系定位与国际空间　台湾地区参与国际活动问题研究［M］. 北京：九州出版社，2013：118.

　　② 王文萱，张文川. 张显耀外患罪？黄昆辉：先办马英九［EB］. 自由时报，2014 - 08 - 22.

　　③ 叶永烈. 台湾的选举文化［J］. 同舟共济，2008（5）.

　　④ 高杨. 马英九的七年政绩和历史地位［EB］. 人民政协网，2015 - 05 - 23.

　　⑤ 黄招荣. 拜托帮帮本地穷学生［EB］. 自由时报，2014 - 09 - 26.

　　⑥ 社论. 台湾民主为何非常脆弱？［EB］. 自由时报，2014 - 10 - 11.

　　⑦ 社论. 台生是草，中生是宝？［EB］. 自由时报，2014 - 10 - 15.

"台湾开放外国学生，有如经贸与文化交流，都以'中国化'取代'国际化'；国际学生比重相对降低，才是真正值得国人关切的严重问题。"① 在另一个关于所谓"共谍"的议题上，一篇文章质疑马英九当局拿纳税人的钱养"共谍肥猫"，并影射性质问："其实最大尾的共谍头子就在总统府？"② 这种言论通过猜想的方式，暗示马英九已经完全"背叛"了台湾。

《自由时报》运用这些"仇中"以及"抹红"的话语手段达到建构"反蓝"意识形态的目的，在对选举事件本身的报道中更是得到直接体现。选举前期，《自由时报》反复或明或暗意指国民党与大陆相互勾结，国民党的候选人被指称为"中共代言人"，两岸关系被简化为国共两党关系，称"国、共哥俩好""支持国民党等于支持共产党"③，以此达到否定国民党的目的，诱导岛内民众不要把选票投给国民党。在这种情况下，国民党候选人本来在两岸关系方面所拥有的优势反而被建构成了一种劣势，例如被认为曾为两岸关系发展做出过重大贡献的连战，一篇文章却贯以"机会主义者"的罪名，称他是"共产党中国的'钦差大臣'"，并进而质问其子连胜文参选台北市长，"为谁？为什么，为了什么？"④ 通过这样的质问，该报试图否定连胜文的参选资格。一篇社论在质疑国民党的"倾中路线"时甚至称："更恐怖的是，这种类似傀儡的地位还经过台湾多数公民以选举程序加以确认其正当性……"⑤ 在如此种种对国民党两岸关系的理念与行动的负面化构建下，国民党被塑造成了"把台湾推进中国火坑"的"罪人"，而这种塑造的根本目的，即是为了实现对选举舆论的干预。正如一篇社论所吁求的："台湾人民的自救兼自决之道，唯有在接下来的各种选举慎重投票……"⑥

第三节 《自由时报》以民粹煽动为手段的阶级意识形态合法性偏向

在阶级社会中，阶级关系与阶级斗争是政治的实质。按照马克思主义政

① 社论. 中生纳健保不能慷纳税人之慨 [EB]. 自由时报，2014 - 09 - 26.
② 洪忠文. 莫非最大尾的共谍头子…… [EB]. 自由时报，2014 - 09 - 03.
③ 许锦文. 共产党生产国民党 [EB]. 自由时报，2014 - 10 - 24.
④ 李敏勇. 这款人，彼款人 [EB]. 自由时报，2014 - 09 - 28.
⑤ 社论. 台湾人民能够不愤怒？ [EB]. 自由时报，2014 - 10 - 09.
⑥ 社论. "次要敌人"与"统一之友" [EB] 自由时报，2014 - 11 - 05.

治学的观点，经济基础决定上层建筑，在一定的社会结构中，不同阶级在经济关系中所处的地位决定了各自在政治活动中的地位，而这种政治地位的差异最明显的即表现为统治阶级与被统治阶级的差异。由于特定阶级的成员在地位和利益上的相似性，他们会在政治上形成一个共同体，并拥有一定的共同体意识。这种共同体意识便是阶级意识，它是阶级社会中各阶级之间的权力与利益冲突在意识形态领域的反映。有学者认为阶级意识乃是"马克思意识形态概念的精神实质"①，因此分析阶级意识对于解读阶级社会中的政治权力关系十分重要。《自由时报》在"九合一"选举报道中，建构以阶级身份差距为内容的意识形态合法性传播偏向也是其显著的话语特征，有必要对之予以专门分析。

一、《自由时报》中的阶级意识形态偏向

由于阶级意识与政治认同、身份认同具有高度的相关性，通过对阶级意识进行建构以实现选举舆论干预显然是一个有效手段。《自由时报》在"九合一"选举报道中，对于阶级意识形态的建构主要表现为在总体上塑造了以国民党籍台北市长候选人连胜文、桃园市长候选人吴志扬等为代表的"权贵"典型（其中以连胜文为第一典型），辅之对国民党在执政中存在贫富不均、政商勾结等问题进行控诉，指称国民党乃是"政商权贵"的代言人，以此建构阶级仇恨、中伤国民党选情。

这种意识形态建构的直接结果是让国民党本来寄予厚望的连胜文、吴志扬这两位候选人因出身于特殊的家庭而深陷泥淖，并对二人最终的败选产生了直接作用。在当连胜文的失败几成定局的投票日前一天，《自由时报》记者道出了连胜文的失败乃是源自于其家庭出身的原委："原想正面迎战权贵议题的连胜文，依然跨不过阶级的原罪，其镀金的身世与无法说清的三代致富传奇，都让连胜文无法得到社会中坚世代的支持。"② 对此，连胜文自己也有所认同，在选前之夜的造势活动中，他向选民诉苦称："这场选举被操作成阶级与世代仇恨。"③ 与连胜文类似，吴志扬的落败也被归因为出身问题。在选举结果出炉次日，《自由时报》记者坦诚评论道："吴家三代县长，

---

① 张志丹. 阶级意识：马克思意识形态概念的精神实质 [J]. 社会科学，2015 (11).

② 陈晓宜. 柯争跨党派支持 连 拉回蓝绿对决 [EB]. 自由时报，2014 – 10 – 28.

③ 郭安家，施晓光，陈彦廷，卢姮倩. 连喊话一定赢得胜选 [EB]. 自由时报，2014 – 11 – 29.

郑文灿四年多前首度挑战吴志扬时就攻击权贵背景,当时效果不大;但这次因为与桃园距离不远的台北市,连胜文的权贵身分被严格检验,效应发酵到桃园,'官三代'的吴志扬也被划上等号,郑文灿再攻权贵,老梗有新意、招来票房。"① 由此可见,在这场选举中,《自由时报》所呈现并建构的阶级意识形态偏向对这场选举产生的干预作用是十分明显的。

具体来看,《自由时报》对阶级意识形态进行建构的逻辑是,国民党候选人连胜文与吴志扬等出身富贵,他们的成功与机会全是其家族给予的,他们自身并没有相应的能力与素质。因此,在选举报道中,连胜文、吴志扬等几位国民党候选人被扣上"靠爸""富二代""权贵"的帽子,成了特权阶级的代表,因而他们想要当选为领导人并作为平民代言人的合法性受到了否定。报纸刊发的一篇评论称:"震东靠爸,阿战也是,加上胜文,前后三咖;连家两代为官,财富惊人;连少爷才具平庸,却天生权贵,一出道便要抢首都市长,老中青都吞不下去,选情当然看衰。"② 连胜文被贴上"靠爸"标签后,连战被迫出面澄清,对外说,儿子很努力,"不曾靠连家",但依然获得《自由时报》的嘲讽,报纸引各方人士的评论,称"鬼才信","财产一亿(元)却无房无车,这不就是靠爸的铁证吗?"③ 在对其他一些出身较好的国民党候选人的报道中,该报也经常以他们的家族背景与财富为题材进行阶层建构,比如历数吴志扬的财产,指其"不动产相当可观,他拥有多达12笔土地、47笔房产";公布国民党新北市市长候选人朱立伦家庭成员的财产情况,引用朱的对手游锡堃的指控称:"建议朱立伦公开赚钱术,交代资金来龙去脉。"④ 报纸还引用民进党人士的批评:"朱立伦、连胜文、吴志扬可组成'"父"酬者联盟',以庞大的家族财产打选战。"⑤ 正是通过这样的偏向构建,国民党候选人的"权贵"世袭问题在《自由时报》中得到了明确呈现。

以控诉"权贵世袭"及呈现财富差距的方式来建构阶级意识,显然能够激起部分民众对于国民党候选人的排斥心理。然而《自由时报》并未止于此,它进一步对国民党候选人获取财富手段的正当性进行质疑。报纸发表

① 李信宏. 反权贵效应　压垮吴志扬 [EB]. 自由时报, 2014 – 11 – 30.
② 王景弘. 蓝色靠爸论 [EB]. 自由时报, 2014 – 11 – 21.
③ 郭安家. 连战:胜文不曾靠连家　都自己打拼 [EB]. 自由时报, 2014 – 09 – 15.
④ 李欣芳, 何玉华. 朱立伦身价逾亿　吴志扬房产多 [EB]. 自由时报, 2014 – 08 – 30.
⑤ 李欣芳, 何玉华. 朱立伦身价逾亿　吴志扬房产多 [EB]. 自由时报, 2014 – 08 – 30.

评论称，连家的财富并不是"用血汗与时间殷勤换来、奋斗出来的"，"相反的，连战父亲连震东是利用国民党'接收'台湾之时，利用父亲连雅堂'爱国诗人'的庇荫，受到当时长官的赞赏，才有机会在国民党的体系大富大贵，开启连家后代'两岁自耕农'的传奇，因此大富大贵，富可敌国，才有现在连胜文拍炫富广告的本钱。"① 连胜文在背负着沉重家族出身"原罪"的情况下，甚至连发表关于拒绝贪腐的政见，也被对手以其出身问题予以反击。比如连胜文在接受电视专访时说："如果从政想捞钱，只有两种下场，一种是会饿死，一种是会被关死!"，结果他的这一言论不但未得到认可，反而遭到批评称"是多么虚伪又刻薄的说法"，"请问连胜文，贵家族富可敌国的钱财，不是你的祖父、你的爸爸因为从政而累积出来的吗?"② 这种质问，通过否定国民党候选人家庭财富的合法性，明显具有挑拨公众"仇富心理"，强化民间阶级对立意识的作用。

　　这样的阶级意识形态建构明显能向社会传递一种不公的负面情绪。"富二代""靠爸"等情况的存在，会给平民阶层带来一种无法翻身的宿命感，定然会消解民众对于社会公平与政治正义的认可。而这种负面情绪，在大众媒介的的传播下，会在整个社会进一步扩散，"负面情绪型舆论的弥散，与大众媒介的渲染有直接关系"③。正因如此，《自由时报》积极运用阶级话语来建构这一情绪，以表达对国民党执政合法性的否定。在该报报道中，虽然"富二代""靠爸"等指控主要针对连胜文、吴志扬等典型人物，但实际上这些指控并非仅针对这几个国民党候选人或候选人家族，而是指向于整个国民党，即试图将整个国民党都建构成"权贵政党"（似乎国民党内无穷人），甚至还包括国民党的支持者们（如大陆台商）。一篇报道引用前民进党领导人谢长廷的话称："国民党大老马鹤凌的儿子马英九及郝柏村的儿子郝龙斌主政台北十六年，现在轮到连战的儿子连胜文又要来担任台北市长；'台北市长的位子不应变成权贵子弟的俱乐部'，选民应该要拿出使命感，打破国民党权贵长期在台北市的垄断。"④ 这句评论直击国民党存在政治世袭现象的要害，对其持续执政的合法性予以了直接否定。显而易见，虽然此类批评

　　① 许俊辉. 辛苦来的? 辛苦接收来的? [EB]. 自由时报，2014 - 09 - 13.
　　② 邓蔚伟. 柯文哲一定当选台北市长 [EB]. 自由时报，2014 - 10 - 14.
　　③ 陈力丹. 舆论学——舆论导向研究 [M]. 北京：中国广播电视出版社，1999：105.
　　④ 陈慧萍，吴亮仪. 柯受邀出席"出阵"大会蔡：从首都翻转　终结国民党执政 [EB]. 自由时报，2014 - 09 - 21.

是以个别候选人为例的,但其实际上批评的乃是整个国民党。如有一篇评论全盘否定式地对国民党控诉道:"当前台湾满街的参选人不是官二代就是官三代,选举沦为权贵的制造机。当大家都聚焦在官三代'连胜文'时,似乎都忘了台湾各地的'连胜文们'还很多!""权贵政治从以前到现在,根本没有为台湾人民带来任何福利过。"①

《自由时报》一方面积极于建构阶级对立意识,另一方面,却又将社会上产生的对立问题推责于马英九执政。报纸社论称,马英九本身就不是一个平民领袖,"马先生展现权贵优越心态,与庶民生活严重脱节,且失言之后再以'马更正'上场,毫无在民意之前谦卑自省的事例,罄竹难书,有政治评论家早以'不值得批评的"总统"'称之。"②另有文章批评称,马英九执政所带来的社会不公是如此严重,"贫富对立将超越统独问题,成为政府所制造出来,却无法解决的新问题"。③在这种统治之下,"台湾社会已经逐渐走向'靠爸'资本主义的社会,缺乏公平与正义,拥有庞大资产的富人得以不断累积财富,而原本就欠缺资本的人们就算再怎么努力都难以翻身"。④

《自由时报》的阶级建构中,台湾社会的贫富分化问题还被认为由国民党与企业财团"政商勾结"所致。一篇文章批评道:"台湾今天政不像政、商不成商,皆因政商交相贼,商图政之权,政图商之钱,还图在企业安排退休栖身之处,加上马英九未能像蒋经国那般严明政商份际,天下于是大乱。"⑤当一些不良商业事件发生后,该报立即指责国民党政权监管不力、处罚不力,或明或暗指控国民党庇护不良商家,皆因背后"官商勾结"。一篇文章直指:"企业无企业责任,许多所谓的大企业财团只思与政治权力共构,长期执政的中国国民党正是结构共犯。"⑥"九合一"选举期间,恰逢台湾爆发了影响甚大的顶新食安事件,正好为《自由时报》批判国民党参与"官商勾结"找到了口实。一篇评论指出:"某些大财团高调的威胁利诱,坐实民众对官商勾结、政商合流的指控。这些财团的所谓投资,已被顶新等

① 冼义哲.权贵想世袭 苦民不想世袭[EB].自由时报,2014-09-05.
② 社论.马英九对高雄的另类"关切"[EB].自由时报,2014-10-10.
③ 庄胜荣.穷县一国 富市一国[EB].自由时报,2014-09-06.
④ 张肇烜.靠爸资本主义社会[EB].自由时报,2014-11-21.
⑤ 庄荣宏.掠鬼的狱官被王令麟掠去[EB].自由时报,2014-11-14.
⑥ 李敏勇."食"在不安[EB].自由时报,2014-10-22.

黑心财团证明，是以空手套白狼的手段，套走你我的银行存款。这点不但不是他们的善心，而是进一步掏空台湾的举动，而且得到政府的配合。"① 不过，在很多时候，这些指控并无可靠证据，相关报道所引素材也显得捕风捉影。如一篇报道为了表达对国民党"官商勾结"的批判，记述了一位民进党议员对胡志强与顶新魏家关系的一段无厘头质问，报道称："（议员问胡志强）是否曾和顶新集团董事长魏应交在'中彰投首长会报'中一起吃早餐？还问'早餐好吃吗？有没有问题油'？但胡志强先说不认识，议员再三追问，胡志强则激动反问'认识又怎样，记得又怎样？'"② 仔细推敲这段对话，其实际上暴露了绿营在对国民党的"官商勾结"指控中，所谓的证据尚只停留在依赖于"国民党官员只要认识顶新老板就是官商勾结"的逻辑层面——这样的推理也未免太过简单。然而，既便是这种逻辑经不起推敲，但它对建构国民党"官商勾结"的负面形象却是有效的。报纸还在一篇社论中，直接将食安问题归因于"政商勾结"，并以此诉求选民不要投票给国民党："从这些现今已知的事实看来，吃的安全或食的危机既有个别厂商的问题，更存在庞大的利益共生政商结构，如其继续运作，台湾社会难有宁日。改变不易，但下月的九合一选举是教训主政者、打破这一政商结构的关键，这是民主提供人民的良机。"③

除了以"权贵与平民"作为建构阶级对立的话语方式之外，《自由时报》还用另外一种话语方式，即诉诸"官与民"的对立来建构阶级对立。很显然，这种方式对于拥有数千年封建官民文化意识的中国人来说十分受用，因为"官民关系是传统政治的基本问题"。④ 所以，在"九合一"选举报道中，《自由时报》积识极采用了这种舆论工具。该报刊发的一篇评论称："柯文哲参选，是典型的'官逼民反'。"⑤ 这里所用的"官逼民反"四字，即是该报建构"官民对立"阶级意识形态的具体体现。在该报的官民对立建构中，国民党政权与民众利益是水火不容的，因为它是独裁的，不为民众说话的，只会与"权贵"结盟。在该报的另一篇言论中，这样阐释国民党与民众之间的对立："如果要问人民对于'国富'的感受，答案绝对是

① 林保华. 反对撕裂，迎接新台湾 [EB]. 自由时报，2014 – 11 – 26.
② 唐在馨. 胡志强称不认识魏应交　议员打脸 [EB]. 自由时报，2014 – 10 – 14.
③ 社论. 打破政商结构　解决食安问题 [EB]. 自由时报，2014 – 10 – 17.
④ 迟汗青. 传统社会官民对立及其调整 [J]. 学习与探索，1996（4）.
⑤ 庄荣宏. 为了毁人，不惜一切！[EB]. 自由时报，2014 – 09 – 12.

'马贵民贱,党富民穷'、'有钱人吃香喝辣住帝宝,散赤人吹西北风忙找壳'。"① 在诸如此类的话语建构下,国民党的施政行为大多受到负面解读,一般不会被视为出于公共服务的目的,而是旨在"劫贫济富"。例如一篇文章控诉称,郝龙斌、朱立伦虽然"都是大官,手握丰沛的行政资源,领导上万公仆",但在食安问题发生后,顾左右而言他、欺骗民众、推脱责任。② 通过这样的言论,《自由时报》建构了国民党作为"官",却"执政不为民"的负面形象。

在努力建构国民党候选人乃是"权贵"与"官"的同时,《自由时报》还努力将以柯文哲为代表的绿营候选人建构为反权贵的"平民"。柯文哲虽然亲绿,但其无党籍、没有从政经历及台大医生职业背景,使之十分适合用来作为反对国民党"权贵"与"官"的"平民"代表。事实上,柯文哲并非穷人,身为台大知名教授的他,资产申报时显示已有过亿,并非算得穷人,而且,有人也认为他并不是报纸上声称的"政治素人",因为在此之前他已拥有多年作为政治意见领袖并参与政治议题斗争的经验。但《自由时报》显然对于柯文哲这些"非平民"的身份特征是采取无视态度的,相反则配合柯文哲竞选团队的舆论需求,努力塑造其"平民代言人"及"反权贵"的形象。一篇评论称:"柯象征平民,而连被认为是权贵。柯的公民出阵与连的公子出牌,可以看出改变官宦独占和想要维系特权的抗衡。看看簇拥在连周边的达官显贵,比较环绕柯的公民力量,就了然了。"③ 该报记者在一篇文章中更是直接肯定柯文哲:"面对连家,柯主张'阶级投票'论,批判权贵,透过大量公平正义的语言、蒋渭水的图腾,让选战成了价值选择。"④ 报纸对于柯文哲作为平民的话语建构,有时无声地糅合在其报道语言中。一篇关于连柯电视辩论会的报道通过对二人衣着的关注,来表现他们的身份差异:"连胜文身着白衬衫搭黑色西装,盛装出席;柯文哲则一派轻松,白衬衫加西装裤,搭上蓝色夹克外套,和平常装扮无异。"⑤ 以这种着装细节为着眼点的报道,显然对于塑造连胜文为"官"、柯文哲为"民"的身份差异是有一定作用的。

---

① 纪昭秀. 马贵民贱 党富民穷 [EB]. 自由时报, 2014 - 08 - 29.
② 岑安. 食品博士 会计博士 油虫奸商 [EB]. 自由时报, 2014 - 09 - 11.
③ 李敏勇. 市民革命 [EB]. 自由时报, 2014 - 11 - 26.
④ 郭安家. 摧毁蓝军恐吓牌 柯改变成真 [EB]. 自由时报, 2014 - 11 - 30.
⑤ 郭安家, 涂巨旻, 叶冠妤. 柯朴素 连盛装 [EB]. 自由时报, 2014 - 11 - 08.

二、民粹化：阶级意识形态偏向构建的手段

《自由时报》在对"权贵与平民""官与民"对立的意识形态建构中，充分运用了民粹化的话语方式。这种方式源于民粹主义的社会现象，其典型表现是民众发动，对精英阶层或政府的抗争。但是在本质上，民粹主义只是一个中性的词汇，它是一种平民视角的政治立场，它的诉求是民主，所反对的是极权精英。"民粹主义已成为进步的工具，但也是保守的工具；是民主主义者的工具，也是独裁者的工具；是左派政党的工具，也是右翼势力的工具。"① 然而在现实中，人们往往对民粹主义所包含的负面作用予以高度关注，所以在很多语境中，民粹主义是被作为一个负面词语来使用的，所指的仅是普通民众在有意或无意的目的之下发起与精英阶层或者政府相抗争的群体性政治思潮或社会运动，而这种思潮或运动多有非理性成分。同时，民粹主义也是一种政治策略，它可以用来作为特定政治集团为了凝聚斗争力量而对民众发起的煽动性政治动员。在这重含义下，民粹主义通常被认为是一种披着民主、民意外衣的蓄意操纵，它对于建构或消解特定政治集团的政治合法性可以产生明显作用。

在台湾，民粹主义土壤深厚乃是各界共识。早期的台湾民粹主义被认为有其理性成分，因为当时主要体现为受到压制的民众对国民党威权政体的集体反抗。但是随着台湾政治生态的不断变化，台湾民粹主义的理性成分渐渐丧失，最终因受到政治操纵而变成了"台独"反"中华民国"、"本省人"反"外省人"的非理性斗争。"随着政治的多元化和利益的分殊化，台湾民粹主义已经沦为政治人物获得政治利益的廉价工具。"② 对台湾民粹的操纵尤以民进党为代表的绿营政治势力为甚，它们极其擅长于通过发动民粹的方式集聚社会力量。民进党在创党不久就会"搞群众大会声讨，进行请愿"，"搞群众大会于先，再进行请愿于后，配合之妙，无异火上加油"，这种披着"民主"外衣的民粹，被台湾学者李敖称之为"民进党式民主"③，意指它事实上乃是一种变质了的、贻害各方的"民主"。2014年上半年台湾爆发的"太阳花"学运，也被认为是因民进党以民粹化手段进行煽动的结果。

---

① ［英］保罗·塔格特（著），袁明旭（译）. 民粹主义［M］. 长春：吉林人民出版社，2005：5.

② 汪澍，洪伟，艾克. 台湾"民主政治"透视［M］. 北京：华艺出版社，2014：28.

③ 李敖. 打着民主反民主，民进党研究［M］. 北京：中国友谊出版社，2006：208.

民进党对于发动民粹这一政治手段的娴熟运用,一度使国民党陷入被动,所以在 2016 年台湾地区领导人选举中,一开始代表国民党应战的"立法院副院长"洪秀柱就曾针对绿营一再使用民粹化手段打选战的方式予以批评,称"台湾社会已发展为一种'民粹政治'的结构"。① 这种手段对于台湾绿营政团来说可谓屡试不爽,因此在"九合一"选举中,鼓动民粹同样是《自由时报》努力进行阶级建构、激发民众对立情绪的重要方式。

具体来看,《自由时报》以诉求阶级对立为目的的民粹化手段主要体现在五个方面。一是假借民意。该报在选举报道中,对于国民党的批判,很多时候采用的是有意假借民意的手段。比如在张显耀"共谍案"发生后,《自由时报》为表达对国民党内斗的抨击,对张显耀予以大量同情式报道。该报采访了张显耀老家的多位邻居,称他们都为他抱屈,因为张显耀从小乖巧孝顺,父母、家人又都在台,不相信他是"共谍",然后引用邻居的话,批评马当局"拔官"过程太粗糙、乱扣帽子,毁人清白。② 这里且不论张案的事实结果如何,但该报仅以当事人邻居根据一个人幼时表现的评价而进行审判式报道,显然论据不足,有假借民意进行诱导的倾向。《自由时报》之所以采用这种视角进行报道,无非是想借助民众的评议来建构其话语偏向而已。在对选举活动的报道中,该报还明显倾向于记述选民对国民党予以反对、对民进党/柯营予以支持的反应。如一篇关于柯文哲演讲与民众互动的报道称,柯文哲问台下听众,选举若只有连胜文能监票合不合理,台下听众齐喊"不合理",并以对听众大笑、鼓掌的现场描述,表达民众不支持连胜文的立场偏向。③ 该报假借民意还有另外一个重要形式,就是大量发表读者不支持连胜文的言论(投书),这些言论完全是偏向性的,并且往往感性大于理性,舆论诱导的目的十分明显。

二是煽动青年。借助于青年人往往易受煽动的个性特征以及青年选民在"九合一"选举中的重要地位,《自由时报》将青年人作为其重要的民粹煽动对象。对于这场选举,"很多分析预测,年轻人选票是足以左右选举的关键。据统计,台湾 20 ~ 35 岁人口约占选民数的 30%;在台北市,20 ~ 29 岁年龄层至少有 40 万。"④ 在年轻人成为这场选举的关键力量的情况下,《自

---

① 崔慈悌. 出关 洪秀柱:破除民粹,选到底 [EB]. 工商时报,2015 - 09 - 07.
② 佟振国,蔡淑媛. 张南投老家邻居:不该乱扣帽子 [EB]. 自由时报,014 - 08 - 22.
③ 蔡亚桦. 柯:连可监票我却不行 选个屁 [EB]. 自由时报,2014 - 08 - 29.
④ 无署名. 国民党九合一选举胜败 有两个关键 [EB]. 台海网,2014 - 09 - 08.

由时报》为动员青年选民票投柯文哲与民进党，不断美化"太阳花学运"，并建构国民党治下青年人丧失机会的社会现状。如一篇报道称："太阳花学运后，越来越多人感受到代议政治无法真正反映民意，进而主张采取直接民权表达对政策的意见。"① 连胜文为了消解其家庭出生问题的负面效应，发布了一则视频广告，以"如果我爸很有钱"为题访问年轻人，片中有些人回答会"大赌""每天Shopping"等，意在表达连胜文虽然有钱，但依然出来选市长，愿意为民众服务。然而该报一篇文章在对此事进行报道时，选取网友的曲解性批判称，连这是"公然炫富，且充满傲慢"。② 另一篇投书又从另一角度质问："这位公子哥儿不但不避讳权贵之后的身分，还大刺刺地制作广告消遣年轻人。"③ 为使青年人的反对意见得到传播，该报还专门在评论版块开辟《青年论政》评论栏目，发表青年作者对国民党的批评言论。比如其中一篇文章对马英九质问道："过去六年执政，推动在我们年轻人的政绩上，无论是提高生活水平、改善经济能力都付之阙如，反观您每个月却可以存款48万元。"④ 此类文章明确体现了《自由时报》的另一种民粹化手段，即煽动青年一代对国民党的怨愤情绪。

三是建构仇恨。《自由时报》所发表的诸多文章，都透露着一股浓烈的仇恨情绪。尤其是评论版块，几乎成为民众发泄情绪的专用平台。在读者投书和部分专栏文章中，多有辱骂、抱怨、诅咒，反复诉求阶级仇恨、制造社会对立。如借由食安问题的爆发，该报反复建构民众对国民党的仇恨，指称国民党当局无视"哀鸿遍野、民怨冲天"，官商勾结，追责迟钝，并利用学者欺骗民众，还称台湾民众是"最可怜之人"，而国民党人"是最可恨之人"。⑤ 一篇文章对军公教慰问金一事的评论中，痛骂军公教不是"人员"，而是"阶级"，"对军公教来说，台湾真可谓是与欧洲国家有得比的福利国，从摇篮到坟墓都被政府照顾得无微不至，说他们是台湾的特权阶级已经是相当客气的讲法！与他们相较，其他国民根本是中华民国（台北）的弃婴，真正'亚细亚的孤儿'！"⑥ 该篇言论全文783字，21句话中，用了十个感

---

① 苏芳禾. 把关人民纳税钱 民团推"参与式预算"［EB］. 自由时报，2014－08－31.
② 卢姮倩. 连"如果很有钱"CF网友轰炫富［EB］. 自由时报，2014－09－12.
③ 苏多. 连公子寻大家开心［EB］. 自由时报，2014－09－13.
④ 陈俊吉. 您月存48万 我们低薪买不起房［EB］. 自由时报，2014－09－01.
⑤ （佚名）. 台湾最可恨之人［EB］. 自由时报，2014－09－11.
⑥ 郑皓中. 军公教不是人员是阶级［EB］. 自由时报，2014－08－30.

叹句，八个反问句，也即全文仅有三个句子是以句号结尾，由此可见其煽动情绪何其浓重。而这样的言论并不是个例，《自由时报》所发表的文章很多都不吝于使用最具仇恨煽动的语言来表达情绪。对于投票选举的诉求，更可能是充满赤裸仇恨的煽动，例如一篇文章在号召大家对国民党投反对票时，这样写道："起来吧，不愿再被当猪头的人们！让我们一起用抵制、用选票，把黑心官商共犯结构全部扫进垃圾焚化炉，还我清白干净的台湾！"①

四是诱导运动（暴力）。在建构了充满仇恨、阶级对立的社会情绪的基础上，社会运动甚至暴力对抗很可能成为一种发泄形式。《自由时报》即是这样不断地表达其对抗诉求。比如针对连胜文住豪宅的问题，报纸即发表文章支持"巢运"活动，鼓动"一起夜宿仁爱路，向不公不义宣战"。②"行政院"记者会于 YouTube 平台进行网络直播，遭到网友在留言区频刷无意义文字"洗版"，《自由时报》即站在网友这一恶搞行为的立场上，报道质疑"行政院"发言人孙立群对网友的呛声，并以"担不担心肉搜？"的提问，③有意引导网友运用"人肉搜索"的手段，来对国民党施以报复行为。此外，《自由时报》还积极于报道针对国民党的暴力事件，并体现出对施暴方的明显袒护。如一篇关于台湾清大研究生魏扬向马英九丢橘子事件的报道中，以消息来源倾向于施暴方并为丢物方进行辩解的偏向方式，表达对这一丢物行为的支持。报道引用魏扬在脸书上的发文称："希望让马英九、执政党和社会大众知道：当前的台湾社会，除了选举，还有一群人正在被制度谋杀，还有同样值得被关注的事。"④ 这样的报道，对施暴行为不但无意于谴责，甚至还有意进行鼓励，其暴力诱导的倾向是十分明显的。

五是诉诸下台。如同诉诸暴力一样，下台指控同样是在建构阶级对立基础上的一种民粹式发泄途径。在《自由时报》关于国民党官员的报道中，"下台"是一个高频词汇。该报热衷于对绿营及泛绿民众控诉国民党下台的事件予以报道，比如在《马连西门町扫街　一路挨呛》这篇新闻报道中，专门以"挨呛"为视角，选材报道了马英九与连胜文在扫街活动中，马英

①　胡文辉. 起来，不愿被当猪的人们！［EB］. 自由时报，2014 - 10 - 13.

②　黄益中. 白贼张盛和　投资客最爱［EB］. 自由时报，2014 - 09 - 16.

③　钟丽华，施晓光."政院"直播被洗版　孙立群呛网友没品［EB］. 自由时报，2014 - 09 - 12.

④　洪美秀，何宗翰. 丢橘子呛马　魏扬遭警压制上铐［EB］. 自由时报，2014 - 11 - 23.

九多次遭呛"下台"的细节。① 在食安事件发生后，该报开始密集责问当局缘何对于台湾接连的食安事件无能为力，食安危机发生后又无法有效应对，并以此为凭借，对国民党各方官员予以尤为频繁的下台指控。一篇言论直指"行政院长"江宜桦应该承担责任，并质问称："从政，有人想的是权力，有人是混口饭吃。不论如何，千斤重担要挑得起来，挑不动，不愿挑，就早点滚吧！"② 除了诉诸江宜桦下台，"卫福部部长"邱文达与"食药署长"叶明功也被点名要求下台。③ 此外，在对于国民党现任县市长兼候选人的报道中也同样突出了各方对他们的下台指控，比如一篇报道称胡志强执政的台中市安全指数五都"吊车尾"，引用民进党的控诉："胡志强该下台，市长换人。"④ 如此种种对于在位候选人的"下台"指控，显然会具有显著的煽动性，能够对民众的投票行为产生干预。

第四节　《自由时报》以伦理指控为
诉求的道德意识形态合法性偏向

道德是一种特殊的社会意识形态，它所反映的是人类社会性生活的行为准则与规范。道德对于统一人们的思想与行为方式有明确的作用，因此它在人类的政治活动中也通常被当作巩固政权或夺取政权的手段。在一定的社会形态中，如果个人或特定群体违背了被普遍接受的道德标准，他（们）就可能会受到相应谴责甚至行动干预。作为一种特殊的意识形态，道德与政治意识形态之间拥有密切关系。从本质上看，"道德信仰与政治意识形态之间尽管存在着一定的张力"，但"在核心价值层面二者之间具有相当大的趋同性"。⑤ 社会道德意识的衰落，必然导致政治秩序的不稳定，因而政治权力追求者通常会诉求于维护或重建稳定的道德秩序，以此获得广泛的支持。也正因如此，在政治选举中，政党之间为夺取执政权力而展开道德意识形态合法性资源的争夺也是一种普遍现象。只是对于不同的选举事件及不同的政党

---

① 郭安家，涂巨旻. 马连西门町扫街　一路挨呛 [EB]. 自由时报，2014 - 10 - 30.
② 邹景雯.《焦点分析》担子挑不起就滚 [EB]. 自由时报，2014 - 09 - 14.
③ 陈伃轩，陈彦廷，陈炳宏. 纵放黑心商　消基会点名邱文达下台 [EB]. 自由时报，2014 - 09 - 07.
④ 高嘉和，唐在馨. 县市安全指数　中市五都吊车尾 [EB]. 自由时报，2014 - 09 - 03.
⑤ 管爱华. 试论道德信仰与政治意识形态的关系 [J]. 社会科学辑刊，2007 (5)：31 - 34.

来说,相关的争夺可能会呈现不同的特征。《自由时报》在"九合一"选举报道中,总体上采用的策略是以对国民党候选人进行道德指控为主、对柯文哲及民进党候选人进行道德美化为辅的话语策略,建构了国民党乃是社会道德规范的破坏者、柯文哲与民进党候选人乃是社会道德规范的维护者的不同形象,以此向选民表达两种完全不一样的道德意识形态合法性诉求。

虽然道德意识形态在内涵上极其复杂,但笔者通过对《自由时报》"九合一"选举报道中关于道德意识形态合法性的偏向传播情况进行归纳,总结出了日常道德伦理、家庭道德伦理、性别道德伦理三个比较显著的方面,这里予以分别说明。

一、基本道德伦理方面

在政治选举中,基于道德意识形态合法性的相互攻讦首先多是指向于候选人个人的基本道德品质。在内涵丰富的个人道德范畴中,诚信作为个人安身立命之本,往往位于重要位置。《自由时报》对国民党候选人的道德问题指控,也是以诚信问题作为话语核心的。首先,该报塑造了国民党候选人的"政治投机"形象。报纸在报道中抓住蓝营候选人在政治立场游离方面的问题,进行不断追问。一个典型的事件是,连胜文曾在公开场合暗指"马王政争"犹如"大明王朝",一度被指是对马英九发动"宫廷内斗"的批判,后来马英九又多次帮助连胜文站台,连胜文也多次向马示好,于是《自由时报》便又开始对马连联手的互动细节做出倾向性解读,意指连胜文为了角逐台北市长之位,假装与马英九和解,以揭示连胜文的政治投机倾向。该报刊发的一篇评论对连胜文批评道:"先是以'大明王朝'、'丐帮'炮打无能的马英九博得掌声,但为了争取深蓝选票,如今却摆出尊马的嘴脸,对依旧无能的马英九屁都不敢放一声。"① 一篇新闻对连胜文的父亲连战报道称:"在儿子连胜文获提名后,曾经长期和马关系紧张的连战已多次尊马、捧马,他昨天在会中同样和马互动亲密,频频交头接耳,还大力吹捧马的领导,并痛批阻碍国家发展的就是民进党,强调'这笔账可以算一算'。"② 此类批评也同样指向其他国民党候选人。因为国民党高雄市长候选人杨秋兴原来是民进党籍,遂有评论称其"摇身一变为蓝营小媳妇","昨是今非,精

① 苏多. 连公子寻大家开心 [EB]. 自由时报,2014 – 09 – 13.
② 彭显钧. 关系变亲密　连战吹捧马英九 [EB]. 自由时报,2014 – 09 – 29.

神错乱，这种墙头草的政治道德还剩几分。没有权力在手时，小巨人可以变成小媳妇，像个跳梁小丑，当一个人内心的信仰价值荡然无存时，失败其实早已如影随形！"① "身为一个市长候选人，就是要一路走来始终如一，如果在政党中游移，所言所为又偏离民众一般的认知太远，恐怕不容易获得选民支持。"② 国民党台中市长候选人胡志强因于 2006 年妻子车祸时，曾对媒体说若妻子得救将退出政坛，《自由时报》便借读者之言翻出旧话，称他这次又出来选是一种失诺行为："对上苍、老妻和祈求集气的民众的诸多'背信'，足以让我看清他的人格特质。充其量，不过是一个'最爱江山'的政客罢了。"③

除了对政治立场游离的诚信指控，《自由时报》进一步指责国民党候选人在竞选活动中存在欺骗行为。这其中包括追问连胜文被诉诸"权贵"背后的财产申报问题。一篇评论质疑，连胜文不敢跟随柯文哲公布他的选举经费与财产来源，可能是出于心虚，文章有意指称连胜文刻意隐藏财产，并有逃漏税的嫌疑。④ 一篇报道通过记述连胜文对柯文哲公布 19 年所得单据不正面响应的细节，暗指连胜文财产申报不实："记者追问是否会对外公布财产，连表示，'我们已经全部给监察院啦'，随即快闪离去。"⑤ 这里采用"快闪"一词，即建构了连胜文在这一问题面前的逃避形象。在报道中，该报对连胜文的其他欺诈指控还包括涉嫌竞选广告抄袭⑥与政见抄袭⑦，以及在竞选中以运用网军战术对个人问题进行粉饰等，如一篇文章称："连胜文的网军被起底及罗淑蕾到柯营查账的闹剧，让人看到'闹剧越闹越明'，让民众看到谁的诚信出了问题。连胜文的网军及罗淑蕾从某种意义上说，都属于'五毛党'的特质。"⑧ 事实上，绿营对国民党做出指控的动用网军及其他诚信问题，在民进党身上本是过犹不及的。李敖曾经对民进党擅长使用欺骗性手段作过这样的评价："（他们）和国民党是一丘之貉"，"其中在不守

---

① 秦靖. 绿色小巨人 蓝色小矮人 [EB]. 自由时报, 2014 - 08 - 30.

② 张惠升. 酒驾撞壁! [EB]. 自由时报, 2014 - 10 - 16.

③ 陈颜. 同为女性 为邵晓铃感到不舍 [EB]. 自由时报, 2014 - 11 - 18.

④ 林保华. 严防奥步, 抵制国贼 [EB]. 自由时报, 2014 - 10 - 01.

⑤ 涂巨旻, 卢姮倩, 郭安家. 反击账户风波 柯文哲今公布 19 年所得单据 [EB]. 自由时报, 2014 - 09 - 18.

⑥ 卢姮倩, 郭安家. 连胜文广告 连两支涉抄袭 [EB]. 自由时报, 2014 - 10 - 29.

⑦ 卢姮倩, 郭安家, 蔡亚桦. 跟进柯政见连: 一殡就地废除 [EB]. 自由时报, 2014 - 10 - 31.

⑧ 愚工. 台北也有"五毛党" [EB]. 自由时报, 2014 - 09 - 21.

诺言一项上，甚至比国民党还青出于蓝呢！"① 但相反地，《自由时报》在"九合一"选举报道中，对民进党的诚信问题选择了视而不见。

《自由时报》对国民党候选人道德品质的另一个显著建构是"忘恩负义"。"忘恩负义"是与"知恩图报"相反的一种行为，在中国的传统伦理道德中，"知恩图报"受到推崇，而"知恩不报"或"忘恩负义"则是一种极不道德的行为，报恩行为之所以重要，是因为它深刻体现了中国社会文化传统中的人情主义特质。"人情主义的本质是伦理政治，它是人们在主观精神形态上把伦理与政治融为一体。"② 因此，"有恩必报"的人情价值，可以被认为是维系人际关系和考验个人品质的重要标准。但在《自由时报》的媒介建构中，国民党候选人显然大多并不能做到这一点，他们往往是"忘恩负义"的。由于连胜文曾于2010年在参与一场新北市议员选举造势活动时遭到了枪击，后被送往柯文哲医疗团队治疗，于是在"九合一"选举时，柯文哲阵营便借此事件努力塑造柯文哲有恩于连胜文的道德正义。从选举竞争的角度来说，这种造势显然是对连胜文非常不利的，对此连营回应称，"连非常感谢当时协助治疗的台大医疗团队，'虽然柯先生当时并未参与救治，但连胜文仍对柯先生的关心表达感谢之意'"。③ 由此，双方在对于当时具体情况的解读上便产生了分歧，究竟当时柯文哲有没有参与救治便成了历史之谜。但《自由时报》在对这一争议事件的报道中，不断以倾向性的报道使连胜文陷入知恩不报的道德困境。报纸引用网友的评论称："柯 P用最快的速度救连胜文，连胜文用最快的速度抹黑柯 P。"④ 一篇投书直接谩骂道："连胜文……无所不用其极地毁灭救命恩人柯文哲的人格。这种恩将仇报的心性，就是缺德！"⑤ 正是通过不断发表这样的质问，《自由时报》将连胜文"忘恩负义"的道德形象建构得十分鲜明。

与这种对以连胜文为代表的国民党候选人个人道德品质的控诉相对应的，则是对以柯文哲为代表的绿色阵营候选人道德形象的美化。《自由时报》在"九合一"选举报道中，进而建构了柯文哲的优良道德品质："柯文

① 李敖．民进党的不守诺言问题．民进党研究［M］．北京：中国友谊出版公司，2006：243.

② 俞世伟，白燕．规范·德性·德行：动态伦理道德体系的实践性研究［M］．北京：商务印书馆：2009：50.

③ 涂巨旻，郭安家．柯营新 CF 柯谈统筹救连枪伤过程［EB］．自由时报，2014 – 09 – 15.

④ 涂巨旻，郭安家．柯营新 CF 柯谈统筹救连枪伤过程［EB］．自由时报，2014 – 09 – 15.

⑤ 陈财能．缺德　不缺钱［EB］．自由时报，2014 – 09 – 27.

哲有善良、正直的人性，也有统合'乌合之众'的能力，更有谦卑的心态
倾听不同意见。"① 一篇文章针对柯文哲在财产公示、竞选手法等方面的表
现，对其称赞道：柯P把自己工作二十年所有账目公布出来，"坚持不用旗
帜、不乱贴文宣，使得对手阵营也不敢明目张胆地砸钱做这种制造垃圾的
事，台北市长选举，因为柯医师的出现，的确带来一番新气象"。② 此类言
论为柯文哲所建构的磊落参选、高尚无欺的个人道德形象，与为连胜文所建
构的"投机""欺骗""忘恩负义"等道德形象形成了强烈反差。此外，
《自由时报》还通过借助柯文哲医生职业背景的优势，对其进行道德美化。
该报不断重复柯文哲在医生职业上的成就及其与选举的关系，如一篇报道引
用柯文哲的诉求称，"医师的白袍没有蓝绿，只有是非对错"，"在台大医院
工作听了草根人民三十年的心声，能感同身受了解'贫病交加'，在台大时
也带领叶克膜团队成为世界级团队，若他当选，也会让台北市府成为世界级
的团队，营造市府员工荣誉感。"③ 柯文哲的医生职业光环，显然对其参选
产生了道德合法性的助益，正如该报刊发的一篇评论称："柯医师是一位认
真、负责、创新的好医师，而上医医国也应该是我们终极的职业理想。"④

二、家庭道德伦理方面

个人总是生活在一定的家庭关系之中。"中国血缘文化的特点，决定了
中国伦理精神以家庭为本位，因此在道德规范中人们也以家庭利益为核
心。"⑤ 关于家庭道德伦理的诉求也十分鲜明地体现在《自由时报》"九合
一"选举报道之中。该报在这种诉求中最突出的表现是对国民党候选人家
族历史株连式的问罪。这种问罪，最典型的是针对连氏家族。例如报纸发文
引柯营发言人对连的祖父连震东当年"土地疑云"的再质疑："连震东之所
以被国民党重用，是因为在'二二八事件'中当'抓耙仔'，提供台湾菁英
名单给国民政府。"⑥ 通过对这种家族历史的控诉，将其否定对象过渡到该
家族的后代身上。一篇评论以连战的历史行为为论据，对连胜文开骂道：

① 林保华. 国民党健康力量初现 [EB]. 自由时报，2014 - 11 - 12.
② 杨勋杰. 台湾民主还有希望 [EB]. 自由时报，2014 - 09 - 21.
③ 蔡亚桦. 柯感性　要让市民能被倾听 [EB]. 自由时报，2014 - 11 - 08.
④ 曾家琳. 政商势力玩弄白色巨塔 [EB]. 自由时报，2014 - 09 - 19.
⑤ 俞世伟，白燕. 规范·德性·德行：动态伦理道德体系的实践性研究 [M]. 北京：商务印书馆，2009：46.
⑥ 郭安家. 柯营质疑连震东是228抓耙仔　连斥恶质 [EB]. 自由时报，2014 - 10 - 21.

"04年总统选举国民党提名的连战先生，在落选后要求验票，并提出选举无效之诉；十年后的今天，儿子连胜文在这场台北市长选举的辩论会上表现不佳，支持度不见起色，就要求再辩一场，根本就是孩儿老爸一个样。""俗话说虎父无犬子，而我个人却是担忧败将多败儿啊！"① 这种以家族史为依据的株连式批判，作为一种打击对手的手段，在台湾常见于各种选举的政治斗争之中，即便是它所体现的只是一种关于"出生决定论"的封建遗存。

"九合一"选举中的家族历史起底之争，在"连柯之战"中最初主要表现为柯营对于连胜文家族的起底，后来连营开始反攻，也对柯文哲家族的历史进行揭露。一次连战为回应柯营的家族历史问罪，反批柯文哲是"日本官三代"，《自由时报》于是抓住这一回应，进而建构连战攻击柯文哲家族历史、侮辱柯文哲先人的不伦形象——这显然与一开始极力负面建构连氏家族采用了完全不同的标准。对于此事的报道，《自由时报》重点发表柯营的回应，指称柯文哲的爷爷是日本人，乃是日占时代所然，且以柯的爷爷曾受到过"二二八"迫害而进一步揭发国民党的历史原罪。报纸引柯父的责问称："连先生，请留一点尊严给我们，好吗？"② 在另一篇报道中，更是以柯父的立场，对连战予以悲情控诉："连日来接连遭受连战、郝柏村以'浑蛋'、'皇民'攻击的柯文哲父亲柯承发，昨天再也无法忍受，以最悲痛的心情站出来，向连、郝二人喊话'有什么事就冲着我来！别侮辱我儿子！也不要污蔑我的祖先！'"③ 通过反复采用这种不平衡的报道方式，《自由时报》清晰建构出了关于连、柯两位候选人家族历史的话语偏向。

在对候选人的家庭生活及家人报道中，《自由时报》也以建构不同家庭文化的方式来体现其家庭伦理话语偏向。从总体上看，该报为柯文哲建构了一个积极向上、乐观温馨的家庭文化形象，而为连胜文建构了一个充满富贵气、消极悲情的家庭文化形象。该报不断对柯文哲每当陷入各种争议之后，其妻陈佩琪都会对丈夫予以力挺的行为予以积极报道，④ 表现出柯文哲拥有相亲相爱、相互扶持，充满正能量的夫妻关系和家庭环境，而相反则对连胜

---

① 蔡政峰. 可笑！[EB]. 自由时报，2014-11-10.

② 蔡彰盛，王文萱，涂巨旻. 连战骂浑蛋　柯爸：请留点尊严给我们 [EB]. 自由时报，2014-11-18.

③ 蔡彰盛，涂巨旻. 反击连郝　柯爸：冲着我来！别侮辱我儿 [EB]. 自由时报，2014-11-20.

④ 涂巨旻，陈佩琪忆起器捐案　忧柯P不能回家了 [EB]. 自由时报，2014-09-26.

文的夫妻关系作以具有负面性质的报道。比如在一篇关于连柯两人妻子的报道中,一方面为柯文哲妻子陈佩琪塑造了早起、勤奋,兼顾家庭与事业的形象;另一方面却为连胜文妻子蔡依珊塑造了公主病的形象,称蔡为丈夫去菜市场拜票时被民众嫌弃,有人呛声:"'走开啦!''这样怎么买菜?'"① 另有一篇报道以柯文哲与其妻吵架这一平常小事来渲染两人的感情,通过叙述他们从产生小矛盾到和解的过程,充分展现了柯文哲作为普通人的一面,报道的言语中充满温情。② 在评论中,这种偏向更为明显。一篇文章对比两位妻子称:"(蔡依珊)好似从天上下凡,一句'选举有需要这样吗?'二度泪崩,就可能像孟姜女哭倒万里长城,重创柯的选情。相较之下,担任小儿科医师的陈佩琪,虽然罹患癌症,却不自怜自艾,依然在职场上打拼,既是职业妇女,又是家庭主妇。在脸书贴文毫不掩饰自己的情绪,真性情却犀利如刀;但这位独立女性受到选民的关爱,却远远不及对手的夫人牌。"③《自由时报》这种对于蓝绿候选人两方家庭文化的偏向建构,除了明确体现在连、柯二人身上之外,也同样体现在对其他候选人的报道中,这里不再一一列举。

三、性别道德伦理方面

"两性关系是人类社会的基本关系,性别伦理在各民族的伦理文化中均占有最为凸显的位置。"④ 在人类社会发展中,因受到父系氏族社会长期存在的影响,男尊女卑现象长期成为东西方共有的性别伦理标准。然而在当代社会,随着女性主义思潮的普及,性别不等已经不再符合现在的性别伦理规范,歧视女性行为更是会成为一种违背当下时代性别伦理新标准的行为而受到广泛排斥。在性别平等意识已经成为普遍价值追求的情况下,女性主义甚至会被当作一种话语方式,成为批判男权意识的凭借。《自由时报》在"九合一"选举中,女性议题也是一个高频议题,多位候选人在这场选举中均被质疑有歧视女性嫌疑。比如一篇报道中称,国民党高雄市长参选人杨秋兴骂高雄市长陈菊是"六十五岁的"的"老太婆"、"救灾力不从心,老态龙

---

① 陈彦廷,郭安家,涂巨旻,王文萱. 蔡依珊拜票被呛声连:太太委屈 陈佩琪蜡烛两头烧 柯:太太辛苦 [EB]. 自由时报,2014 - 11 - 03.
② 涂巨旻. 柯妻脸书放闪:我才是影响柯最重要的人 [EB]. 自由时报,2014 - 09 - 29.
③ 苏多. 选举当选美?[EB]. 自由时报,2014 - 11 - 22.
④ 李景春. 性别伦理视域下女性自我观的建构 [J]. 伦理学研究,2014 (5).

钟"等,引起民进党以"歧视女性"的罪责对杨秋兴施以讨伐。① 不过,在这场选举中深陷性别议题之争的,还属柯文哲、连胜文两位,其中以柯文哲问题最大,因为他在关于女性的言论中,多有不当用语,引起了蓝营的集中批判。比如他曾说过的,国民党嘉义市长候选人陈以真很漂亮可以去坐柜台,妇产科"在女人大腿当中讨生活","一夫多妻是增加人口有效的制度",② 等等,都明显是具有歧视女性性质的失当言论。但《自由时报》在报道中,不但未对柯文哲持以批判态度,反而有意对柯文哲的歧视女性言论进行袒护,并进而指责连胜文才有歧视女性的行为。

　　《自由时报》对于此类事件的回应是刊载以"连胜文才歧视女性"为主题的评论对连营进行"封口式"反击的。一篇评论反问称:"顶着留洋高学历,但令人不解的是,蔡依珊不曾在职场上大显身手。连家若还这样地把女性约束着,岂不是种变相歧视?""而陈佩琪,乡下出身,一路苦读到台大医科。之后嫁给一个急诊医生,自己当了小儿科主任。如此高学历又事业有成,对家庭是一肩担起,甚至每晚都还会亲自做饭。""台北市的都会女性应该认清,从两方候选人配偶一路以来的表现,那一边才更显现出对女性真正的尊重?"③ 对于这样的言论,连胜文有意开脱,说"相信每个家庭主妇都是值得尊敬的,不是说好像有一份什么了不起的工作,就是好",然而被该报一篇文章批评道:"笔者不反对家庭主妇值得尊敬这个说法,但是一个好医师、好太太、好妈妈,却要被这样冷言冷语来讽刺,岂不有失公平? 难道说今天为了选举,就连一个兼顾家庭主妇角色的职业妇女,也得忍受这样恶意的歧视?"④ 除了运用读者评论为柯文哲开脱外,《自由时报》还在一些新闻报道中倾向于引用各方为柯文哲歧视女性问题予以开脱的言论作为新闻素材。一篇报道引用柯妻陈佩琪脸书文字回应连胜文对柯文哲的攻击称:"难道台湾社会从政者另一半,一定要噤声、躲在先生背后才是王道? 台湾社会怎还会有如此沙文主义者?"⑤ 另一篇报道则记述了柯文哲"知错即

---

① 葛佑豪,蔡清华,王荣祥. 粉丝大喊"高雄林志玲"菊:不敢当[EB]. 自由时报,2014 - 09 - 26.

② 张立勋,石文南,王瑄琪,杨毅. 柯 P 洞洞说 姊妹们痛骂沙猪[EB]. 中国时报,2014 - 09 - 08.

③ 张勇介. 蔡依珊与陈佩琪的作息表[EB]. 自由时报,2014 - 10 - 18.

④ 张勇介. 蔡依珊、陈佩琪,超级比一比[EB]. 自由时报,2014 - 11 - 03.

⑤ 姚介修,涂巨旻,郭安家. 柯盼辩论脱离负面选举　回归正常面[EB]. 自由时报,2014 - 10 - 13.

改"的行动：柯文哲为了消解自己的女性歧视问题，特向两性专家请益，并称将对被质疑有歧视语言的著作《白色的力量》进行改版，"不要只做表面道歉，错了就改！"① 这样的报道偏向，颇有一种"颠倒黑白"的讽刺意味。

---

① 涂巨旻，陈彦廷. 柯：错了就改／"白色的力量"著作涉歧视　将改版［EB］. 自由时报，2014 – 09 – 23.

第三章　规则之争:《自由时报》 "九合一"选举报道的 制度合法性偏向

制度合法性是合法性的另一个重要基础。本章通过制度合法性所涉及的几个层面——权力的获得,制度的制定、执行与遵守,来考察《自由时报》"九合一"选举报道中的传播偏向问题。

第一节　选举报道中的制度合法性偏向问题

从制度合法性角度来考察政治合法性的报道偏向,是本研究对《自由时报》"九合一"选举报道进行分析的另一个面向。对政治报道中的制度合法性问题进行考察是一个在政治传播研究中较为生疏的课题,相关考察有必要先从对"制度"与"制度合法性"等基本概念的梳理开始。

一、关于制度的理论探寻

作为具有社会性的生物种群,人类对于秩序价值的尊重可能是与生俱来的。当阶级社会出现后,由于政治统治的需要,各种用以确立统治秩序的规范被强调和运用,现代意义上的"制度"概念便由此产生。战国时期的商鞅是较早提出"制度"概念的中国古代思想家,他在《商君书·壹言》中说:"凡将立国,制度不可不察也,治法不可不慎也,国务不可不谨也,事本不可不抟也。制度时,则国俗可化而民从制;治法明,则官无邪;国务壹,则民应用;事本抟,则民喜农而乐战。"① 商鞅文中的"制度",主要指习俗礼教规则,它已经具备了现代"制度"内涵的部分含义。后来,"制度"一词越来越多地出现在各类典籍文本中,比如《中庸》中称"非天子,

---

① (战国)商鞅等(著);章诗同(注). 商君书 [M]. 上海:上海人民出版社,1974:34.

不仅礼，不制度"等，另外《山海经》《春秋公羊传》《诗经》等也对"制度"概念有所论述，不过内涵各自略有不同。

但学界对于"制度"概念的论述，更倾向于引用西方学者的研究成果。在西方的学术谱系中，古希腊时期的柏拉图和亚里士多德被认为是较早对制度做出基础性论述的学者。柏拉图在其著作《法律篇》中，阐述了重视法律作用的思想，他在推崇"哲学王"的统治外，还设计了"第二等好"的城邦，其中就强调了政治制度、法律等的作用。在亚里士多德那里，他强调以规范来确立良好的城邦体系，并确立了制度至上的原则。"亚里士多德不仅肯定了法律制度的至高无上的权力，确定了'制度面前人人平等'的原则，也提出了对制度本身的善、恶评价和是否合理性的审思。"① 亚里士多德的制度思想为西方制度研究奠定了理论框架基础，但他在自己的政治学论述中，对于"制度"一词的运用并不严谨，他的"制度"概念包括了议会、法律、市场等各种有形无形的因素。

后续学者的研究不断将制度理论朝向更深的层次推进。早期制度经济学派学者凡勃伦说："制度实际上就是个人或是会对有关的某些关系或某些作用的一般思想习惯。"② 凡勃伦指出了作为非正式形态的制度内涵。他将制度看作是"一般思想习惯"，而且，这种制度会因环境变化所带来的个人思想习惯的变化而改变。康芒斯则将制度理解为"一种以法律和规则为框架的建筑"，"可以把制度定义为'集体行动对个人行动的控制'"。③ 他对于工会和政府，尤其是司法制度的研究很精致，因此他的学说将对制度的理解引向深入，所观察的视角更加微观具体。再后来作为新制度经济学开创者的诺思则说："制度是一个社会的博弈规则，或者更规范地说，它们是一些人为设计的、型塑人们互动关系的约束。"④ 诺思通过着重论证包括产权制度在内的各种制度的作用，强调了人在制度制定中的主体性，并在其思想中区分了制度的正式与非正式两种不同形态。而与其他学者相比，马克思对制度的理解则是从整个社会制度的视角来进行的，他特别强调生产资料所有制，

① 庄江山. 制度的哲学思考 [D]. 上海：复旦大学博士论文，2007：9.
② [美] 凡勃伦（Veblen, T.）（著）；蔡受百（译）. 有闲阶级论 关于制度的经济研究 [M]. 北京：商务印书馆，1964：139.
③ [美] 约翰·康芒斯（著）. 制度经济学上 [M]. 北京：华夏出版社，2009：74–75.
④ [美] 诺思（著），杭行（译）. 制度、制度变迁与经济绩效 [M]. 上海：格致出版社，2008：3.

并将其作为整个制度体系的基础。制度属于上层建筑范畴,因而它受制于经济基础。在对制度的分析中,马克思将社会整体与人的作用同步考量,认为一定社会生产关系下的人是社会制度变迁的主体。马克思认为:"制度,就是这样一些具有规范意味的——实体的或非实体的——历史性存在物,它作为人与人、人与社会之间的中介,调整着相互之间的关系,以一种强制性的方式影响着人与社会的发展。"①

由以上梳理可见,制度所具有的内涵是多样的,而且在不同学者那里均有不同的表述。我们这里并无意于为"制度"概念找到一个统一解释,只是试图通过对相关解读的梳理,从总体上把握其基本内涵。对于制度的含义,目前较为普遍接受的认识是,制度所代表的是一种规范,它能够对人们的行为进行约束,从而使之符合一定的期望,它可以包括道德、习惯及法律等多种形态。本研究出于分析的需要,在这里侧重于考察其含义中的政治、法律部分。

二、制度合法性问题概述

制度具有约束人的思想行为、调节社会关系的作用,它的存在被赋予了进行社会整合的价值,蕴藏着对包括制度制定者在内所有社会成员对之进行遵守的期望。因此,制度往往是公平正义的象征,乃是现代社会基本的价值需求。在特定的社会场域中,尊重和维护制度者,会获得正义的评价与支持,而否定和破坏制度者,将会受到谴责或惩罚。在政治统治中,通过制度实现对政治秩序的管理和维护显然是十分必要的。这最直接地体现在一个政府或执政党必然会制定各项旨在稳定其政治运行的各种社会的、经济的、文化的、政治的制度。也就是说,它们必然通过制度来建构其政治的合法性,这便是关于合法性的研究必须高度重视制度因素的缘由。"一定的程序对于国家合法性的取得具有重要作用,这套程序会把本身所具有的规范性的合法性转换成实际的合法性,从而使政治权力具有合法性。"②

制度合法性有时也被称为程序合法性。对于执政者来说,具备制度合法性要求其必须在权力获取及在执政期间的权力运作方面符合道德、法律等制

---

① 辛鸣. 制度论,关于制度哲学的理论建构 [M]. 北京:人民出版社,2005:51.
② Geory Brunner, "Legitimacy Doctrines and Legitimation Procedures in East European Systems", in T. H. Rigby and Ferenc Feher (eds.), Political Legitimation in Communist States, New York: St. Martin's Press, 1982:28. 转引自燕继荣. 发展政治学 [M]. 北京:北京大学出版社,2010:175-176.

度规范。一般来说，对于制度合法性的考察会集中于关注执政者在对制度规则进行建构与执行的状况，因为这是执政者在政治权力具体化方面的具体表现。执政者的制度建构与执行状况既决定着执政者能否通过制度的力量切实发挥对社会秩序的维护功能，也在其所制定制度的合理性与有效性层面上决定着他们能否赢得社会成员的政治认同感，因而具有十分显著的意义。有时候，也有一些学者在对制度合法性进行阐述时，将制度合法性简化为法律制度的制定和执行，比如韦伯在论述合法性时所谓的"法制型统治"类型即是如此。不过，我们这里还是选用其多面含义，而不仅仅限定在执政者的法律制度行为层面。确立制度合法性旨在向被统治者彰显统治秩序中的公平正义，作为统治者，为获得被统治者的认同，自然也必须做到以身守则。所以这还涉及执政者作为制度的制定者，自身是否又是制度遵循者的问题，因为在统治与被统治的二元政治结构中，执政者必须要反复接受来自被统治者关于权力或利益是为公还是为私的追问。如果执政者被认为建构制度仅是为了实现统治，而他们自己却是置身于制度规范之外的特权阶级，那么这种制度显然就违背了公平正义的本质，不再具有存在的合法性，他们的政治统治也会因此遭到质疑。

三、选举报道中的制度合法性偏向问题

在政治系统中，虽然统治者与被统治者之间表面上是一种权力"施—受"的主客体关系，但来自作为权力客体即被统治者的反馈性互动与制衡却决定着统治者的政治权力能否得以稳固。在制度合法性作为政治合法性至关重要条件之一的情况下，执政者在制度制定与执行方面的实际表现固然重要，而来自被统治者的能动评价才是反作用于权力主体执政合法性的根本力量。也就是说，只有作为被统治者的公众对统治者的制度产生认同，他们才会自觉遵守统治者所制定、实施的制度，否则统治者的执政合法性就会被否定。"一项法令和政策，无论它看起来多么公平正义、具有效率，也无论有多么强大的权力支撑它，只要得不到社会认同，它就始终只是一种外在的存在，社会成员不可能积极主动地去遵从它。"①

在现实中，被统治者对于统治者制度合法性的认同，有些来自于个人的亲历性感受，有些来自于他人的评价或大众媒体的报道。因为制度认同对于

---

① 王结发. 制度认同与政治合法性［J］. 行政与法，2014（5）.

政治合法性很重要，所以对制度的反认同宣传也成是政治斗争的关键手段。尤其是在存在执政合法性争夺的政党政治生态中，反对党基于制度合法性的负面宣传必然是其赢取民心、夺取政权的重要手段。特别是作为执政权力争夺者的在野党，往往会刻意检视执政党的问题，力图找到执政党在制度制定、执行与遵循等方面所存在的不足，并借助媒体报道进行负面建构，以此消解公众对于执政者的制度认同，实现对执政党执政合法性的否定。因此这也正是《自由时报》在"九合一"报道中不断对国民党进行制度合法性进行诘问的原因。具体来看，《自由时报》对国民党制度合法性的诘问也是从政治权力的获得、运作以及自身对制度的遵循三个方面进行的。

第二节　《自由时报》对国民党权力生成的批判

通过一定方式获得权力是一个政党实现执政的必要步骤，也是讨论其政党执政合法性时不可避开的一个问题。一般情况下，一个非占统治地位的政党若要获得权力，必须通过与原有的执政党进行斗争，方能实现权力易位，让自己轮替成为新的执政党。但是，一个政党若要取得执政地位，必须遵循一定的制度性规范的权力获得程序，也就是说，新的执政者获取权力"必须依照事先确立的程序和规则进行"，① 由此才能符合民众的认可与期待，具备相应的合法性。相反，如果执政者获得权力是通过非正义的暴力、欺骗等手段来实现的，那么就不具备合法性。"九合一"选举中，民进党作为年轻政党、在野党，无论是历史包袱还是现实包袱都不像国民党那样沉重，因而具备从历史与现实两个维度对国民党的权力获得进行攻击的优势。所以，为配合以民进党为首的绿营政团的宣传需要，《自由时报》在对这场选举进行报道中，也分别以倾向性的报道对国民党进行质疑。

一、追问国民党权力来源的历史原罪

在历史哲学的视野中，历史叙事是一种重要的话语方式，具有革命的性质。"历史叙事是一种话语，它由关于过去事件的个别陈述所构成，其基本结构是'这一事件发生，然后那一事件发生'，通过这种方式，毫无关联的

---

① 聂平平，武建强. 政治学导论 [M]. 武汉：武汉大学出版社，2012：37.

历史事件便被安排在一个可理解的秩序或序列中。"① 毫无疑问，通过对历史叙事方式进行把握，可以实现对政治合法性的偏向建构，以此作为政权争夺的话语手段。这种方式往往表现为通过对对手政党历史罪责的追溯，来建构该政党不具有当前或未来执政合法性的舆论评价。《自由时报》在"九合一"选举报道中，历史话语正是其政治偏向的表达方式之一。在该报的历史叙事中，体现出了两条相互对立的历史脉络，一是"两蒋"及马英九执政下的"反动的"历史脉络，一是李登辉、陈水扁执政下的"正义的"历史脉络。一位记者评论称："国民党自百年前创党以来的斗争史，一向白刀子进，红刀子出，血迹斑斑。"② 选前倒数第二天，报纸社论也称："在戒严与威权时代，行政、立法、司法、考试、监察，乃至媒体与军警公教体系，全都是国民党统治者的工具……"③ 在以此类评论直指国民党在执政历史上实行独裁统治、伤害人民、制造恐怖事件的同时，则是对"独派"执政的积极肯定，如一篇评论称："威权下的媒体控制创造出廉洁爱民的小蒋，民主下的言论自由却让陈水扁成为频频被国民党拿来救援的扁维拉。"④ 该报一方面积极肯定陈水扁的执政，另一方面不断努力帮助陈水扁洗白他的贪污问题，将其贪污事件咬定为国民党的政治迫害，并进而批判国民党故意将陈水扁贪污案作为赢取选举的"提款机"。

《自由时报》从历史角度对国民党执政合法性进行消解的重要凭借乃是"两蒋"时期的统治。在批判国民党拿"扁案"作为"提款机"的同时，"两蒋"执政过程中的一些重要事件其实也是《自由时报》的"提款机"。蒋介石统治时期内所产生的"二二八事件"、退据台湾、声称"反攻大陆"、丢掉联合国席位等是《自由时报》"九合一"选举报道中最为重要的历史议题。其中尤以"二二八事件"为甚，这场由国民党于 1947 年发动的暴力镇压事件，具有极易挑动蓝绿纷争、进行历史责问的作用，因此被民进党反复炒作，在极力建构之下，甚至被视为台湾本土抗争的"图腾和偶像"。⑤ 该报刊载的一篇言论引述称："'二二八事件'时国民党政府捏造成'大屠杀'

① 韩震，董立河. 历史学研究的语言学转向 西方后现代历史哲学研究 [M]. 北京：北京师范大学出版社，2008：170.

② 邹景雯. 马更正不见了 [EB]. 自由时报，2014 – 11 – 21.

③ 社论. 期待这是国家机器最后一次被怀疑 [EB]. 自由时报，2014 – 11 – 27.

④ 陈中宁. 威权小蒋 vs. 民主扁维拉 [EB]. 自由时报，2014 – 09 – 10.

⑤ 赖海榕. 改革的前景 中国与世界 [M]. 北京：中央编译出版社，2014：104.

'虐杀'作为出兵镇压的借口、又编造无实际事实的'奸杀'外省人的事件，在中国各地透过媒体大肆宣传，藉此做为镇压的正当性。原来，国民党操作蓝绿对决的源头始于此，而深蓝的危机感也自此开始!"① "KMT 在'二二八事件'中，竟然以国际禁用、非人道、残忍血腥的达姆弹，对付台湾人。"② 在对"连柯之战"的报道中，这一话题也被高频采用。因为柯文哲祖父即死于"二二八事件"，柯称自己家族三代受到"二二八"的伤害。在选前造势活动中，柯文哲不忘通过引述这一历史事件争取认同，《自由时报》对此记述道："柯提及，他父亲沉默寡言，导致他们俩之间有道沉默的高墙，但他长大后，才知道这是道历史伤痕造成的高墙。"③ 这种叙述，不但将柯文哲以家族受害史为凭借博取同情的诉求予以了很好的传播，而且也对国民党的历史罪责做出了控诉。而与此相对，在连胜文那里，《自由时报》则建构了他对"二二八"这一历史事件的刻意回避。报道称，连在光复节前夕前往"二二八"纪念公园时，"向园区内的刘铭传、丘逢甲、郑成功及连横（连的曾祖父）等四座台湾先贤铜像献花致意，连胜文并在连横铜像前驻足许久，离去前还回眸凝视，但连胜文却绕过公园内的'二二八'纪念碑，未向'二二八事件'罹难者英灵悼念。"④ 这样的报道，显然是在批判连胜文只顾自家祖先，却对"二二八事件"不予正视的态度，其负面效应是明确的。

相对于蒋介石，蒋经国时期还是不算久远的历史，一些人对其出任"行政院长"期间推动十大建设使台湾成为亚洲四小龙之一、推动台湾实行地方领导人选举等方面定然还会有一些相对清晰的记忆。从蒋经国的这些历史作为来看，客观上讲，他对于台湾还是有一些历史贡献的。"不可否认'政治强人'蒋经国在关键时刻的抉择亦是台湾结束威权统治的重要因素，至少，因为有了蒋经国，台湾政治转型'可算是一种政治软着陆'。"⑤ 但是，出于消解国民党历史执政合法性的目的，《自由时报》对于蒋经国的态度也基本上是否定的。只是作为无党籍候选人的柯文哲深知蒋经国在民间尚

---

① 史宇政. 眷村耳语　谈"大溪中学女教员案"[EB]. 自由时报，2014 – 09 – 18.

② 李道勇. 拒绝被出卖的台湾 [EB]. 自由时报，2014 – 09 – 27.

③ 涂钜旻，蔡亚桦，王文萱，陈慧萍. 柯宣示　市民当家作主 [EB]. 自由时报，2014 – 11 – 29.

④ 卢姁倩，蔡亚桦. 走进 228 纪念公园　连向先贤致敬　未悼 228 英灵 [EB]. 自由时报，2014 – 10 – 25.

⑤ 汪澍，洪伟，艾克. 台湾"民主政治"透视 [M]. 北京：华艺出版社，2014：11.

存的影响力，坚持亲绿立场但又隶属无党籍的他出于瓜分中间选民甚至浅蓝选民的目的，言谈之间不但不对蒋经国予以反对，反而还表达了一定的支持。为了配合柯文哲的这一迂回战术，一向在其他方面与柯营保持立场一致的《自由时报》，在对待蒋经国的态度方面，却刻意以批判者的姿态与柯文哲产生分歧。例如柯文哲曾称蒋经国功大于过，该报即引用批评言论称柯文哲"略过大罪、肯定独裁者小功"。① 柯文哲赞"蒋经国时代对官员操守和政商关系的严格规范，应该成为台湾政治的典范"也遭到反对，《自由时报》配发评论回应："对蒋氏父子来说，'国家就是我家'，率土之滨，莫非王产，犯不着放进自己的口袋，爱怎么花就怎么花，何需贪污？随便掐指算一算，上百公顷的中正庙值多少钱？有经过对价过户吗？慈湖、头寮陵墓又花了多少民脂民膏，有经民主程序授权吗？更别提散落全台的数十座行馆别墅，只要看中意就圈地征收，谁敢说个不字？"② 柯文哲肯定蒋经国的最后十年，报纸评论则历数蒋经国最后十年的政治镇压行为，包括美丽岛事件、林义雄抄家灭门案，陈文成谋杀案，枪杀江南案等，并称"蒋家是地道的世袭总统制，比官二代、官三代还跋扈"，"蒋经国在江南案前已安排李登辉为副总统与宋楚瑜辅佐蒋家第三代，作为权力过渡的安排"，"只是因为江南案触碰了美国的红线，才被迫声明中断其第三代接任总统的安排"。③当然，该报以此类与柯文哲相左的态度，本意并非是对柯文哲的否定，而是为了帮助柯文哲彰显其所坚持的"超越蓝绿"的中间立场，帮助其获得更多选民的支持。对于柯文哲的亲蒋言论，自然有蓝营人士表示质疑，称柯"只是为了选举考虑，想要拉近与泛蓝族群的距离"，在这种质疑之下，《自由时报》为了帮柯文哲开脱，发表的一篇评论以正话反说的语气称："但愿真的只是如此，否则，如果连这样'大是大非'的问题都无法做出正确判断，那么恐怕很多人连含泪都投不下去。"④ 这种开脱式的回应，进一步证实了《自由时报》批柯言论乃是一种迂回战略，其本意，则是要达到"小骂大帮忙"的目的。

《自由时报》对"两蒋"时代的历史话语建构了国民党历史上以暴力独裁手段获取并维持执政地位的形象。通过否定作为现实合法性根基的历史合

---

① 涂巨旻，卢姮倩. 柯：台湾权贵世袭 令人火大 [EB]. 自由时报，2014 - 09 - 04.
② 赵伦. 笑看联合报"创遣"消遣柯文哲 [EB]. 自由时报，2014 - 09 - 09.
③ 林健次. 最后十年，蒋经国做了什么？ [EB]. 自由时报，2014 - 09 - 09.
④ 黄子维. 好个政治素人 [EB]. 自由时报，2014 - 09 - 04.

法性,《自由时报》否定了国民党现实政权合法性的历史生成问题。一篇评论指出:"当前主政者无心台湾的建设与发展,只图以个人意识形态凌驾民意,要使台湾再沦为外力殖民地,遂使五十年前'自救宣言'的本质问题重现。"[①] 另一篇评论则更直接地以历史罪责来论证国民党继续执政的不合法性:"一个民主国家的政党,绝不容许过去有杀人无数的前科,一个杀人无数的集团,在民主化之后,早就不容许存在了……你为何要参加一个过去曾经杀人无数('二二八'大屠杀、白色恐怖)的政党,却不愿意参加以民主运动起家的政党?……是为了正义和民主吗?可是民主国家没有这样的正义与民主!"[②]

二、质疑国民党权力获取的现实违规

与对国民党历史上政权获得与维护的合法性进行消解相比,从现实视角对国民党政权获得的合法性进行否定显然具有更直接的说服效果。对于台湾现行的政党选举制度来说,一个政党唯有在规范的民主推选中获得多数选票,它才可能被为认为是合法的。因而在竞选过程中,各政党在投入选举及争取公众支持方面所采取手段是否合法合规,必然成为其权力获得的合法性的评价标准,受到对手的严格监督、审视。在"九合一"选举中,《自由时报》作为亲绿媒体,不停地以选举中存在不公正问题及国民党试图操纵选举行为等为凭借对国民党政权获得的程序合法性进行质疑。

(一) 质疑国民党拥巨额党产造成选举资源不公

虽然说拥有巨额党产一方面给国民党提供了充裕的资金支持,但另一方面,这也成了国民党在竞选中的一大包袱。党产问题的历史遗留是由国民党当初从日本手中接收台湾时因资产处理不清所致。由于当时国民党实行党国体制、党政一体,在对日本侵略者进行资产接收时,除了一部分被收归当局外,还有一部分被转移为党产。在当时,这种对资产的模糊处置并无反对意见,但是在台湾实行政党竞选后,这一问题便突显出来,一度成为民进党对国民党进行攻击的重要理由。"2001 年,时任台湾'总统'陈水扁认为,'中国国民党长期以来霸占人民与国家的财产',有'国库通党库、党库通

---

①　王景弘. 五十年,台湾的变与未变 [EB]. 自由时报,2014 - 09 - 21.

②　李筱峰. 老K "二必" 论 [EB]. 自由时报,2014 - 11 - 23.

内裤'的嫌疑。他呼吁'国民党要还财于民'。"① 党产的不正义本质，作为国民党的另一项历史原罪，成为其欲舍不能的负担。所以李敖也曾借此评论："今天的国民党当权派只是一群贼的后代或追随者，从党产问题上就可证明一切，两蒋时代是贼，李登辉时代是分赃，连战时代是藏赃，马英九时代是销赃。"② 对于党产问题，《自由时报》自然是盯住不放、穷追猛打的，一篇评论借国民党党产问题批判道："暗偷、明抢、豪夺、霸占，从宵小行径到公然掠夺，法所不容。中国国民党的党国侵占，掠夺严重无比，是人皆可诛之的国之贼也……"③ 因为党产问题，国民党过去的党国体制罪名即便是在当下也无法彻底摆脱。在这种压力之下，2012年"双十节"，国民党主席马英九不得不做出将党产尽快"归零"的承诺，并于其党主席任内接续处理了300亿党产。但即便如此，最后也并未完全实现当初对所有党产的"清零"承诺，截至"九合一"选举前，国民党依然有相当额度的党产留存。以此为据，《自由时报》便为马英九扣上失信的帽子，一篇评论批评称，马英九对其关于处理党产问题的承诺产生了"跳票"。④

党产问题一方面表现为国民党对国有资产"非法占有"的问题，另一方面也带来了对竞选过程中财力资源公正公平的破坏。"金钱是影响政治行为的一种非常有效的力量，那么在台湾选举中这种情况就有过之而无不及了"。⑤ 国民党因坐拥党产，被认为常常利用资金优势，不公平地广作文宣。《自由时报》一篇报道引"党产归零联盟"与"台教会"等民间团体的言论称："近来铺天盖地的选举广告向选民袭来，其中以国民党的选举广告占最大多数，国民党为何这么有钱，是因为拥有庞大的党产，导致国民党的选举广告可以一直玩、一直玩，这是选举的不公平竞争……党产是台湾民主之癌。"⑥ 该报发表的评论称，国民党拥有巨额党产产生的另一个问题是，它们会利用党产资金进行买票。一篇文章称："藉由党国资本掠夺，运用于选举。平时的布建是网罗一些资本家为同伙，有利共享；选举无师父，买就有，一到选举，撒钱撒钱。年底的选举已先行一整年的各式各样自强活动，

① 纪彭文.国民党党产从有到无 [J].党史参考，2012（21）.
② 李敖.李敖议坛哀思录 [M].北京：中国友谊出版公司，2009：219.
③ 李敏勇.国之贼也 [EB].自由时报，2014-10-15.
④ 施晓光.党产归零 马至今没兑现 [EB].自由时报，2014-08-27.
⑤ 汪澎，洪伟，艾克.台湾"民主政治"透视 [M].北京：华艺出版社，2014：102.
⑥ 李欣芳，施晓光.民团批不公：国民党党产庞大 选举广告一直玩 [EB].自由时报，2014-11-20.

有吃有拿，什么 A 好康都有。"① 《自由时报》诸如此类的批评，显然意指国民党党产已经造成了对整个台湾选举环境与选举制度的破坏。报纸引用一位绿营人士的评论称："不当党产无法有效处理，台湾民主政治就无法落实，国民党庞大的党产，对政党政治形成不公平竞争，阻碍民主政治的正常发展，'如不持续推动，就是对不起台湾'。"②

《自由时报》一边对国民党在党产方面存在各种问题进行批评，在另一边，却对民进党的财产情况予以正面报道，塑造了民进党苦于清贫、切实维护台湾民主的形象。一篇报道称，民进党推动制定政党法，限制政党拥有党产，"但均遭国民党挟国会多数优势拦阻"，并引民进党人士批评，"民主国家绝不容许执政党拥有如此庞大的党产，在党产源源不绝的挹注下，光第八届立委选举，国民党账面上就金援每位立委候选人近 400 万元，民进党才20 万余元；总统选举更金援马英九达 2.36 亿元，民进党仅捐赠蔡英文 2600余万元，这样的选举怎么会公平？"③ 在党产问题上，通过刊发诸如此类的差异化言论，《自由时报》对民进党与国民党进行了正反不同的形象建构。

（二）质疑国民党操纵舆论，对竞选对手进行抹黑

有效宣传策略的运用是确保特定政党在政治选举中赢取舆论支持、获得胜选的重要条件。在台湾过去的选举活动中，无论是国民党还是民进党，都极为重视宣传策略的作用。2012 年台湾地区领导人选举，即被认为"不是蔡英文败给了马英九，而是吴乃仁败给了金溥聪"，④ 意指作为双方选举文宣操盘手的吴乃仁与金溥聪才是这场选举的决定力量。宣传手段虽然重要，但在有些时候，也可能会因为过度使用而遭到"操纵舆论"的指控。"九合一"选举中，《自由时报》即不忘对蓝营的宣传手段予以批判，即便是其自身也在充当绿营的宣传工具。比如，该报不断发文，称国民党"匿名放话操作媒体，刻意营造舆论制造气氛，牺牲新闻自由、践踏新闻专业莫此为甚"；⑤ 称国民党屏东县候选人制造现任民进党籍屏东县长的各类假新闻；⑥称连胜文在电视辩论前曾经事先打探题目；⑦ 等等。对于亲蓝媒体对国民党

① 李敏勇. 国之贼也 [EB]. 自由时报，2014 - 10 - 15.
② 项程镇. 追党产运动先驱　蔡墩铭祝寿文集发表 [EB]. 自由时报，2014 - 09 - 21.
③ 曾韦祯. 在野党推"政党法"国民党长期封杀 [EB]. 自由时报，2014 - 08 - 27.
④ 汪澎，洪伟，艾克. 台湾"民主政治"透视 [M]. 北京：华艺出版社，2014：110.
⑤ 彭显钧. 操弄媒体舆论　更甚九月政争 [EB]. 自由时报，2014 - 08 - 23.
⑥ 曹启鸿. 假油与假新闻　我的委屈 [EB]. 自由时报，2014 - 10 - 15.
⑦ 郭安家. 辩论提问　彭锦鹏坦承连营打探题目 [EB]. 自由时报，2014 - 11 - 11.

的偏向性报道,《自由时报》也专门刊发反对文章。如针对《联合报》社论《柯文哲岂能挺陈水扁贪腐又赞蒋经国清廉?》一文,《自由时报》回应批评称,《联合报》"抓住机会分化绿营矛盾",① 以此建构亲蓝媒体立场不客观、不公正的问题。与此同时,"中央社"等媒体也遭到了质疑。《自由时报》引民进党人士言论称:"中央社未挂记者姓名而直接由编辑台发出的新闻,与台北市长选举相关的,几乎都在偏袒连胜文阵营,这是公然动用国家传声筒干预选举,摧残媒体文化。"②

　　《自由时报》质疑国民党操纵舆论的另一重要罪证是动用网军。因为"网络水军"往往会以谩骂、攻击以及虚假事实、虚假评论为话语手段,所以这种宣传策略所给人的印象一般都是极其负面的。事实上在"九合一"选举中,相对于蓝营来说,绿营对于网军的运用本来是过犹不及的,比如柯文哲的高票当选,即被认为是"依靠所谓的'婉君'(网军)"③。但《自由时报》对动用网军问题的批判,显然只是针对蓝营的。该报在报道陆委会预算问题时,指责其网络预算扩编一倍,乃是为了花钱对年轻族群进行"消毒"。④ 在其他报道中,该报也不断引用民进党人士对蓝营发动网民操纵选举舆论的指控,如一篇报道引用民进党人士的批评称:"之前连胜文一天到晚指柯文哲有网军,结果自己才是有网军,要求连胜文出面道歉,还给选民一个正直且光明磊落的选举。"⑤ 在一篇关于台中选举的报道中,同样引述绿营人士的质问:"台中市府花两百万元公币,委托厂商执行网络情搜,甚至要求厂商上 BBS、YAHOO +、mobile01 等全国各大论坛做'正面评价处理',他痛批,'这不是网军,什么才是网军?'要求台中市政府说明。"⑥ 除了指责动用网军,该报还指责国民党采用了其他多种操纵舆论的方法。比如,指责国民党发布抹黑问卷,一篇报道称网友发现有人在街上被拦住填写问题,"内容要求对北市长候选人连胜文、柯文哲打分数,题目却

---

　　① 赵伦. 笑看联合报"创意"消遣柯文哲 [EB]. 自由时报, 2014 – 09 – 09.

　　② 曾韦祯, 杨媛婷. 偏袒连营"立委"批"中央社"介入选举 [EB]. 自由时报, 2014 – 11 – 27.

　　③ 刘国深. "九合一"选后台湾政党政治发展的未来趋势 [J]. 台湾研究, 2015 (1).

　　④ 苏芳禾, 彭显钧. 锁定年轻世代　陆委会网络预算扩编一倍 [EB]. 自由时报, 2014 – 09 – 01.

　　⑤ 吴亮仪, 郭安家. 连阵营网军被起底 [EB]. 自由时报, 2014 – 09 – 18.

　　⑥ 苏芳禾, 张菁雅. 选将爆　中市府砸 200 万募网军 [EB]. 自由时报, 2014 – 11 – 21.

一面倒抹黑柯、偏袒连"；① 另外，还有报道指责国民党发布负面文宣，如对屏东县妇女会"光棍节"推出"潘安再世"宣传单被指影射抹黑民进党籍县长参选人潘孟安一事的报道，② 等等。

在《自由时报》建构的话语中，国民党得以操纵舆论的根本原因，还是在于对经费与行政资源的不公平占有。报纸引用民进党新北市长候选人游锡堃的批评称："新北市政府才是全国最大的广告客户！我是真正的媒体弱势！"③ 这一报道即是批评朱立伦因占有资源而拥有宣传优势。一些在位的国民党候选人因为在选前的市政广告中夹带有个人声音，被批评为挟行政资源进行个人辅选，比如台中市烟火广告中含有市长胡志强口音，该报引用民进党的批评称："明显就是先前市府'心动台中'的相关 CF 带，再加上市长胡志强的口白，'摆明是为了胡志强选举'。"④ 时任"国民健康署署长"及宜兰县县长候选人的邱淑媞因在一支防治肝癌广告中置入了个人声音，也遭到同样的质疑。⑤

（三）质疑国民党违背行政中立，动用公权干预选举

行政是否中立是政治选举中一个被经常提及的问题。学术界对它的讨论源自于威尔逊关于"政治"与"行政"二分法的相关论述。"政治与行政二分法产生的主要原因是多党制和公务员制度"，⑥ 其主要含义指的是在政党轮替中，政务官在职务执行时，应在政治上持中立立场的态度。在台湾政党交替执政成为现实的情形下，"面对此一新的政治情势，以往于每次选举中都成为朝野政党攻防议题的'行政中立'问题，却未因政党交替执政后而成为过往云烟。反而，以往攻击执政党的在野党，于其初掌中央政府执政权后的作为，却依然遭受到在野政党同样地批评其对'行政中立'的违反。"⑦ 因此，在"九合一"选举期间，民进党针对国民党党政不分、挟行政资源为自己所属政党谋利的指控十分频繁。

① 陈彦廷，王文萱. 问卷抹黑柯　杨雅喆：很下流［EB］. 自由时报，2014 - 11 - 15.
② 李立法. 批"潘安"文宣抹黑　苏：国民党只会靠奥步［EB］. 自由时报，2014 - 11 - 14.
③ 翁聿煌，赖筱桐，何玉华. 游批：新北市府是全国最大广告客户［EB］. 自由时报，2014 - 11 - 14.
④ 唐在馨，张菁雅，张瑞桢，钟丽华. 中市议员批　国庆烟火广告　营销胡志强［EB］. 自由时报，2014 - 10 - 08.
⑤ 苏芳禾. 警广防癌广告　邱淑媞发声［EB］. 自由时报，2014 - 10 - 28.
⑥ 于霞. 政治伦理视野内的行政"价值中立"［J］. 学术论坛，2007（6）.
⑦ 桂宏诚. 何谓行政中立［J］. 国家政策论坛. 2002（3）. http：// old. npf. org. tw/ monthly/ 00203/ theme - 065. htm.

　　为配合民进党的话语攻势，《自由时报》在"九合一"选举报道中借助刊发偏向性文章，对国民党违背行政中立问题进行了多重批判。这些批判自然包括上述的动用媒体操纵舆论的问题，也包括制定倾向性政策、发动公职人员助选以及采用选择性办案手段等维护国民党选情的问题。比如一篇报道称："'九合一'选举倒数，行政院长江宜桦祭出讨好特定选民的政策，但对于影响选情的'敏感性政策'，包括环保署下月中开征水污费、财政部明年是否如期对10亿元'大户条款'开征证所税等，政院都以影响重大，尚须研议，不敢贸然在选前做出决策。"①

　　相比之下，此类批判中最为直接的是对国民党人士以公职人员身份助选的质问。比如马英九帮国民党候选人助选，被问道："总统是全民的，党主席才是党的，你以党主席身分助选，维安费要由国民党付。"② 江宜桦在视察地方工作时，与国民党县长候选人比画"二号"手势，被批："'摸蛤兼洗裤'，顺便辅选，又不敢明目张胆，应该知道不宜，又不便承认。"③ 一篇报道引民进党"立委"的批评称："江揆'视察兼辅选'的行程安排，是'假视察、真辅选'，方便搭公务车、行政专机跑选举，完全慷国家之慨，是把行政资源当辅选工具。"④ 连胜文的市政顾问团因有台北市立大学校长戴遐龄，也受到同样的批判："由于戴具公职身分，被质疑行政不中立。"⑤ 更有报道称，因为连胜文要举办一场游行活动，"国民党中央已经向各方发下动员令，其中，行政系统也被要求当天必须协助支持一万名员工前往参与，以撑足场面，此举已在基层出现杂音"。⑥ 对于那些本来就身任公职的国民党候选人，他们更是常常被指怠工赴选，或者以公差名义跑选举。如一篇文章引用民进党"立委"质疑称："杨秋兴从宣布参选以来，在政委任内，仅请五天事假，几乎都以出公差名义跑选举行程，还可领差旅费，要求

　　① 钟丽华. 只推对蓝营有利的/敏感政策 "政院"选前不敢碰［EB］. 自由时报，2014－11－06.

　　② 许又文. 马友友黑心集团［EB］. 自由时报，2014－11－02.

　　③ 陈启浓. "行政院长"以身作贼［EB］. 自由时报，2014－11－09.

　　④ 钟丽华. "立委"批江揆：假视察真辅选［EB］. 自由时报，2014－11－27.

　　⑤ 谢佳君，邱绍雯.《涉违行政中立》北市大校长　列连营市政顾问团［EB］. 自由时报，2014－10－22.

　　⑥ 邹景雯，钟丽华. 连营明游行　蓝要求行政系统动员万人［EB］. 自由时报，2014－11－21.

行政院将杨秋兴送监察院调查。"① 受到同类指控的,还有身为国民党候选人的简太郎、邱淑媞等人。②

对国民党行政不中立的另一层指控是干预司法,使司法沦为选举竞争的工具。"作为一种制度架构,民主要求权力的分立和司法的独立",虽然从形式上看,台湾已经"建立了相对独立的司法体系",但实际上司法独立常因受到行政的干预而被破坏。③ 所以在台湾的选举活动中,蓝绿两营经常会以"行政中立"议题进行相互指控。《自由时报》的这种指控首先是针对马英九,报纸引用绿营人士的言论称:"马总统为求胜选不惜超越法律,已经抵触国家元首的角色与权力分立原则,不仅毁宪,国家机器为之崩坏。"④ 此外,该报还刊载其他类似言论,指责国民党执政之下,司法办案经常倾向于包庇本党。一篇评论针对马当局治下的查贿案批评道:"根据民间反贿团体统计,本届(2010年五都)选后,检方主动提起当选无效之诉共十四案:高检七案、南检六案、板检一案。明显看出'抓南、轻北部、弃台中'。"⑤ 在"连柯之战"中,对于司法不公的指控更是密集。一篇报道称:"选举投票进入倒数计时,全民重视的查贿行动,台北地检署迄昨在起诉、收押、交保等方面的绩效均挂零,但侦办柯文哲办公室窃听案,锁定柯办人士的动作却十分积极,加上早先对连惠心涉禁药案给予缓起诉宽待、对连胜文遭告发涉金卫TDR等炒股案不见具体侦办动作等,再再令法界人士质疑,北检'政治办案'的斧凿痕迹甚深。"⑥ 选举期间,柯文哲被爆其演讲费报税情况遭到"国税局"审查,虽然"国税局"的说法是有人举报,但《自由时报》称:"由于此举如同政治追杀,民进党严厉谴责国民党滥用国家机器,以无所不用其极的方式介入选举,网友也群起痛批'实在太超过'!"⑦ 显而易见,这样的刊文所体现的正是该报在对"政治中立"议题进行报道中的

①　钟丽华.	"立委"批杨秋兴出公差跑选举　要求送"监院"调查 [EB]. 自由时报,2014 – 11 – 13.

②　陈彦廷.	"阁员"请长假拼选举"立委":江"内阁"大崩坏 [EB]. 自由时报,2014 – 09 – 20.

③　仇朝兵.	未来四年台湾政治发展与两岸关系. 见:周志怀. 两岸关系和平发展的巩固与深化　全国台湾研究会2012年学术研讨会论文选编 [M]. 北京:九州出版社,2013:146 – 147.

④　邹景雯.	杨仁寿:"马总统毁宪"　崩坏"国家机器" [EB]. 自由时报,2014 – 10 – 13.

⑤　王洲明.	别人贿选　自己人会选 [EB]. 自由时报,2014 – 08 – 29.

⑥　张文川.	对连柯双重标准　法界:北检政治办案 [EB]. 自由时报,2014 – 11 – 25.

⑦　陈慧萍,苏芳禾,邱柏胜. 政治追杀　柯文哲遭锁定查税 [EB]. 自由时报,2014 – 10 – 08.

明确偏向。

（四）质疑国民党通过贿选、构陷等手法破坏选举文化

民主选举作为民众对其代言人进行赋权的方式，它的过程必然被寄予着合法、正义的期待。作为参与竞选的政党或候选人，他们虽然需要采取有效的竞选策略以赢取支持，但这些策略必须符合一定的法律规范或道义准则。但在现实中，这种理想往往难以实现，台湾的民主选举实践更是这样，因为总是"充斥着负面选举过度操弄"，① 长期存在的恶质选举文化使蓝绿双方都陷入了滥用选举手法的泥沼。因而，在选举中广泛存在的不正当竞选行为，在台湾已经饱受各方诟病。在"九合一"选举报道中，《自由时报》即通过指控国民党在选举中运用贿选、栽赃、作弊等不当手段，建构国民党破坏选举文化、以不正当手段谋求当选的负面形象。

《自由时报》对国民党的贿选指控是从对国民党历史上就有严重贿选问题的揭批入手的。在台湾开放"党禁"之前的集权体制时期，国民党确实经常采取贿选手段维护统治，如今，这一历史原罪同样成了绿营的"提款机"。"政党轮替前，国民党长期习惯于利用基层桩脚进行选举动员，买票贿选屡见不鲜，'黑金政治'问题非常突出。"② 该报遂有评论指出："买卖票行为源自于专制国民党的黑金政治文化，至今依然无法根绝，只是手法变得更高明而已。"③ 与历史揭批相比，《自由时报》对眼下"九合一"选举中国民党贿选行为的批判则更为直接。首先，是指控国民党借助第三方花钱买票。选举期间，民进党盯住隶属蓝营的中国生产党在助选活动中派发票券及电视棒事件、"台企联"为台商提供半价机票事件、国民党后援会广东造势活动中提供免费餐饮事件等，不停控诉国民党涉嫌贿选。《自由时报》通过反复的报道，不断对此类控诉予以强化。报纸引用民进党人士的批评称："彰化县和新竹县先后传出县府以公家资源支持特定候选人，再加上中国台商组织提供半价优惠机票、中国生产党以'千元走路工'支持国民党台北市长候选人连胜文，国民党今年选举已有贿选'四大案'。"④ 其次，是指控

---

① 李鹏. 台湾难以实现政治稳定的政治文化根源. 见：张文生主编. 台湾研究新跨越　政治思辨 [M]. 北京：九州出版社，2010：127.

② 王鸿志. 政治狂澜的浪花——台湾第三势力研究 [M]. 北京：九州出版社，2013：141.

③ 梁文韬. "人情政治"转"公民政治"的关键契机 [EB]. 自由时报，2014 - 11 - 24.

④ 陈慧萍，施晓光，丁伟杰. 贿声贿影　国民党涉"四大案"？[EB]. 自由时报，2014 - 11 - 12.

国民党利用执政优势进行"政策买票"。其中一个典型的例子是马当局决定降低"退休军公教年终慰问金"发放门槛所引发的质疑。一篇评论批评道："把中华民国公务员当作自家国民党拉票固桩的党工，还要他硬得挪出全国纳税人税金，发放给已退的军公教人员年终慰问金，这摆明了就是'政策买票'，没有违法的问题吗？"① 另一篇评论也认为国民党拟定政策就是为了买票："提出的政见，除了发钱，还是发钱；军公教年慰金统统有奖、补助教师寒暑假出国进修、提高育儿津贴、发给求职津贴。"② 一位记者在特稿中称，慰问金问题是照顾"退休贵族"，"这种奇特、扭曲且与全民为敌的标准，才是国民党眼中的'公平正义'；在国民党已毫不忌讳捍卫退休军公教的最大利益下，继续支持国民党，就是放任这种'公平正义'摧残台湾社会。"③ "恶质的'政策买票'危害国家比贿选还严重，但国民党是'国库通党库'的老手，透过立委假借民意，施压政府编列预算布桩，巩固基层选票的伎俩，虽然屡遭抨击，但笑骂由人。"④ 通过诸如此类的言论，《自由时报》充分建构了国民党严重违背公平正义、借用政策进行"买票"的形象和行为。

《自由时报》所呈现的对国民党在选举中以不正当手段竞选的指控还包括对对手阵营的栽赃、构陷等。一篇评论称："此次台北市长的选举相当让人失望，因为作为执政党的国民党动用党政资源、国会议员、甚至检调等国家机器，企图用'抹黑'的选战迷雾去误导台北市选民。"⑤ 该报在新闻报道中通过较多引用泛绿阵营批评的方式，表达对蓝营运用构陷手段的指控。比如"MG149账户"案发生后，报道就重点引用柯文哲阵营的回应，通过对争议事件的偏向性报道建构了连营采用'抹黑的选战打法'的形象。⑥ 此外，该报还反复批评国民党在选举中屡次进行造假、欺骗，消解民众对国民党的信任。台中歌剧院因为在选前举办首演，即被批评开演仓促，不顾演出者与观众的安危，意指有欺骗嫌疑："一个历练过外交官、部会首长，做了十三年的老市长，为了一己的选情，无视于行政程序正义至此，那我们市民

① 张勋庆. 国民党别用纳税人的钱买票［EB］. 自由时报，2014 - 11 - 13.
② 曾韦祯. 北市长选战 看不到首都格局［EB］. 自由时报，2014 - 10 - 26.
③ 曾韦祯. 照顾退休贵族 国民党版公平正义？［EB］. 自由时报，2014 - 11 - 08.
④ 陈杉荣. 政策买票比贿选恶劣［EB］. 自由时报，2014 - 10 - 01.
⑤ 张荣丰. 台湾选举质量的观察［EB］. 自由时报，2014 - 10 - 06.
⑥ 蔡亚桦，卢姈倩，郭安家，王文萱. 柯营；MG149账户 连的顾问也用［EB］. 自由时报，2014 - 09 - 12.

还能对整个台中市政府的官箴、风气有所期望吗？我们还能相信整个台中市政府的其他施政、处置，没有任何其他为某些有力人士而忽略程序、正义，便宜行事的可能吗？"① 对于国民党的这些"奥步"，报纸刊发社论批判其破坏了台湾的民主政治："台湾选举时刻所出现的奥步，不纯然只是政党之间为了求胜所祭出的负面选举，而是若干情况已经越出了民主的轨道，一是执政党号令国家机器，甚至司法系统全面性地扑杀政敌；二是在中国谋个人利益的台商，组织性地以金钱破坏公平的竞争条件。为的也是企图使选民混淆于喷墨、银弹等假象之间，无法做出正确判断，让台湾空有民主选举制度，却经常选出符合中国青睐、特定利益的候选人。"②

第三节 《自由时报》对国民党制度制定、执行与遵守的否定

在经历权力获得的历史阶段后，执政党须通过进一步的权力运作，实现其政治治理的目标。"从政治学的立场来看，治理的目的在于通过运用各种制度、手段、机制等处理政治事务，规范权力的运行，最大限度地增进公共利益，实现人民的福祉。"③ 在政治治理中，执政者在制度方面的合法性表现是其获得政治合法性及实现有效治理的重要基础。制度合法性包括多重层面的要求，特别是科学合理的制度制定、严格有效的制度执行以及执政者作为普通群体一律平等的制度遵循等具有突出的重要性。制度的合理制定、有效执行与平等遵循，所体现的是执政者对民众授权的现实回馈，背后寄托着民众的期待与信任。在政党政治生态中，执政党在这些方面的具体表现，将会受到对手政党及民众的严格检验，特别是作为对手政党的在野党，往往会为了实现政权争夺的目的，不断地对执政党的相关行动进行否定，以此来消解其制度合法性。而《自由时报》作为亲绿媒体，在"九合一"选举报道中也明显呈现了这一特征。本研究在此即从制度的制定、执行与遵守三个层面来进行分析，为使分析更加透彻，我们这里将与"制度"内涵非常接近且非常适用于本研究的"政策"也纳入其中。

---

① 杨宏祥. 尚未勘验，若有闪失…… [EB]. 自由时报，2014 – 11 – 25.
② 社论. 用选票制裁选举奥步 [EB]. 自由时报，2014 – 10 – 07.
③ 聂平平，武建强. 政治学导论 [M]. 武汉：武汉大学出版社，2012：271.

一、对制度制定的否定

制度是确保执政者执政权力有序运作的基础,它包含要求社会成员共同遵守的各类规定和准则,制度的规范性与正义价值将决定执政者执政的效果甚至命运。"正义是制度的核心价值,政治制度合法性体现为对政治制度正义的追求。"① 如果执政者在制度制定层面上缺乏规范性与科学性,那么其对于"劣政"的执行必然会导致各种问题。因此,对于执政者制度制定的合法性的检视,是对执政者执政合法性评价的重要内容。在对"九合一"选举的报道中,《自由时报》即通过对国民党在制度制定方面问题的各种批评,对其执政合法性予以有意消解。

作为与民进党"台独"理念存在根本分歧的国民党两岸主张,是马英九当局诸多制度与政策的制订依据,因而凡是与此相关的制度与政策都遭到了《自由时报》的积极否定。这首先体现在对国民党两岸经济制度或政策建设的否定上。为响应民进党对国民党两岸经济政策的排斥,《自由时报》一面反对台湾与大陆进行经济往来,反对台湾加入 ECFA(海峡两岸经济合作框架协议)、FTA(自由贸易区)、海峡两岸服务贸易协议等,一面鼓动加强台湾与日、美的经济合作。该报发多篇社论对国民党两岸经济政策予以批判,如一篇社论称:"台湾要加入区域整合,不是'请鬼拿药单',在ECFA 的后续协议深陷中国'口袋战术',而是竭尽所能,加入以美国主导的跨太平洋伙伴协议(TPP)。"② 在对国民党两岸政策合理性进行否定的过程中,该报主要的论据是发展两岸关系将强化台湾对大陆的依附关系。"回顾这六年多来,马英九政府的经济政策似乎无他,就是一帖 FTA。以出口为导向的路线不能说他全错,但是全球布局遇到困难,于是假设通过中国可以连结世界,经过实验依旧是死路一条,而且因为对中国的集中度增加,死亡的风险与速度跟着加大。"③ 通过这样的言论,两岸的经济往来被赋予了沉重的政治意涵,制造"统"与"独"的对立成了它的背后目的。《自由时报》并不回避它的这层目的,有言论直接将国民党两岸经济政策与"统独"话语直接联系,称只有两种人嚷着说要签 FTA:一是"不了解产业界,人

---

① 王明生. 当代中国政治参与研究 [M]. 南京:南京大学出版社,2012:137.
② 社论. 加入区域整合,不能请鬼拿药单 [EB]. 自由时报,2014 – 10 – 31.
③ 社论. 以中韩 FTA 愚民卸责的黑心政府 [EB]. 自由时报,2014 – 11 – 13.

云亦云的人"；二是"统派"，"嚷着说要签 FTA，一石二鸟，一来把经济不好赖给民进党，二来让中国货涌入台湾，完成实质的经济占领……"① 在对国民党两岸政策进行报道的过程中，《自由时报》大量引用反对者的声音，而将支持者的声音予以隐匿。一篇报道称："马政府恐吓全民，夸大中韩FTA 将冲击台湾产业达数千亿元，昨遭外资打脸……"② 针对服贸一事，报纸引述"反黑箱服贸民主阵线"召集人赖中强的话称："这根本是'赔本生意'。"③ 在反对两岸经济往来的报道框架下，国民党治下的台商返乡政策及观光旅游政策也被否定。报纸社论对国民党执政后吸引台商返乡的政策批评道："其中最大的失策在于号召鲑鱼返乡，希冀吸引台商回台投资，创造就业。结果却适得其反，不仅多数台商并未携带资金回台，且藉由各种财务操作，或发行台湾存托凭证（TDR）对台湾民众吸金，或以极高的杠杆倍数向金融机构借贷巨款，进入房市、股市炒作，不但抬高房价，让一般民众买不起房子，更制造金融泡沫，加深贫富差距。"④ "观光局"修订《"交通部""观光局"推动大陆地区旅客包船来台奖助要点》也被批为向陆客"撒钱讨好"，并认为"讨好和用低价旅费吸引，绝非长久之计"。⑤

除去经济问题，《自由时报》对国民党两岸政策进行质疑的另外两个突出方面是"国安问题"和"陆生纳保问题"。由于选举前夕发生了"张显耀案"（后被证实为子虚乌有），"国安问题"一直是《自由时报》对国民党两岸政策进行负面指控的重要议题。在张案中，该报不但对受指控者张显耀给予了大量同情报道，而且借此不断否定国民党两岸关系中的"国安政策"。报纸社论对马英九执政中的"国安问题"批评道："共谍网已经深入台湾了，马政府还不严加追究、全力肃清，继续奉行'开放是常态、管制是例外'。此所以，国军已有少将级沦为共谍，对国防、国安皆构成严重损害。"⑥ 因为张显耀于涉案期间曾担任陆委会副主委，有言论进而借此机会，对国民党两岸政策予以全面否定："张显耀一旦是共谍，收受中国好处，则张参与谈判、签署的两岸协议，恐伤害我国之国家利益，我国政府对此两岸

① 骆德宏. 靠只会靠，靠不住 [EB]. 自由时报，2014 - 11 - 14.
② 罗倩宜. 外资打脸马"政府"：夸大中韩 FTA 冲击 [EB]. 自由时报，2014 - 11 - 13.
③ 王文萱. 赖中强：货贸协议是赔本生意 [EB]. 自由时报，2014 - 08 - 26.
④ 社论. 谁现在过得更好？[EB]. 自由时报，2014 - 11 - 03.
⑤ 邰爱芯. 观光不是撒钱讨好 [EB]. 自由时报，2014 - 10 - 21.
⑥ 社论. 后马时代一叶知秋 [EB]. 自由时报，2014 - 08 - 23.

协议应予撤销。"① 在对"立法院"初审通过把陆生纳入全民健保一事(因为"立法院"国民党席位占优势,所以一些决议被认为是国民党的政党意志)的报道中,报纸也予以完全否定,有社论称国民党"'偷鸡'未必成,国库已先耗损","暴露其急切执行'终极统一'意识形态治国的本质"。② 针对绿营质疑,马当局回应称,健保是为了做到不歧视陆生,该报遂发表一篇评论反问:"中生不能歧视,那台生就可以歧视吗?"③

对国民党执政下的地区内部制度与政策的批判,是《自由时报》对其制度合法性予以质疑的另一方面。其中尤其体现为对教育政策调整的批判。因为马英九当局推出了一项"十二年国教"政策,该报刊配发评论称"动机不明、立意不善","将进一步消灭台湾优良的公立菁英教育,菁英教育贵族化,只会阻止社会流动,加深阶级对立,三级贫户的孩子可以当总统将成为历史。"④ 甚至还指责称,十二年"国教""先特后免"违法,"影响成千上万学生的十二年国教,由于可能选票的因素,而一变再变,显示'法治'国家在台湾还有一段距离。"⑤ "教育部"拟推动"中小学第三学期"政策,该报发表一篇高中生投书质问:"现在有人正在屠杀童年,当如此畸形的事情发生在台湾,我什么都不知道了。"⑥ "文化部"将首度推出"演艺团队排练补助计划",被质疑无法关照真正需要得到帮助的小型文艺团体。⑦ 一个小型文艺团体的负责人投书质问:"跟我们这些默默无名、还在为了表演艺术领域奋斗的小团体,一点都不相干?""我们是'癞蛤蟆'?"⑧ 在《自由时报》中,与此类似的关于地区政策制度问题的诘问还有很多,比如遗产税率问题⑨、警察考试制度问题⑩、节能减排问题⑪,甚至选举日期

---

① 黄帝颖. 根据"维也纳条约法公约"服贸货贸法律效力已有争议［EB］. 自由时报,2014 - 08 - 24.

② 社论. 中生纳健保不能慷纳税人之慨［EB］. 自由时报,2014 - 09 - 26.

③ 刘莹. 请马"总统"也不要歧视台湾学生［EB］. 自由时报,2014 - 10 - 15.

④ 周美里.12 年"国教" 白老鼠的心酸告白［EB］. 自由时报,2014 - 09 - 01.

⑤ 许育典. 十二年"国教""先特后免"明确违法［EB］. 自由时报,2014 - 09 - 08.

⑥ 施蜜娜. 第三学期?／自学生:这是屠杀童年［EB］. 自由时报,2014 - 11 - 11.

⑦ 蔡宇光. 嗷嗷待哺的补不到［EB］. 自由时报,2014 - 11 - 14.

⑧ 陈丽仔. 龙应台,看一眼"癞蛤蟆"吧!［EB］. 自由时报,2014 - 11 - 13.

⑨ 张肇烜. 靠爸资本主义社会［EB］. 自由时报,2014 - 11 - 21.

⑩ 李学镛. 警察特考怪现象［EB］. 自由时报,2014 - 08 - 28.

⑪ 王文萱,黄邦平,王寓中. "中央政府" 明年水电预算增5.5亿［EB］. 自由时报,2014 - 09 - 11.

设置问题①，等等。

在对法律制度的制定方面，《自由时报》针对"食品安全卫生管理法"修订问题的批评是一个比较典型的报道议题。该报对于这一议题的强化当然是与选举前夕爆发了性质恶劣的食安事件有关。食安问题爆发，等于为《自由时报》找到了否定国民党法律制度体系、批评当局管理失灵的借口，报道引用亲绿人士的批评称："食品安全卫生管理法近年也一修再修，但去年造成一片哀号的油品却迟迟未要求追踪管理，引发外界质疑，食安法对搀伪、假冒的刑责及刑法诈欺罪，今年修法都将刑责调为五年以下有期徒刑，但法院都判得轻，没有一案是量刑到最上限。"② 一篇评论更是直言对"修法"的绝望，将责备直接指向法律体系的崩溃："每每发生重大食安事件，政府总是宣称：将透过修法，提高刑度、罚则，以达杀鸡儆猴的吓阻效果。然，事实并非如此，按，食管法几乎年年修法，七年业已修了六次。非但无法达到吓阻效果，反而一次比一次严重。馊水油、饲料油事件，只是凸显出'徒法不足以自行'的窘境；更暴露出，整个政府整体失灵的问题。"③ 除此之外，各种举凡产生各种事故及反对声音的情况，都可能被《自由时报》追责为国民党执政中制度不善所导致的问题。例如 10 月 11 日苗栗龙凤渔港发生橡皮艇被巨浪打翻、教练与消防员不幸溺毙的惨剧后，一篇文章质问称："火灾案件逐年下降，殉职人数却不合理地逐年上升，我们认为这些都不是意外，而是制度杀人的结果……我们又有弟兄因为残败制度枉死在茫茫大海里，要我们情何以堪。"④

二、对制度执行的否定

制度执行是制度发生规范效应的转化过程，而执行的水平依赖于执行者的执行力。"制度的执行力就是指制度本身所具有被执行落实的强制力、执行效力，以及相关组织在执行相关制度时的执行力量和执行效力。"⑤ 在已经拥有既定制度的情况下，制度的执行所体现的就是执行者是否采取有效措

---

① 邱宗翰. 剥夺服务业投票权［EB］. 自由时报，2014 – 09 – 21.
② 林惠琴，黄邦平，陈炳宏，修法玩假的？油品竟未追溯管理［EB］. 自由时报，2014 – 09 – 08.
③ 蔡木章. 政府失灵，修法有屁用［EB］. 自由时报，2014 – 10 – 11.
④ 郑少书，郑雅菱. 制度杀人　消防员枉死［EB］. 自由时报，2014 – 10 – 17.
⑤ 莫勇波，张定安. 制度执行力：概念辨析及构建要素［J］. 中国行政管理，2012（11）.

施将制度转化为现实规范的具体行动。在政治领域中,执政者对于制度的执行能力是其综合执政能力的一个重要方面,因而也是检验其执政合法性的要素之一。在制度执行不力的情况下,执政者必然会被公众贯之以无能的形象,其执政的合法性会受到消解。在"九合一"选举报道中,为了实现对国民党的否定,《自由时报》从多个方面建构了国民党制度执行不力的负面形象。

一是指责国民党在制度执行中存在失职、缺位问题。这种批判表现在各个领域,比如批判"经济部"懒政:"日圆贬值,经济部都无积极的政策以为因应,非要等到立委强力要求及中央银行总裁出面呼吁,才被动地开始处理问题,也难怪民众会对经济部的施政无感或不满意,不是没有原因!"① 还有对新北市国民党县市执政下诈骗通报系统中有诈骗电话被通报上百次依然未被破案的批评。② 在这些批评中,最突出的还是针对食安问题中当局制度执行不力的责问。有报道称:"行政院项目小组开会迟缓,中秋节三天连假都在'放大假',马英九却盛赞行政院'反应快'。"③ 有评论甚至进一步批评称,当局"不够用心且无有效对策",让当时的情形沦为"无政府状态"。④

二是指责国民党在制度执行中的软弱无力问题。比如同样针对食安事件,《自由时报》有评论质问:"面对层出不穷的食安问题,马政府却拿不出铁腕整顿,真的是无能又无用。食品安全连环爆,从中央到地方,官员拿不出有效的整顿之道。"⑤ "这个政府,提供的建议不少,可是人民所期待的,恐怕是来自于坚强意志之命令。"⑥ 对于这种当局执政不力的指控,还易见于该报在对国民党两岸政策执行情况的报道中,比如一篇以马当局对大陆软弱为主题的报道引述反对人士的评论称:"台湾外交现在就是缩头乌龟,不过乌龟得要有人点,才会缩头!"通过如此言论,⑦《自由时报》表达

---

① 张淑中.日圆贬值 "经济部"无感?[EB].自由时报,2014 - 09 - 26.

② 陈宏辉.该诈骗电话已被通报上百次……[EB].自由时报,2014 - 09 - 22.

③ 钟丽华,陈慧萍,蔡文居,蔡颖,林惠琴."政院"拖6天开项目会 马赞反应快[EB].自由时报,2014 - 09 - 11.

④ 张淑中.食安 无政府状态[EB].自由时报,2014 - 10 - 10.

⑤ 蔡木章.公权力不彰 黑心油源头[EB].自由时报,2014 - 09 - 06.

⑥ 林佳和.奇特的建议与命令[EB].自由时报,2014 - 10 - 20.

⑦ 杨媛婷,王忆红.漫画《嫌中国流》批日对中退缩 纪政:台湾"外交"也像缩头乌龟[EB].自由时报,2014 - 11 - 18.

了对国民党在两岸政策执行中低头软弱的批评。

三是指责国民党制度执行不力后的责任推脱问题。在产生制度执行不力的问题之后，执行者对不良后果的担当行为会继而受到舆论关注。因此，《自由时报》在"九合一"选举报道中，对于国民党在后果承担方面的形象建构是以"推脱责任"为基本表现的。仍然以食安事件为例，《自由时报》的报道即从多个方面建构了国民党当局对于事故责任的推脱。首先是不承认后果的严重性，如引用言论批评"食药署长"叶明功武断声称无证据显示食黑油会致癌，对人体健康无立即伤害。① 其次是推责于客观原因，如引用言论批评称："每次遇到食安问题都推说人力不足，如果发生战争，政府是不是也可以说兵力不足，直接投降？"② 再次是部门之间互踢皮球，如一篇报道称："郭烈成地下油行可能混有进威公司制成的油脂，但农委会和食药署至今都未追查，两单位互踢皮球！"③ 最后是推责于民进党。报道引用亲绿人士批评称，马英九将食安问题的原因推卸给前朝民进党执政的陈水扁时期，④ 并称："国民党最高领导者还在为了毒油推托追杀仍躺在监狱里的阿扁。"⑤

在绿营以食安问题为依托对国民党进行制度执行不力的形象建构下，马英九当局遭到了强烈的合法性质疑。"行政院长"江宜桦也因此不断受到绿营人士及《自由时报》的下台指控。一篇题为《院长15趴，是该走了！》的评论中称，"民主政治不只是责任政治，也是民意政治，不受人民信赖的行政院长就该主动辞职下台"，并称江宜桦"逃避宪政责任且无政治风骨"。⑥ 此种对于执政不力的控诉在媒体的报道下被不断放大，带来了很大的民怨，给国民党执政施加了巨大压力，因此，在"九合一"选举结果出炉、国民党遭遇惨败的当天，江宜桦不得不宣布辞去"行政院长"职务。

---

① 陈炳宏，陈彦廷，谢文华. 馊油没危害？蓝委批叶明功白目［EB］. 自由时报，2014 - 09 - 07.
② 谢文华. 馊油藏藏藏　官员：你查得到吗？［EB］. 自由时报，2014 - 09 - 07.
③ 谢文华，罗欣贞. 进威若制食油谁管？农委会食药署互踢皮球［EB］. 自由时报，2014 - 08.
④ 彭显钧，余雪兰，杨媛婷. 黑心油　马又卸责前朝　张大春批奸狡［EB］. 自由时报，2014 - 11 - 03.
⑤ 邓蔚伟. 黄金十年　满身毒油［EB］. 自由时报，2014 - 11 - 04.
⑥ 张淑中，"院长"15趴，是该走了！［EB］. 自由时报，2014 - 10 - 20.

三、对在制度范围内合法活动的否定

在制度范围内活动所体现的是政治制度的公平性原则，即"制度面前人人平等"。"政治制度运行的这一原则是就政治制度对人的关系而言的，是由政治制度本身的普遍性或者普适性所决定的。"① 制度虽然可以由执政者以接受人民委托的名义单方面制定，但是其所具有的规范性、约束性作用必须也适用于制定者、执行者本身，而不仅仅只针对作为被统治者的普通民众。因此，执政者在制度面前没有特权，是对执政者在制度范围内活动这一要求的基本体现。但事实上，执政者在得到赋权并成为权力执行者之后，做出不遵守制度的行为在现实中是十分常见的，因而执政者自身的制度遵循情况通常会被反对者予以追踪和问责。在《自由时报》"九合一"选举报道中，该报即以国民党"超越制度范围活动"的话语建构，对国民党自身的制度遵循问题进行质疑，其批判的角度主要包括指责国民党内斗不止与执政中的越权违规两个方面。

一是批判国民党内斗不止问题。内斗问题是一种因制度缺失或制度失能而产生的特权追逐现象，它是政党党纪涣散的表现形式。内斗问题在一个政党内部严重发生，即意味着这一政党在党纪规范方面的严重失序。由于国民党在选举之前发生了影响恶劣的"马王政争"事件，本身为国民党的内部团结问题埋下了巨大祸根，《自由时报》便借助这一事件，通过对之反复报道，抨击马英九发动政治迫害，以此呈现和放大该党的分裂形象。一篇社论对国民党批判道："老国民党'内斗内行、外斗外行'，以致最后斗输毛泽东。然而，老蒋小蒋，内斗还是内行。现在，从跟中国谈判连战连败，还把吃亏当作占便宜，印证马英九也是'外斗外行'。然而，从整肃王金平马失前蹄，还要司法继续缠斗，甚至传言全代会还要整肃一次，真是连'内斗'都很'不内行'了。"② 除"马王政争"外，"张显耀案"也同样是对马英九发动政治内斗的批判依据。报纸站在受控对象张显耀的立场上，不断对马英九进行讨伐。一篇评论称："张显耀事件是执政集团的大内讧，无论他是共谍或泄密，马政府的国安控管已出现大漏洞，而近日共机越界，在我领空

① 彭定光. 政治伦理的现代建构 [M]. 济南：山东人民出版社，2007：45.
② 社论. 外斗外行　当家又作乱 [EB]. 自由时报，2014 - 08 - 27.

逛大街，更是轻蔑马英九，公然挑衅之举。"① 报纸通过这种言论，充分塑造了马英九独裁执政的形象。一篇社论称，马英九用人逻辑中，"'顺我生、逆我亡'是最大的天条，家臣家奴胜过选贤与能"。② 在诸如此类的话语建构下，国民党被塑造成了一个完全没有制度规范、缺乏党纪约束、充满权谋争斗的政党，其形象与执政合法性受到严重否定。

在对选举活动的报道上，《自由时报》进一步呈现了国民党党纪涣散、充满争斗的问题。此类报道主要聚焦于选举中候选人意见与党中央不和、本党人士相互拆台等细节事件。在政治选举中，规范的政党事务运作必须有一定的组织纪律，用来"控制党员在竞争中投本党候选人的票，或在议会中投票赞成本党的政治意图"。③ 如果一个政党在参选过程中自身组织纪律涣散，自然有碍于本党内部齐心协力争取选票，会导致难以获得选民的充分信任。《自由时报》在报道中，即通过不断强化国民党一盘散沙的局面，以此消解该党的正面形象。例如一篇报道历数国民党对这次"九合一"选举中十多名违纪者的处分，将国民党党内管理问题予以突显。④ 在对国民党候选人的报道中，也经常建构他们与党内其他人的矛盾。一篇新闻选择报道连胜文与本党内部当初和他争夺台北市长提名的对手丁守中之间的间隙，称媒体询问丁，是否"对初选结果仍耿耿于怀?"并以拜票过程中"连、丁二人几乎没有互动"的细节描写，表达二人心结未解之疑。⑤ 这种建构同样也表现在对其他国民党候选人的报道中。一篇关于杨秋兴的报道描述了其竞选团队中的不睦现象，将国民党的不团结问题与分裂形象予以展示。⑥ 其实，虽然党内分裂问题的确是国民党的一个实际问题，但这样的问题对于民进党来说，也同样存在。比如，民进党在确定新竹市长候选人时曾出现过换人争议，但《自由时报》在报道中却对之给予了不同的解读，即站在民进党党中央的立场上，对提出争议者予以否定。该报在报道中，将该党籍前新竹市长蔡仁坚的参选定义为"违纪参选"，⑦ 以此帮助维护民进党因内部分裂或提名不公而导致的党纪涣散形象，体现出该报在同一问题中对两党所采取的

① 苏多. 最大只的害虫 [EB]. 自由时报，2014-08-30.
② 社论. 顺我者过关 逆我者过不了关 [EB]. 自由时报，2014-09-13.
③ 刘吉发. 政治学新论 [M]. 北京：中国人民大学出版社，2008：197.
④ 施晓光，林欣汉. 蓝开除违纪者 邀柯演讲里长也铡 [EB]. 自由时报，2014-09-11.
⑤ 陈彦廷. 连丁合体秀团结 [EB]. 自由时报，2014-11-20.
⑥ 蔡清华. 杨秋兴誓师 总干事黄昭顺缺席 [EB]. 自由时报，2014-09-26.
⑦ 陈慧萍. 拉抬林智坚 小英扫街婆妈抢合照 [EB]. 自由时报，2014-09-18.

不同报道偏向。

二是批判国民党执政中的制度遵循问题。执政者不遵守制度多体现为违法谋利及其他违规行为。在违法谋利方面,《自由时报》首先是指责国民党通过变相手段将财政经费用于官员享用或者中饱私囊。该报引民进党人士质疑,称"行政院"预算中增加配备车辆乃是"乱花公币",造成开支浪费。① 另外,还指责当局设置无用机构、随意安插工作人员,圈养本党人士。如对海基会职能的讨伐中,有文章指出:海基会历史功能已经完成,"仅剩'仪式性'功能的海基会,人事费用却越编越多,被批沦为国民党特种党部、肥猫养老院、向台商拉票固桩的盲肠基金会。"② 报纸社论质问:"在两岸谈判已由陆委会及政府相关部会取代,海基会高官只剩下出面签字功能的情况下,我们同不同意这个政府拿大家的辛苦钱,去养100多名平均月薪11万多元的财团法人成员,而竟连节约缩编等组织改革都不准置喙?"③

其次是指责国民党籍官员或候选人涉嫌存在贪污、受贿、内幕交易等不正当权钱交易行为。现任桃园县长吴志扬的副手叶世文因收贿被押,使吴志扬深陷贪腐指控。《自由时报》报道引用民进党桃园市长候选人郑文灿的批评,称吴志扬执政团队贪腐,并称自己"当选后如果副市长涉贪被起诉,他一定道歉并辞职下台"。④ 另外,报道还称郑文灿"史无前例在当选前就签署'市长辞职书',向选民承诺,未来若副市长涉及贪污,他将负起政治责任辞职",⑤ 其中的讽刺意味十足。除了控诉吴志扬团队有人贪污,吴志扬本身也遭到同样的指控,报纸引用民进党人士质疑称,吴志扬曾以公费名义带妻、儿出访新加坡,并私账公报。⑥ 另外,还不断建构国民党存在内幕交易行为。前南投县长李朝卿涉贪停职后,其妻"代夫出征"被认为可能引发蓝军分裂,但在"内政部"否准李朝卿复职处分后,其妻放弃参选,

---

① 苏芳禾,钟丽华. 12 首长配 22 车 "政院"明年又编 784 万买车 [EB]. 自由时报,2014 – 10 – 13.

② 陈启文. 国民党的海基会 国民党养 [EB]. 自由时报,2014 – 10 – 20.

③ 社论. 海基会已成民主与廉能的反面示范 [EB]. 自由时报,2014 – 10 – 21.

④ 李容萍,邱奕统. 郑文灿 痛批贪腐团队 [EB]. 自由时报,2014 – 11 – 16.

⑤ 陈慧萍,谢武雄. 讽吴志扬团队贪腐 郑文灿签阳光公约 [EB]. 自由时报,2014 – 11 – 20.

⑥ 邱燕玲,邱奕统,林近. "立委":吴志扬夫妇出国买精品报公账 [EB]. 自由时报,2014 – 11 – 11.

《自由时报》在对该事件的报道中，引用相关猜测，称国民党"让外界怀疑执政党与李朝卿之间是否有'交换条件'"。① 其他的类似指控，还包括引述名嘴周玉蔻对连胜文"涉嫌操纵股价"的报道，② 以及国民党籍新竹县长邱镜淳在工程项目中非法持股之事的报道，③ 等等。

　　除了违规谋利外，执政者制度遵循方面的问题也表现在日常活动中对制度约束力的轻视与违背。《自由时报》在对国民党候选人的报道中，即通过对他们在日常活动中的违规行为，建构其对制度规范的漠视态度。其中较为典型的是对连胜文在竞选活动中存在违法行为的一些批评报道。一篇报道在记述连胜文现身体验餐饮行业工作时，引用律师质疑："连胜文做面包不戴帽子、口罩，违反'食品卫生管理法'最重可处 15 万元罚锾。"④ 与此类似，在对连胜文竞选团队在一中学租借场地举办造势晚会一事的报道中，该报也刊发言论批评连胜文不遵守学校的规定，要求全校清场，"公然违法，其嚣张跋扈之行径令人难以忍受"。⑤ 这样的报道，建构了连胜文在竞选中随意扰民、目无法纪的形象，表达了对其胜任台北市长一职的否定。

① 李欣芳. 巧! 李朝卿妻弃选后　李复职有谱 [EB]. 自由时报, 2014 - 09 - 11.
② 钱利忠. 周玉蔻告连炒股　半年仍"他"字案 [EB]. 自由时报, 2014 - 09 - 24.
③ 王骏杰，蔡彰盛，黄美珠. 郑永金指违法持股　邱镜淳称禁得起考验 [EB]. 自由时报, 2014 - 11 - 18.
④ 郭安家. 连 Working Stay 做面包没戴帽　违"食管法"[EB]. 自由时报, 2014 - 10 - 14.
⑤ 江柏逑. 看师大附中被人蹂躏 [EB]. 自由时报, 2014 - 11 - 17.

第四章　效能之争:《自由时报》
"九合一"选举报道的
政绩合法性偏向

政绩是执政者需要确立其政治合法性的重要基础之一。本章通过对《自由时报》"九合一"选举报道中关于国民党政绩的报道,来考察其合法性传播偏向问题。这一偏向主要是通过建构国民党治下"台湾衰落"和民众"幸福丧失"两种议题来实现的。

第一节　选举报道中的政绩合法性偏向问题

一、政绩与政绩合法性

政绩,即政治绩效,"指政治权力的实际作为,是指政治权力对社会进行政治管理或政治统治的实际业绩。"① 在西方的学术语境中,政绩也被称作"有效性"(Effectiveness 或 Performance)。李普赛特称:"有效性是指实际的政绩。"② 洛克认为:"政府的目的是谋求人民的福利。"③ 洛克所说的为人民谋福利,指的即是执政者的政绩问题。托克维尔认为,民众生活中的各种问题都可能归因于政府的政绩,他说:"每个人都因贫困而指责政府。连那些最无法避免的灾祸都归咎于政府;连季节气候异常,也责怪政府。"④ 韦伯所谓的"卡里斯马"型社会统治的理想类型也体现政绩的重要性。他

---

① 马宝成. 政治合法性研究 [M]. 北京:中国社会出版社,2003:116.
② [美] 利普塞特(Lipset, Seymour Martin)(著);刘钢敏,聂蓉(译). 政治人 政治的社会基础 [M]. 北京:商务印书馆,1993:53.
③ [英] 约翰·洛克(著),赵伯英(译),政府论两篇 [M]. 西安:陕西人民出版社,2004:259.
④ [法] A. de 托克维尔(Alexis de Tocqueville)(著);冯棠(译). 旧制度与大革命 [M]. 北京:商务印书馆,1992:109 – 110.

说："（这一统治类型）在一定程度上就是指政治权力的有效性问题，因为这种作为政治合法性基础的有效性依赖于个人的大彻大悟、英雄气概及其领袖气质。如果这种卡里斯马型统治没有带给被统治者以幸福安康，那么他的魅力型权威的机会就会消失。"① 对于政绩，也可以从"政治生产力"的角度予以理解，它可以被认为是政治投入与产出的对比。从范围上来看，政绩包括执政者在经济、社会、文化等各方面的施政成果，只是于现实理解中我们通常会着重关注其经济层面。政绩所体现的是执政者在接受人民赋权后的承诺兑现，它一般被视为对执政者的价值诉求、执政能力等综合效能的现实检验，通常需要以实实在在的成绩来进行证明。政绩与政治统治的其他诸多要素一样，亦倾向于以执政者为主体视角，是关于执政者履职、管理方式及德才情况等方面的直接体现，但从另一角度来看，它同样是以满足作为被统治者的公众的需要为首要价值的，因而也是一种具有"双向关系"内涵的概念。在具体实践中，政绩常常以"执政为民"的效果为依据，而在这种效果中，常常包含着作为被统治者的"民"对于统治者的执政情况的评价，这种评价构成对统治者执政的反馈符号，逆向作用于执政者的执政地位与执政行为。

基于这种关系，政绩成为执政者获取政治合法性的重要基础。"合法性需要有效性的支持，这应该是得到政治学界公认的一个基本观点，当然也早已被人类政治实践中的无数事实所证明。"② 但是与意识形态、制度明显不同的是，政绩是统治者取得执政地位后才特别需要的合法性资源。"一般来说，政治权力主体首先通过选举制度获得执政地位，赋予自身以根本性的政治合法性基础（规则基础），然后在执政期间尽可能通过政治权力的有效运作获得较高水平的成就（有效性），并以此来巩固和提高自身的合法性。"③ 在某些情况下，对于意识形态合法性产生弱化态势的政治统治来说，政绩合法性的重要性将会更加突出，因为它能够用以弥补意识形态合法性缺失问题。政绩合法性的获得取决于执政者对民众现实需要的满足及民众因此而对执政者的正面评价反馈，正如马克·夸克所说："政治机构只要履行了它的职责，满足了每个人或是每个社会阶层的需要，那么落在它上面的眼光就应

---

① 马宝成. 有效性：现代政治合法性的政绩基础 [J]. 天津社会科学，2002 (5).
② 龙太江，王邦佐. 经济增长与合法性的"政绩困局"——兼论中国政治的合法性基础 [J]. 复旦学报（社会科学版），2005 (3).
③ 马宝成. 有效性：现代政治合法性的政绩基础 [M]. 天津社会科学，2002 (5).

是赞许的。"① 政绩合法性还由一定历史条件下的外部环境所决定，尤其是与前任政府以及与其他政府或国家的对比结果都是对之进行评价的参考因素。在政党轮替的背景下，执政党必须取得超越其对手的政绩，方能受到民众的认可，否则现任执政者的执政往往会被认为是失败乃至倒退的。与此同时，执政政府也不能在与其他政府或国家的政绩对比中明显落后，否则就算是取得一定政绩，也难以得到公共舆论的足够肯定。

二、选举报道中的政绩合法性偏向问题

正如前面所提到的，政绩合法性既依托于执政者在执政过程中实实在在的绩效表现，也来自于公众方面的良性政绩评价，所以在一定程度上需要将政绩合法性的取得视作一个传播问题。关于政绩的传播能够强化公众对于现实政治统治下自我生活品质的正面感受，并能提升民众对于执政者的信任感、寄托感。这种肯定与认同，正是执政者所力求获得的良性反馈，也是他们极为需要的合法性来源。综观世界所有政府，无不将政绩作为其持续执政的理由进行宣传。在政治选举中，政绩议题更是政党之间相互争夺执政合法性的重要议题。一方面，在位的执政党会不断地向选民宣传自己在位期间所实现的政绩，以求获取他们的继续支持；另一方面，在野党则往往会以对执政党政绩的否定，诉诸民众以政党轮替来改变眼前政绩不彰的困境。这种基于政绩的宣传与反宣传在政治选举中所形成的政党之间的舆论之争，其意义不可轻视。在《自由时报》"九合一"选举报道中，我们可以看到，该报从政绩合法性角度对国民党的抨击是十分猛烈的。当然，这种抨击并非没有现实依据，因为马英九执政七年过程中，台湾地区政治、经济、社会等方面确实产生了诸多问题。"马英九七年前竞选时高喊的重要政见'633'，也就是每年经济成长率平均超过 6%、失业率降至 3% 之下，2016 年平均民众所得超过 3 万美元，在所剩仅一年任期内几乎确定跳票。"② 2008 年马英九上任后的七年中，台湾经济增长除 2010 年超 10% 外，大多在低档徘徊，甚至在2009 年还出现了负增长。《自由时报》抓住国民党在政绩方面的问题，对其执政合法性提出质疑。该报社论称："马政府的施政成绩离离落落，显然已

---

① ［法］让 – 马克·夸克（Jean – Marc Coicaud）（著）；佟心平，王远飞（译）. 合法性与政治［M］. 北京：中央编译出版社，2002：51.

② 无署名. 台媒总结马英九 7 年政绩：陆客大增带动观光经济［EB］. 中国新闻网，2015 – 05 – 20. http：//www. chinanews. com/tw/2015/05 – 20/7288364. shtml.

经成为国民党选情的沉重包袱。"① 作为一场地方选举的"九合一"选举，其竞选中的政绩诉求本来应该既包括对国民党"中央政府"政绩情况的报道，也包括对各不同党派的地方政绩情况的报道，但《自由时报》显然在政绩议题中更加突显了国民党"中央政府"政绩所存在问题，而对地方政府政绩的相关报道有所弱化（尤其是弱化了对民进党县市执政政绩问题的报道），这显然是因为对"中央政府"政绩的否定将更有利于实现对国民党的全盘否定。即便是报道中对部分县市执政的政绩情况有所论及，也多是以对国民党县市执政政绩的否定和对民进党县市执政政绩的肯定为基本立场的。对于"中央政府"的政绩情况之于整个选举的作用，《自由时报》在其社论中作过这样的关联性评价："马政府的施政一塌糊涂，对国民党确属拖累大盘。"② 而通过否定"大盘"以实现对整个国民党选情的中伤，也正是《自由时报》政绩合法性偏向建构的重要手段。

就政绩本身的内涵来说，它包括的范围极广，以至于本书前面所讨论的意识形态问题、制度的制定与执行问题在某些方面也都是可以作为政绩评价的对象而纳入其中的，显示出它们在一定程度上的交叉性。考虑到这种重叠，本书在以下分析中，不再讨论《自由时报》"九合一"选举报道中关于意识形态及制度方面的政绩问题，仅就该报关于经济、社会发展等方面的政绩报道进行分析。本研究在分析过程中，参照"国"与"民"这个我们在评论一个执政体系时常常使用的二元视角，从宏观的整体区域发展与微观的民众生活品质两个层面对该报的政绩报道予以考察（当然台湾并不是一个国家，这里只是分类借用，实际上应为"地区"与"民众"两个层面）。总体来看，《自由时报》为否定国民党的政绩，在"地区"与"民众"两个层面上构建了"台湾衰落"和民众"幸福丧失"两个负面议题。

第二节 《自由时报》对于国民党治下
"台湾衰落"议题的建构

基于对"台独"理念的坚持，民进党迫切于以台湾地区国民党执政现实中的种种困境来号召民众放弃统一之路，因此，"唱衰台湾"是该党与国

---

① 社论. 沸腾的民怨早已超越蓝绿 [EB]. 自由时报, 2014 - 11 - 15.
② 社论. 马失政危害台湾拖累国民党 [EB]. 自由时报, 2014 - 11 - 12.

民党进行政治斗争的一个重要策略。因为通过"唱衰台湾",可以证明国民党治下积极发展两岸关系是错误的、失败的,并能以此激发民怨,获取民众对绿营执政的支持。显然,民进党这种唱衰台湾的做法,是与其一向标榜的"爱台湾"精神相悖的。"爱台湾就应共同积累正能量,不要只是一味唱衰台湾。"① 作为亲绿媒体,《自由时报》在"九合一"选举报道中,为响应民进党的策略,也努力试图以建构"台湾衰落"的现实困境来消解国民党的政绩合法性。

《自由时报》在"九合一"选举报道中,对于"台湾衰落"议题的构建,主要是从地区经济、对外交往及两岸政绩等方面来进行的。

一、地区经济与财政恶化

不可否认,几乎对任何国家和地区来说,经济发展状况都是对其政府进行政绩评价的重要指标。这与经济发展本身的重要性是分不开的。经济发展能够在很大程度上直接提升一个国家或地区的综合实力,为政府带来可观的财政收入,使之能够有充裕的资金用于国防、建设及文化社会事业,并能让民众获得切实的物质生活回报。经济状况对于执政者政绩合法性的影响是,经济发展有利于增进民众对于政府的信心,经济倒退则会引起民众对于政府的怨愤。然而,经济发展虽然重要,但有时可能会因无法被民众直接感知或直接体验(尤其是宏观经济层面),在一定程度上表现为一种"隐性议题(指那些只能通过媒介了解的议题)"。② 因而,在民众较多依赖媒体途径获取经济发展信息的时候,偏向性的报道就会对他们的认知产生干扰。所以《自由时报》便在报道中以不断唱衰地区经济状况的方式,反复诉求因国民党执政不力而导致了台湾经济的衰退。报纸社论称:"众所皆知,马英九施政最弱的一环是经济……"③ "如今的台湾,经过马政府经济连结中国的操作,台湾的选民可能也想告诉政客们:'笨蛋,问题在经济'。"④ 在对台湾经济发展进行衰退建构的同时,《自由时报》还不断将之与大陆的快速发展

---

① 苏虹,何溢诚. 和平的眉角　世界大局下的两岸关系透视 [M]. 上海:上海三联书店,2014:132.
② [美] 马克斯韦尔·麦库姆斯,埃米·雷诺兹. 新闻对我们认识世界的影响. 见:布莱恩特(主编),石义彬(译). 媒介效果理论与研究前沿(第二版)[M]. 北京:华夏出版社,2009:7.
③ 社论. 理性思考 FTA [EB],自由时报,2014 – 11 – 24.
④ 社论. 沸腾的民怨早已超越蓝绿 [EB],自由时报,2014 – 11 – 15.

作以对比，以突显台湾经济衰退的程度，如有一篇言论以台湾松山机场与上海虹桥机场规模发生今昔倒转情况的对比，① 来论证台湾经济衰退的严重性。

客观上来讲，马英九执政期间的经济发展确实产生了不景气的问题，这种问题构成了绿营以政绩理由攻击国民党执政合法性的现实依据。不过，虽然国民党执政在总体上政绩不佳，但也并不意味着其政绩方面全部都一无是处。然而《自由时报》对国民党政绩的呈现却是鲜有认可之处的。该报在报道中，凡是"中央政府"关于台湾经济发展的正面报告，均被负面解读，并不断据此对国民党进一步指责，称其在经济问题面前推卸责任。如在"国发会"将瑞士世界经济论坛中关于台湾竞争力排名下降的原因解释为问卷调查期间适逢"太阳花"学运而影响了调查结果后，一篇报道质疑称，"国发会"这是推卸责任。② 马英九在一次发言中，指称台湾经济发展受到了民进党拖累，《自由时报》对此发表社论回应道："一个在行政与立法一党独大全面执政的主政者，既然认为实力与资源不成比例的一个小党可以拉住整个国家的脚步，这岂不是证实这个政府如同摆设的花瓶，六年多来毫无实际作用？"③ 如此质问，将台湾经济问题的"皮球"又踢回给了国民党，体现出了该报坚决维护民进党利益的典型立场。

作为区域经济发展状况的一个整体反映，财政收入能够作为国民党执政效果的直接评价。过去几年内，由国民党执政的"中央政府"及其治下的市县财政赤字问题，成为《自由时报》对国民党进行否定的一个突破口。在该报的新闻中，马英九当局的财政赤字问题被反复强化，如有报道称："马英九执政以来，政府赤字不断攀升，到明年底止，七年期间赤字增加达1.76兆余元。"④ 一篇报道有意将马英九执政时期与陈水扁执政时期的财政状况作对比，以突显马英九执政时期财政的窘迫，同时对民进党执政时期的财政状况给予褒扬："民进党八年执政期间净增举债1.32兆元，但马政府执政七年净增举债就1.76兆余元；若加计非营业基金举债、自偿性债务、地方政府债务及潜藏债务等，目前各级政府总负债约23兆元，换算平均每人

---

① 廖国字. "老师还是做你自己好……" [EB]. 自由时报，2014 – 09 – 25.

② 陈梅英. 竞争力下滑　马 "政府" 牵拖公民运动 [EB]. 自由时报，2014 – 09 – 04.

③ 社论. 以中韩 FTA 愚民卸责的黑心政府 [EB]. 自由时报，2014 – 11 – 13.

④ 钟丽华. 马执政 7 年　债务增加 1.76 兆 [EB]. 自由时报，2014 – 08 – 22.

背债约 100 万元。"① 另一篇报道历数"中央"与地方的负债问题，并批评称："至 103 年（2014 年）六月底止，预估中央与地方政府潜藏负债共 17 兆 0529 亿元，其中军公教退休抚恤金就占了 8.3 兆元，若不及早进行年金改革，财政黑洞恐将持续恶化。"② 对于地方财政状况的报道，《自由时报》则专门偏向强调国民党执政县市的财政恶化问题。一篇报道称："九合一选举即将投票，但地方财政持续恶化，审计部昨公布'102 年（2013 年）度直辖市及县市地方决算审核结果年报'，各县市公共债务未偿余额高达 9735 亿元；国民党执政的台北市与苗栗县的负债，分居直辖市及县市之冠。"③ 正因为台北和苗栗两县市财政负债问题突出，《自由时报》便将两县市作为否定国民党县市执政的典型对象。但与此相对，国民党经济发展较好的县市却悄然遁形。一篇新闻引用绿营人士的言论对苗栗财政批评道："县府负债还高达 500 亿元，'财政濒临脑死'。"④ 另一篇言论更是质问："近年来县府大张旗鼓四处'建设'不但让财政赤字不断攀升，一个 60 万人口的县，竟累积达 500 亿元债务，平均每个县民背债超过 7 万元，还因此被专业财经媒体评为'财政状况濒临脑死'，位居全台之末。"⑤ 正是通过与此类似的报道倾向，《自由时报》建构了国民党执政之下台湾经济全面衰退的没落形象。

二、"国防"与"外交"失败

"国防"与"外交"状况是彰显一个国家或地区国际政治地位的重要凭借，也是能够体现执政政绩的重要方面。《自由时报》为对国民党的政绩进行否定，建构了国民党执政七年期间台湾地区"国防"与"外交"失败的话语偏向。马英九在 2008 年参选地区领导人时，曾提出"国防预算不低于 GDP3%"的政见承诺，但后来未能实现，报纸遂批判马英九在"国防"建设方面的失败与失信问题。该报引述称，马当局"坚持国防休兵、弱化国防"，是"为向中国示好，刻意自我缴械、变相消灭国防，放弃自我防卫能力"。⑥

---

① 钟丽华. 马执政 7 年　债务增加 1.76 兆［EB］. 自由时报，2014 - 08 - 22.

② 邱燕玲，王文萱. 政府潜藏负债 17 兆　军公教退抚占 8.3 兆［EB］. 自由时报，2014 - 09 - 01.

③ 邱燕玲. 北、苗负债　居直辖市、县市之冠［EB］. 自由时报，2014 - 11 - 20.

④ 陈仔轩，郑鸿达. 苗栗负债 500 亿……马却大赞刘政鸿政绩/公督盟：苗县府财政濒临脑死［EB］. 自由时报，2014 - 10 - 30.

⑤ 吴璧任. 烟火建设烧谁的钱？［EB］. 自由时报，2014 - 11 - 14.

⑥ 钟丽华. 明年军费仅占 GDP2.34%　马执政新低［EB］. 自由时报，2014 - 08 - 23.

一位记者在特稿中责问称，国民党早在"在野"时期就反对接受美国对台售武，导致美国一项军售计划十三年未得实现。"我国规划在 2019 年以 12 艘新旧潜舰共同组成'潜舰舰队'的愿景，至今仍难实现。"① 报纸还不断就募兵失败问题质疑国民党执政下的"国防"风险。一篇报道引用民进党人士的嘲讽称："若募兵成效不彰，国防部可考虑招募非洲黑人当佣兵，因为两岸作战时，黑人肤色可'一眼认出'，不致敌我不分。"② 除此之外，《自由时报》还对马英九执政时期"国防部"及军队中的各种负面事件进行批评，一篇评论列举"近年来军中负面新闻不断"的一系列事件，质问称："以上种种负面事件与不顾国防部形象，且令国军十分难堪的荒唐作法，全国有志气的军人难道会没有任何感叹？九三军人节还能感到快乐吗？"③ 在军队年度汉光演习前夕，宪兵队传出可能引发机密外泄的"汉光演习专用智能卡"离奇遭窃失踪事件，该报配发负面报道《演习当儿戏？宪兵队丢了演习专用卡》④，以强烈的质问语气，对国民党执政下的"国防"问题进行了批评。

事实上，马英九任内台湾地区军事建设与对外关系也并非如《自由时报》所建构的那样糟糕。根据马英九 2016 新年贺词中对其执政以来台湾对外关系方面的成绩表述，台湾"外交跃进、友善国际"，"与美国、日本、欧盟、新澳等国在安全、经贸、文教各方面的关系，都是三四十年来最好的状态"，实现了向台湾免签、落地签的国家（地区）从 54 个扩增到 161 个，增加了 107 个。这些对外关系方面的成绩，对于马英九当局来说，显然是一份可观的政绩，甚至被马英九列为其政绩中的"第一个关键成果"。⑤ 因此，就实际情况来说，马英九执政时期的"外交"政绩是不应该被完全否定的。但是，《自由时报》显然并未对马英九执政期间的"外交"政绩给予应有的认可，相关报道只求从负面角度对之进行否定。为了消解马英九引以为傲的获得 22 个"邦交国"关系这一政绩，《自由时报》引述相关批评，称台湾与这些"邦交国"的关系实际上十分脆弱。一篇报道引用蔡英文的抨击称："这种苟延残喘、施舍式的外交，根本是唾面自干、粉饰太平。"⑥ 此外，

① 罗添斌. 拖了 13 年 潜舰舰队梦难圆［EB］. 自由时报，2014 – 09 – 10.
② 周思宇. 讽募兵成效不彰"立委"：募黑人佣兵两岸作战好辨认［EB］. 自由时报，2014 – 11 – 14.
③ 姚中原. 军人节，"国军"快乐吗？［EB］. 自由时报，2014 – 09 – 03.
④ 罗添斌. 演习当儿戏？宪兵队丢了演习专用卡［EB］. 自由时报，2014 – 09 – 04.
⑤ 马英九 2016 年新年贺词，2016 年 1 月 1 日.
⑥ 曹伯晏. "立委"爆：6"邦交国"可能断交［EB］. 自由时报，2014 – 09 – 23.

《自由时报》还通过报道马当局在"外交"中所遇到的各类负面事件,来否定其"外交"政绩。比如,马英九任内曾努力推动台湾发挥作为国际"人道援助者"的角色,也是马英九高度认可的政绩之一,然而《自由时报》在报道中,所呈现的只是台湾在对外施援过程中所出现的各种问题。比如报道称,援助南太平洋岛国吉里巴斯建造平底船的经费遭到诈骗,"立委"质疑"外交部只汇钱不监督"。① 另外,"外交部"向洪都拉斯捐赠的救难飞机因被对方用作总统专机一事,也得到了《自由时报》的反复报道与负面建构。②

三、否定两岸政绩

在积极推动两岸关系的执政理念下,两岸政绩是国民党执政过程中的亮点。马英九执政期间,尤以开放两岸直航实施"三通"、陆客赴台观光人数逼近千万等为突出成果。"马英九执政七年来,推动了两岸和平发展,不仅惠及两岸,也为台湾争取了一个有利的经济环境,两岸三通及 ECFA 给岛内旅游等产业带来的增长,成为马执政时期有数的'亮点'。"③ 然而国民党执政所取得的这一系列重要成绩,正是绿色阵营所最不愿意看到的。因此,亲绿的《自由时报》在其报道中,努力地对国民党执政的两岸政绩予以否定。这一点在前两章的分析中,已经多有说明,这里再作简要补充。

在《自由时报》建构的两岸政绩议题中,国民党执政期间所努力推进的两岸政策不但未给台湾带来发展,而且还导致台湾产生了经济依赖、资金外流、技术外流、"国格"矮化、"国安"危机、民主倒退等各种"问题"。甚至综观《自由时报》对于国民党所有执政问题的问责,从某种程度上来说,几乎全部都可归因于国民党的统一主张及其两岸政策。比如一篇社论在对国民党执政导致经济衰落进行指责时称:"症结在于'意识形态治国'。换言之,他把经济当成政治问题处理,药方则是'终极统一',造成台湾经济的衰败。"④

《自由时报》对国民党两岸政绩的否定,其立论前提是对大陆的否定。

---

① 曹伯晏. 我援款"被诈骗""外交部":吉国应负全责 [EB],自由时报. 2014 – 10 – 17.
② 曹伯晏. 赠宏国总统专机?"外交部":救难用 [EB]. 自由时报, 2014 – 10 – 20.
③ 萧师言,李名山. 经济低迷招致抱怨　两岸政策成马英九最亮一笔 [EB]. 环球时报,2015 – 05 – 21. http://taiwan. huanqiu. com/article/2015 – 05/6487995. html.
④ 社论. 理性思考 FTA [EB]. 自由时报, 2014 – 11 – 24.

比如在阐述两岸关系发展导致台湾对大陆产生经济依赖问题之时,《自由时报》的言论首先建立在对大陆经济体的否定上。该报在社论中称:"国银对中国企业的放款,多数属于无担保,而中国企业财务不透明,甚至造假,乃普遍现象,因此国银与其说是承作贷款业务,不如说是拿着台湾民众的存款在中国从事类似赌博的行为。若赢了,就算股东的,输了就让全体台湾存款户,甚至纳税人买单。"① 对于产生恶劣影响的顶新食安事件,《自由时报》也将之看作是国民党发展两岸关系的结果。"台湾经济与中国深度连结必然带来高度风险,最近发生的一些风波恰好印证这样的看法。这些事件包括经营食品业起家,旗下康师傅泡面为中国第一品牌的顶新魏家,三度卷入黑心油风暴,反映所谓台商鲑鱼返乡问题重重。"② 报纸刊发的一篇读者投书质疑国民党发展两岸关系导致了技术外流:"台湾的鲍鱼养殖技术外流至中国,经过中国进行技术改良后,与台湾鲍鱼竞争市场,让养殖成本较高的台湾鲍鱼遭受严重冲击。"③ 在《自由时报》的话语中,经济与技术的依赖进而损害台湾政治,一篇特稿称:"马政权的两岸政策,不但没有化解两岸之间的政治分歧,'经济依赖'加速了两岸'政治失衡',当中国端出政治底牌,当然难招架。"④ 在这样的推论之下,《自由时报》建构了国民党的两岸关系政策与台湾政治地位衰落之间的关系。报纸还引用国外亲绿人士的评论称:"国民党政府六年来很不幸地,成功地让台湾在欧洲几乎'隐形',甚至将台湾描绘成'中国的(Chinese)',且总是从正面角度说明两岸关系。"⑤ 通过诸如此类的言论,《自由时报》为国民党塑造了两岸政绩毫无成果,却又大作虚假宣传的负面形象,并将多年来两岸关系发展中的进步予以隐匿,充分呈现了该报基于"台独"立场的两岸政绩报道偏向。

第三节　《自由时报》对于国民党治下
民众"幸福丧失"议题的建构

保障和提高民众的生活水平、为民众提供优质的公共服务,是政府工作

---

① 社论. 莫让鲨鱼与老虎猎食台湾 [EB]. 自由时报, 2014 - 10 - 13.
② 社论. 莫让鲨鱼与老虎猎食台湾 [EB], 自由时报, 2014 - 10 - 13.
③ 叶昱呈. 台湾农渔民做白工 [EB]. 自由时报, 2014 - 08 - 29.
④ 彭显钧. 错误的两岸政策　终究要撞墙 [EB]. 自由时报, 2014 - 10 - 13.
⑤ 曹伯晏. 太阳花遍地开　学运领袖受邀访欧 [EB]. 自由时报, 2014 - 10 - 27.

的一项基本职能。但从本质上来看，政府提供公务服务的目的"仍然是实现阶级统治，维持政治秩序，实现统治阶级的根本利益，主持社会正义"，①因此，政府对民众的服务表现也是统治者获取执政合法性资源的重要内容，一个政府若要获得民众的支持，它必须要在满足民众需要方面做出一定的成绩，并以此获得来自民众的正面评价。所以，任何执政者都会为确保自身的合法性地位不至于受到侵蚀而对外声称自己的执政是为了民众，而不是出于为了使自己获取权力、利益等其他目的。以满足民众需求为主要诉求的政绩合法性问题，本身也包含政治、经济、文化等多重面向，但综合起来可以被认为是一个关于为民众创造幸福感的问题。当一个政府能够为民众的各种需要提供保障条件时，民众就会获得关于幸福的切实感受，这个政府的施政就会因此被认为是有效的，而当民众的这些需求得不到满足时，他们就会落入不安全、无寄托、不幸福的感受之中，对于政府产生怨愤，责怪之声也会随之而来，政府的施政就会因此被认为是失败的。《自由时报》在"九合一"选举报道中，为实现对国民党在民众服务方面政绩的否定，从总体上建构了以台湾民众"幸福丧失"为框架的负面议题。具体来说，这种建构又可以分为民众薪酬不彰、社会贫富差距扩大、社会治理不力、公共建设问题重重等几个方面。

一、民众收入分配不均

收入分配问题本身是经济领域的核心问题之一，但是它所带来的社会影响并不仅仅表现在经济领域。收入分配中如果显著产生了薪资过低、分配不公等问题，不仅会影响经济的持续发展，而且还会带来社会的动荡甚至是政权的不稳。基于收入分配问题对政治合法性的重要影响，《自由时报》在报道中试图通过以民众薪资过低、物价上涨过快与贫富差距扩大等方面问题，对国民党执政时期的政绩予以否定。

《自由时报》在对收入分配问题的报道中，首先是对国民党治下民众薪酬过低的批评。该报通过刊发大量相关议题的新闻与评论，不断建构民意怨愤。一篇文章称："国民党执政时期，经济状况并没有比民进党执政时期好，甚至今年上半年实质平均薪资，不仅未回到民进党执政时期水平，且持

---

① 于凤荣. 公共服务理论与实践［M］. 哈尔滨：黑龙江人民出版社. 2009：26.

续倒退十六年，在马执政期间，人民日子过得苦哈哈。"①与对这种低薪问题进行指责相应的，是对受雇报酬GDP占比、工作超时、失业率居高不下等问题的批评。如有评论称："台湾GDP每年都有成长，但'受雇报酬占GDP'却是逐年下降至仅45%；台湾全年工时2140小时，达全球前5名的超长工时；青年失业率长期超过10%居高不下，且起薪仅25000元左右。"②还有一篇言论批评称，公权力部门在应对薪资过低问题面前，无力而且逃避："财政部长每天像念经一样，吹嘘着企业基本面如何如何的好，景气灯号一路开绿灯，GDP成长率坐几望几，但一谈到加薪，就顾左右而言他"。③"国民党明明在中央政府和国会完全执政六年半，人民平均薪水却倒退至十七年前，经济惨还有理由去怪别人吗？"④在这些言论中，"薪资倒退十六年"以及青年人"起薪22K"，都是用来指责国民党执政过程中薪酬过低问题的高频词句。事实上，"起薪22K"本是马当局在2009年失业潮期间推出的一项就业辅导计划，意在资助就业竞争力较弱的大学毕业生进入职场，在实习期一年时间内的薪资水平，大约有5%的三年内的毕业生获得这项资助。但始料未及的是，这个原为缓解失业率的方案，却被一些企业作为给薪标准，产生了事与愿违的结果。"22K"对于大学生来说，在台北生活将会十分艰难，因此马当局的这项失策项目，使"22K"不但成了年轻人低薪的代名词，也成为媒体及年轻人抱怨当局的一个专门术语。《自由时报》在报道中，通过反复对"22K"这一名词的借用，表达了它对于青年的支持，并以此消解民众对于国民党执政的信心。

在《自由时报》对国民党执政的批评建构中，与这种低薪问题相关的还有物价飞升问题。《自由时报》发表的一篇言论针对高房价问题埋怨称："社会上大多数人月薪只有几万块钱，甚至目前实质薪资水平倒退十六年的受薪阶级，面对双北市区房价所得比动辄达十倍以上，还是买不起！要不就买了房，却有付不完的贷款，一辈子沦为房奴。"⑤物价高涨问题的产生，必然需要由当局来承担责任，因此相关的指责都指向马英九当局。一篇新闻称，台湾所得最低20%（约164万户）家庭连续七年入不敷出，而低所得

① 苏芳禾. 扭转反商形象 先提具体政策［EB］. 自由时报，2014-09-16.
② 张家豪. "经济部"急 劳动不急［EB］. 自由时报，2014-08-21.
③ 赵伦. 加薪"亚洲倒数第二"有感［EB］. 自由时报，2014-11-10.
④ 邓蔚伟. 检方如果敢乱动 柯更稳［EB］. 自由时报，2014-11-25.
⑤ 魏世昌. 无壳有壳 蜗牛负担都重［EB］. 自由时报，2014-08-30.

家庭负储蓄金额最高的五年，"都在马政府任内"。① 有言论以猪肉价格为例，通过对比日本、台湾猪肉价格管理的差距，指责当局失职："政府稳定猪价的承诺一再跳票，不仅没有官员主动负起责任，连出面道歉都不可得。"该作者进而将物价问题与"九合一"选举的投票诉求结合起来，批评称，重要民生物资的物价无法缓和，"所引发的民怨是否反映在年底选票上，令人好奇"。②

与这种以低薪与物价问题指责当局的报道方式相比，一个更易于挑动民众神经的报道方式是建构贫富差距问题。贫富差距被认为与非正当手段获得政权一样，都是冲击政治合法性的重要问题。"贫富差距过大又缺少必要的社会保障制度"也会出现合法性危机。③ 对于贫富差距的舆论建构，能够诉求于中国人"不患寡而患不均"的心理，在激发阶级对立情绪方面会有明显效果。《自由时报》有言论称："台湾社会目前最大的问题，除了薪资停滞外，莫过于贫富差距悬殊"，④ "14% 的财富集中在 1% 的人手中"。⑤ 一篇评论将马英九执政时期的贫富分化问题与陈水扁时期作对比，称 2014 年最富 5% 与最穷 5% 家庭所得相差 85 倍，"比 2008 年陈水扁政府任满时的 65 倍，差之可说千里"。⑥ 这样的舆论建构，目的无非是要引出对国民党的批评。一篇评论指责称："我们的社会日益往两极化的方向发展，并且正在撕裂台湾这个共同体的结合基础：相互信任。造成这个现象的始作俑者，就是国民党。"⑦ 一篇社论也给予了类似批评，认为台湾产生这种"两极化"状况，是由国民党执政失败导致的："马政府的经济政策无法照顾多数人，其导致民众的切肤之痛便是社经地位向上流动机会变少、生活痛苦指数上升。"⑧ 除了对国民党执政导致贫富差距扩大进行批评以外，《自由时报》还进一步批评当局未能采取有效措施来解决这一问题。"政府其实有很多政策工具可以用，但马团队大官却只会'道德劝说打嘴炮'，爷们管中闵连个茶叶蛋都舍不得给，财、金部会对受薪族查税追税斤斤计较，对黑心的顶新财

① 郑琪芳. 所得倒退！164 万户家庭　连 7 年入不敷出［EB］. 自由时报，2014 - 08 - 25.
② 杜宇. 一片猪肉　分出日、台"政府"高下［EB］. 自由时报，2014 - 08 - 25.
③ 王照东. 政治文明视野中的权力问题研究［M］. 北京：中国社会科学出版社，2006：72.
④ 魏世昌. 富人富够了　穷人也穷够了［EB］. 自由时报，2014 - 10 - 25.
⑤ 李佳瑛. 回台湾快十年了……［EB］. 自由时报，2014 - 11 - 24.
⑥ 邱莉莉. 好野党看不到贫穷［EB］. 自由时报，2014 - 08 - 23.
⑦ 陈子瑜. 拼马友友经济［EB］. 自由时报，2014 - 10 - 31.
⑧ 社论. 沸腾的民怨早已超越蓝绿［EB］. 自由时报，2014 - 11 - 15.

霸却百般体贴，无保低息贷款动辄数百亿，选举一到就慷国库之慨为铁票发慰问金，就是吃定了劳工是一盘散沙，可以各个击破。"① 不但如此，还有言论指责国民党逃避责任，试图在对待贫富差距问题上通过玩弄统计数据欺骗民众。"马政府不想让你知道的数字告诉我们，马政府拼经济的成果，是富者越富，但是贫穷人口却愈来愈多，中低阶层无法有效累积财富形成'贫穷世袭'现象，也导致底层人民承受着无能马政府不公不义的苦果。"② 通过刊发诸如此类的言论，《自由时报》塑造了国民党执政在应对收入分配问题中的无能力、无担当、无诚信的形象。

二、社会管理低效

"社会管理主要是政府和社会组织为促进社会系统协调运转，对社会系统的组成部分、社会生活的不同领域以及社会发展的各个环节进行组织、协调、监督和控制的过程。"③ 任何一个政府，它都需要承担解决社会系统运行中可能存在的各种违法、违规、失序问题的责任，以确保实现社会系统的协调运转。虽然社会管理并不能完全依赖于政府主体，但当社会管理出现问题时，政府必须承担首要责任。社会作为人的生存环境，这个系统的良好运行是人们获得幸福生活的基本保障。因此，取得良好的社会管理效能，是一个政党获得执政合法性的重要基础之一。然而在现实中，由于社会管理内容极其复杂，而且通常还必然会产生不可控的突发事件，所以即便是一个各方面政绩都还不错的政府，也仍然可能会在社会管理方面出现问题，并因此遭来反对者的批评。综观国民党的七年执政，马当局在社会管理方面本身是有其值得肯定的成果的，比如为马英九所津津乐道的社会治安得到改善的问题，他曾在一场致辞中称，由于两岸共同打击犯罪效果明显，"目前是台湾18年来治安最好的时候"。④ 但是，在《自由时报》的报道中，马当局在社会管理方面的政绩显然遭到了隐匿，不但如此，报道中还有意突显了国民党治下社会治安事件频发的问题。该报引用第三方调查数据称："国民党执政的基隆市、台中市、台东县、新竹县包办安全指数未达60分的高风险'红

① 赵伦. 加薪"亚洲倒数第二"有感 [EB]. 自由时报，2014-11-10.
② 许建荣. 马"政府"和人民的距离等于贫富的距离 [EB]. 自由时报，2014-09-08.
③ 夏敏，索柏民. 政府知识管理新论 [M]. 北京：人民出版社，2014：205.
④ 陈君玮. 马英九：台湾18年来治安现在最好 [EB]. 中时电子报. 2014-02-07. http://www.chinatimes.com/cn/realtimenews/20140207005182-260401.

灯'县市,台中市更在五都吊车尾、唯一不及格;另在县市首长满意度排行榜部分,宜兰县长林聪贤首度夺冠,台南市长赖清德居次,高雄市长'花妈'陈菊稳坐第三。"① 对于治安问题较为明显的台中市,更是成为《自由时报》反复批评的典型。一篇关于台中富商遭绑架撕票案的报道中,记者引用网友言论,讽刺市长胡志强 2007 年以来,已向黑道宣战 23 次,"这样宣战密集程度,恐怖份子都吓到了"。② 在抨击国民党县市执政区域内治安问题频发之时,《自由时报》还试图帮助绿营建构有能力搞好治安的形象。一篇报道引用柯文哲的言论称,面对台北市的一场杀警案,市长郝龙斌应该查明真相,"台北市长参选人若当市长,第一步是扫除毒品,以医生的观点来说,这是很大的问题"。③ 报道通过对这一言论的引用,意在向读者传递柯文哲对治安问题极负责任的形象,与此同时也实现了对国民党现任市长治下治安管理不善的批评。

如果说台中、台北两市因为爆发了影响恶劣的治安事件使国民党难辞其咎的话,那么民进党治下的高雄所发生的严重的"气爆案"则理应受到同样的责难。对于高雄"气爆案",香港《大公报》曾评论称:"高雄气爆事件是岛内历年最严重的石化气体爆炸事故,造成 32 人死亡、308 人受伤,爆炸后多条主要街道如战场上的废墟一片狼藉、满目疮痍,经济损失达 19 亿新台币。作为高雄主政者的陈菊岂可凭一句'政治迫害',就能把责任推得一干二净?"④ 但是,对于高雄"气爆案",《自由时报》的报道完全持以相反的立场,从国民党的批判者立马变身为民进党的开脱者。该报一篇新闻称,高雄"气爆案"发生后,陈菊应高雄地检署传票出庭应讯,而且市府夸赞其"态度坦荡、尊重司法",与此同时,还引民进党人士对马英九的批评,称马在几年前的风灾事件中,检察官毫无侦办动作。⑤ 该篇在对"气爆案"进行报道中,通过这种两相对照的方式,不但将陈菊的负面形象予以消除,助其建构正面形象,更是以选择性办案为理由展开对马英九的批判,以此向国民党倒打一耙。另有一篇报道也采取了类似的报道方式,进一步淡

① 高嘉和,唐在馨. 县市安全指数 中市五都吊车尾 [EB]. 自由时报,2014 – 09 – 03.
② 无署名. 台中富商遭绑架撕票 "胡第 23 次向黑道宣战" [EB]. 自由时报. 2014 – 08 – 26.
③ 吴亮仪. 柯:当市长 首要扫毒 [EB]. 自由时报,2014 – 09 – 21.
④ 无署名. 高雄气爆案 陈菊难脱责 [EB]. 大公报,2014 – 09 – 26. http://news. takung-pao. com/paper/q/2014/0926/2754439. html.
⑤ 王荣祥,陈慧萍. 气爆事件 陈菊周四出庭应讯 [EB]. 自由时报,2014 – 09 – 23.

化"气爆案"对陈菊选情的影响:"谈到气爆重创高雄,蔡英文更力挺高雄市长陈菊,她表示,上周前往灾区勘灾,意外看到正在工作中的怪手,竟然写了'花妈加油'这四个字,这就是人民对这个执政团队最大的肯定。"①与此同时,报纸还配发各种支持陈菊的评论,在以读者力挺之名消除民进党县市执政责任的同时,反将矛头指向马英九,指责其救援行动过于迟缓。②

除了治安问题外,《自由时报》对国民党执政中社会管理问题的另一个集中批判是食品安全问题。因为食品安全问题关乎人的生命健康,民众对于食安问题的反应自然是十分强烈的。"九合一"选举之前爆发的顶新食安事件,波及整个台湾地区,让岛内民众无不对这一恶性事件产生愤怒之感。在这样的事件面前,当局当然具有无法摆脱的责任,它体现了当局在食安管理方面的疏漏。食安事件对国民党"九合一"选情的影响冲击是很大的。有诸多岛内人士评论认为,顶新案等食安问题的接连发生,是国民党"九合一"选举兵败如山倒的重要原因之一。③ 而在选举之前,《自由时报》显然认识到了食安问题是国民党选情的"痛点",因此努力建构食安问题的严重性,试图以之为凭借,尽可能地干预选情。该报引用国民党"立委"的忧虑称:"年底九合一选举在即,'选情确实会受影响',民众会认为'连食安都管不好,就是执政成绩不好',外界痛骂魏家时,也会问'政府在哪里?'"④ 在对这一事件的报道中,《自由时报》以海量的新闻不断冲击读者的脆弱心理,各种抨击当局的言论充斥版面。这些报道通常并不是将核心注意力集中于对事件本身的关注上,相关的评论也多不能体现足够深入理性的分析,它们的话语重心只是对当局进行反复责问。本来,顶新食安事件发生于民进党执政的屏东,因而民进党在这一事件上至少也应该承担一定责任,蓝营也曾以此为依据对民进党进行问责,但《自由时报》在报道中不但未对屏东县政府予以指责,反而积极为其开脱,将责任完全归咎于国民党"中央政府"。报纸发表台南市长赖清德的文章称:"馊水油会出现,在于食品安全结构性上出现问题。简单来说,中央政府没有对食品制作原料源头的有效掌握与建立管理机制,更没有产生废食用油的总量数据与流向稽核,加

① 陈慧萍. 选战倒数百天/蔡率军出阵 启动辅选 [EB]. 自由时报,2014-08-21.
② 吴忠宏. 高雄气爆灾区设立露天博物馆 [EB]. 自由时报,2014-08-25.
③ 新北报导. 顶新案失民心 蓝兵败如山倒 [EB]. 中国时报,2014-12-02. http://www.chinatimes.com/cn/newspapers/20141202000504-260107.
④ 王文萱. 食安连环爆 蓝委:选情受影响 [EB]. 自由时报,2014-10-15.

上藉由优良安全标章所建立的权威失灵，让许多具声誉的业者也跟着受池鱼之殃。地方政府稽查只是在后面亡羊补牢，无法阻却违法于先，即使能及早查获，也无法阻止已售出的问题食品被消费者吃下肚子。"① 在这样的逻辑下，《自由时报》将食安问题的责任完全推给了马英九当局，国民党（而非民进党）成了食安问题所引发民怨的发泄对象。有言论称："顶新油案造成整个社会极端的愤怒，应该分成两部分。一是对顶新集团的，另一是对马政府的。"② 一篇文章甚至称，"有什么样的政府，吃什么样的油"，③ 将国民党执政与食安问题的发生建立了必然性的联系。报纸还引用蔡英文的批评称，食安问题让台湾在国际上形象受损："总统马英九让台湾在国际上很没面子，马政府执政七年，馊水油、塑化剂、毒淀粉、瘦肉精等食安危机频传，人民连吃都不安全……"④ 在这样的罪责追问下，《自由时报》进一步激发民怨，诉诸国民党下台。"2012 年国民党再度完全执政，经过了两年多，台湾人目前处境已经是'黄金十年，满身毒油。'中国国民党的政治权贵、国共联手培养的黑心商人，一个个赚得饱饱地，只有他们在享受'黄金十年'，台湾 2300 万人则陷入'满身毒油'的绝境之中。"⑤ 通过这样的报道，《自由时报》最终将诉求指向于"九合一"选举。一篇评论称："唯有在这次大选用选票表现出人民的愤怒，才能再度成为国际新闻焦点，凸显台湾人对伪劣食品的厌恶，以挽救美食王国的形象和商机，这是为了顾全国家和人民利益，不得不做的选择。"⑥

三、公共建设落后

公共建设因为是与民众利益密切相关的政府服务，而且易于量化，所以常常被执政者当作重要政绩内容予以积极开展。政府通过开展公共建设项目，能够为公众提供整洁的公共环境、便利的公共设施，使人们产生相应的幸福感和自豪感，有利于提升他们对政府的信心，并促使他们对执政者的执政绩效予以正面评价。因此，公共建设作为政绩合法性的重要作用是显而易

① 赖清德.　"中央"主导　地方负责［EB］.　自由时报，2014 - 09 - 19.
② 许又文.　马友友黑心集团［EB］.　自由时报，2014 - 11 - 02.
③ 林钰雄.　有什么政府　吃什么样的油［EB］.　自由时报，2014 - 10 - 20.
④ 朱则玮.　食安恐慌　蔡呛马：人民只能喝米酒？［EB］.　自由时报，2014 - 10 - 27.
⑤ 邓蔚伟.　黄金十年　满身毒油［EB］，自由时报.2014 - 11 - 04.
⑥ 张学逸.　拯救美食王国［EB］.　自由时报，2014 - 11 - 28.

见的，就台湾地区来说，每逢选举，无论是国民党还是民进党，都曾高度重视公共建设对于选举的作用。例如在 2004 年台湾地区领导人选举前，陈水扁就曾推出"扩大公共建设方案"，以此刺激选情。① 理所当然，在"九合一"选举过程中，蓝绿两营关于政绩议题的争论，公共建设也是焦点之一。在对这一议题的报道中，《自由时报》采取了以对国民党执政（包括地区执政与县市执政）中的公共建设成绩予以否定为主，以对民进党的县市执政政绩予以肯定为辅的基本策略。

具体来看，《自由时报》对于国民党执政中公共建设问题的负面建构包括五个方面。一是项目建设失败问题，即指责相关建设未能达到真正的公共服务效果。比如在对作为台中市重要政绩的 BRT 项目的报道中，报纸引用市民的抱怨，指责 BRT 运行存在延误及间隔不均等问题，以此表达对胡志强工程政绩的否定。② 台北的"大巨蛋"项目，被指不但没有现实意义，而且会损及社会成本。"台北大巨蛋的环境与交通冲击是无解的难题，这颗马郝共孵八年的'黑心蛋'，让台北市民付出极为庞大的社会成本，现在郝龙斌还决定摧毁台北机厂珍贵的铁道文资，以及广慈博爱院的珍贵绿地森林……"③ 针对基隆市的"月眉路都市计划道路拓宽工程"，该报不断追踪报道，批评其专为服务特定民众而建："5 亿元公帑，拿来替特定业者开路？"④ 二是工程弊案问题。比如同样在"月眉路都市计划道路拓宽工程案"的报道中，《自由时报》积极建构其中存在严重弊案问题的可能性。在一篇报道引"廉政署"清查结论称，四年来 2 亿元以上的重大公共工程标案中，"共查出 9 笔弊案及 40 件违失案"。⑤ 三是经费分配不均问题，指责"中央政府"重北（国民党主要县市执政区域）轻南（民进党主要县市执政区域），在建设经费投入方面分配不公。一篇评论质问道："中央政府在建设方面也严重南北失衡，都市发展已趋完善的台北市不仅得到政府最大经费的挹注，同时又有各项重大建设投入，完善、快捷、舒适的捷运规划系统，岂是高雄市或其他县市能望其项背？"⑥ 一些新闻报道抓住"中央政府"对蓝

---

① 李立. 台湾政党政治发展史 [M]. 北京：九州出版社，2014：185.

② 杨政开. 台中的 BRT "火车" [EB]. 自由时报，2014 - 09 - 24.

③ 游艺. 九龙黑心蛋 [EB]. 自由时报，2014 - 10 - 04.

④ 林嘉东，吴升儒，卢贤秀，吴政峰，李欣芳. 5 亿工程传弊　基市 18 议员列被告，[EB]. 自由时报，2014 - 08 - 21.

⑤ 吴升儒. 清查公共工程　正本项目揪九弊案 [EB]. 自由时报，2014 - 11 - 10.

⑥ 卓春英. 高雄人活得不耐烦？ [EB]. 自由时报，2014 - 10 - 11.

营县市执政有所眷顾的倾向进行揭批,一篇报道称,江宜桦借视察之名为国民党澎湖县长候选人苏昆雄辅选,并"允诺打造新台华轮,18亿元的经费全数由中央买单"。① 对于绿营关于"中央政府""重北轻南"的指责,马英九回应称,"中央政府"对民进党执政的台南市的经费补助其实也是有所增加的,但该市市政却发展落后,台南不应该怪罪"中央政府"。但是报纸引用台南市长的反驳称:"台南合并升格后的竞争力评比从第12名进步到第8名,六年来马政府没有在台南新增任何建设计划,都是延续民进党执政的建设,马政府没有理由批评台南等南部县市,而是应提升国民党执政的竞争力争取民众认同。"② 在这样的争议之下,蓝绿两营究竟谁是谁非,已经很难让人辨认。四是经费浪费问题。比如有言论对国民党执政的苗栗县建设问题质疑道:"近年来县府大张旗鼓四处'建设'不但让财政赤字不断攀升,一个60万人口的县,竟累积达500亿元债务,平均每个县民背债超过7万元,还因此被专业财经媒体评为'财政状况濒临脑死',位居全台之末。"③ 与此类似,还有报道称,国民党执政的南投县拖欠工程款居全台之冠。④ 这样的指责同样也针对"中央政府":"马政府执政七年大幅举债,是扁时代的两倍,却看不到那些重大建设,只见弊案连连,如新生高架桥工程、美河市与双子星弊案等,不胜枚举,连捷运文湖线也不断出状况,核四更不知追加多少预算。"⑤ 五是借工程政绩骗选票问题。"近年来,只要选举一到,各项匪夷所思的政治性工程开工典礼,如未核定计划、未完成设计、未完成招标的工程,甚或管线调查、管线迁移、路树迁移、引道先期工程等,都可以盛大办理所谓开工典礼,只是典礼一结束,工程就停摆。"⑥ 在对选前举办工程典礼的质疑中,最典型的是对台中市在选前举办歌剧院试演活动的批判。报纸引民进党候选人的批评称,胡志强不应为应对选举,不顾民众安危自秀政绩,而应该"建设归建设,选举归选举"。⑦ 该报还配发评

① 钟丽华. "立委"批江揆:假视察真辅选 [EB]. 自由时报,2014 – 11 – 27.
② 黄文锴,黄欣柏. 每年多给台南百亿经费?赖阵营:马为选举编数字 [EB]. 自由时报,2014 – 11 – 17.
③ 吴璧任. 烟火建设烧谁的钱? [EB]. 自由时报,2014 – 11 – 14.
④ 苏芳禾,陈信仁,杨宜中,唐在馨. 拖欠工程款 投县府41亿最多 [EB]. 自由时报,2014 – 08 – 28.
⑤ 邓鸿源. 政府败家 纳税人选票自救 [EB]. 自由时报,2014 – 10 – 06.
⑥ 江耀宗. 老捷运人心声 [EB]. 自由时报,2014 – 11 – 11.
⑦ 陈建志,张菁雅. 台中歌剧院赶工试演 林批选举秀 [EB]. 自由时报,2014 – 11 – 21.

论称:"台中歌剧院确实盖得不错,但是工程迄今尚未完工,更没完成履勘、验收等程序!尚未依法勘验的大型公共建物,为了市长的参选而拼命办活动,违法滥权至为明显,更重要的是,如果这些活动过程有任何闪失,该谁负责?还不是倒霉的基层公务员!"① 受到同类质疑的,还有新北市。《自由时报》刊发评论称,朱立伦为欺骗民众,在工程项目的可行性并未获得通过的情况下,举办"有问题的开工典礼"。② 通过凡此种种的否定,《自由时报》建构了国民党在公共建设方面假公济私、欺骗民众,并无多少政绩的负面形象。

与此相对,《自由时报》对民进党县市执政建设情况的报道,却持以相反的立场偏向。因为民进党也拥有多个县市的执政,为了在"九合一"选举中得到更多支持,该党也需要努力彰显他们在公共建设方面的政绩。在激烈的选举竞争中,国民党对于民进党县市执政中所取得的政绩,自然也是努力对之予以否定,以消解民进党的地方执政合法性。在这种情况下,《自由时报》担当起作为民进党辩解者的角色,凡是民进党的建设项目,该报都予以积极称颂。比如同样是在选举前试运营的高雄市新总图书馆项目,报纸配发评论予以高度评价,称该市图书馆建设"令人非常感动"③。这一态度,显然与对台中市选前歌剧院试演一事的报道形成了强烈反差。与此同时,《自由时报》还积极回应国民党对民进党公共建设政绩的否定,努力维护民进党的政绩形象。比如针对高雄捷运建设争议一事,报道引用绿营人士回应称:"高雄捷运建设逐渐有成,大众运输使用率快速提升,相反的国民党不论从中央到地方,每天唱衰高捷,还指高雄不该盖捷运……"④ 通过这种完全相反的方式,《自由时报》在政绩合法性层面,表达了对蓝绿两营不同的立场偏向。

① 杨宏祥. 尚未勘验, 若有闪失…… [EB]. 自由时报, 2014 – 11 – 25.
② 许建荣. 市长三环三线 市民三条线 [EB]. 自由时报, 2014 – 09 – 19.
③ 邱炳进. 高雄人的图书馆 令人感动 [EB]. 自由时报, 2014 – 11 – 25.
④ 施晓光, 王荣祥. 马辅选扯高雄人短命 高市府: 夭寿话 [EB]. 自由时报, 2014 – 10 – 09.

第五章 技术运用：《自由时报》"九合一"选举报道合法性偏向的形式建构

在前面三章中，本书从内容层面，即意识形态合法性、制度合法性、政绩合法性三个方面对《自由时报》"九合一"选举报道中的政治合法性传播偏向进行了分析，本章接下来将从方法层面上对《自由时报》"九合一"选举报道中的合法性传播偏向作进一步考察。

正如前文所揭示的，《自由时报》在这场选举报道中，是站在绿营的立场上，以对国民党的政治合法性进行消解为主要话语诉求的。然而，该报对于这种报道偏向的建构并非都依赖于直接的内容表达，在其背后，也隐藏着多种形式的报道技巧。这里，我们从新闻选择、信源引用、新闻编辑及传播说服四个方面，来对《自由时报》"九合一"选举报道中的合法性偏向建构技巧进行分析。

第一节 《自由时报》合法性偏向建构的新闻选择

新闻选择指的是媒体记者在各种纷繁复杂的事实面前，选择对其中某些有价值的事件予以报道的行为和过程。"对现实生活中发生的事实加以鉴别，选出新闻媒介值得传播的事实，这就是新闻选择。新闻选择仅仅是对事实的选择。"① 从新闻生产的角度来看，新闻选择是整个生产过程中较为初始的阶段，也是具有决定性的阶段，因而意义突出。正是因为它很重要，所以新闻选择必须遵循一定的标准，以确保所选新闻具备应有的新闻价值，并符合客观、公正、全面等的原则、规范。然而在现实的新闻实践中，新闻选择往往会受到有意地操弄，致使媒体产生主观性偏向。在《自由时报》的"九合一"选举报道中，该报即以具有明显倾向的新闻选择，来对国民党的

---

① 李良荣. 新闻学概论（第5版）[M]. 上海：复旦大学出版社，2013：338.

执政合法性进行负面建构，以此诉诸选民不要将选票投给该党候选人。

具体来说，《自由时报》在"九合一"选举报道中，体现出了两个比较显著的新闻选择策略，一是负面化新闻选择方式，一是典型化新闻选择方式。

一、负面化新闻选择方式

《自由时报》在对"九合一"选举报道中，充分运用了负面化新闻选择方式，从总体上塑造了国民党治下台湾地区当局无能、发展倒退、未来无望、民怨四起的现实景象。前文曾经指出，《自由时报》对于这场选举的报道，采取了以对国民党进行否定为主、对民进党及柯文哲进行肯定为辅的策略，因而其报道中负面的新闻与评论占比最高。这虽与国民党本身拥有一定数量的负面新闻有关，但更主要地是由《自由时报》在报道中以优先选择负面事件作为新闻来源的倾向所导致的。

这种负面优先的新闻选择首先体现为在对国民党相关活动报道中对新闻事件的"避重就轻"。一般来说，国民党举办各类活动，比如选举造势活动，其本意都是在于对本党进行正面展示，所以活动本身的正面诉求必然大于其负面诉求。但是，《自由时报》在对这些活动进行报道中，由于预先设置了负面优先的选材标准，其报道必然会避重就轻，经常侧重于选择活动中能够体现负面价值的小事件、小插曲作为报道对象，以此实现喧宾夺主、弱化活动正面主题、消解国民党正面形象的效果。贝内特曾说，"对新闻故事中易于判断为是正面还是负面的个体的关注，可以使新闻受众将自己的私人情感和想象直接投射到公共生活上面"，[①] 因此，《自由时报》负面性的新闻选择，显然会对受众心理产生影响，并进而会对他们的投票行为产生诱导作用。在具体的表现中，《自由时报》尤为偏好选择国民党人物在公开活动中偶发的主观失误或遭到民众抗议等负面事件。前者比较典型的例子如多次报道马英九口误问题。比如有报道特意关注马英九一次为吴志扬站台时，三次错喊"市长选志强"；[②] 又有一次把"行政院副秘书长"错称为"行政院副院长"，把当过三届县议员的林沧敏说成"当过三年县议员"；[③] 还有一次大

　　① 转引自斯坦利 - 巴兰，丹尼斯 - 戴维斯（著）；曹书乐（译）. 大众传播理论：基础、争鸣与未来 [M]. 北京：清华大学出版社，2004：32 - 33.

　　② 邱奕统. 马桃园辅选 3 呼"市长选志强" [EB]. 自由时报，2014 - 11 - 10.

　　③ 吴为恭. 彰化/打尊卓牌　马王背书林沧敏 [EB]. 自由时报，2014 - 11 - 28.

清早对来宾说"晚安"；① 等等。除了关注马英九的口误外，还有一些现场意外事件也受到该报的关注。比如，一篇新闻报道国民党籍候选人胡志强出席会议时，有意将他上台时差点跌倒的负面细节作为新闻的标题和重点，而将会议本身的内容置后；② 一篇对连胜文造势活动的报道，将连演讲时人潮流失、麦克风失灵等进行细节描写；③ 一篇对国民党一个后援会成立现场的报道，详细记述了受旗代表摇旗时旗帜突然脱落，而摇旗者一度不知情继续挥舞旗杆的滑稽场景；④ 等等。另外，《自由时报》还尤为喜好在对国民党的活动报道中突出该党内部成员之间的不团结氛围，描写他们的尴尬互动细节。比如在一篇报道中，该报描述了马英九与王金平比邻而坐时的场景（二人之前因发生了"马王政争"而被认为存有间隙），文章对马英九的表情变化进行了特别呈现：在听取"中评委"黄清男批评王金平时，马"脸上挂满了笑容"；但当黄清男突然话锋转而又批评马英九的律师赖素如时，"让马的笑容顿时消失，表情相当尴尬"。⑤ 这样的报道，通过对负面细节的有意选择与呈现，达到了对国民党人物的嘲讽效果。

　　与此同时，《自由时报》还十分注重选择报道各类活动中的民众抗议事件。此类报道尤其以民众对马英九、连胜文的抗议言行最为显著。在《自由时报》的报道中，"呛马"作为表示马英九在公开场合被呛声的专用术语，也是一个高频词汇。以该报对国民党9月14日召开全代会的报道为例，相关报道并未对国民党这一重要会议的议题与流程有所关注，只是详述场外反对者的抗议，对民团组织"呛马"并与警方发生冲突、基层党代表与党中央意见不一等负面事件进行了报道。⑥ 一篇对连胜文拜票活动的报道中，称连"频遭呛声、陈情"，有白发阿嬷呛称："连胜文就是权贵！三代公务员哪来这么多钱？就是农地变建地啊！"该报对于"双十节"活动的报道，更是如此。对于这一本来当属台湾地区重要活动的报道，该报并未对节日庆典活动本身予以足够关注，却专门选择报道民进党对节日的批评及民众的抗

　　① 王寓中. 大清早出席活动　马道"晚安"［EB］. 自由时报，2014 - 09 - 25.
　　② 蔡亚桦. 和马郝朱合体　胡上台差点跌倒［EB］. 自由时报，2014 - 09 - 04.
　　③ 郭安家，陈彦廷，卢姮倩. 蓝要角齐现身挺连　马又被呛［EB］. 自由时报，2014 - 11 - 07.
　　④ 施晓光. 大阵仗扫街被呛　马：反应热烈　续办［EB］. 自由时报，2014 - 10 - 31.
　　⑤ 彭显钧. 中评委质疑赖素如涉贪没坐牢　马变脸［EB］. 自由时报，2014 - 09 - 16.
　　⑥ 施晓光，王文萱，余雪兰，谢银仲，吴世聪. 国民党全代会　基层轰党：只有派系与财富［EB］. 2014 - 09 - 15.

议行动,① 以此弱化并否定这一节日的意义。② 大量的抗议报道下,报纸向读者建构了国民党不得人心、总是被人们踊跃反对的形象。这样的新闻选择方式,显然是《自由时报》试图消解国民党执政合法性的有效方式,有助于该报实现对"九合一"选举进行舆论干预的目的。

二、典型化新闻选择方式

"九合一"选举是一场极为复杂的综合性地方选举,《自由时报》在对这场选举的报道中,采取了典型化的新闻选择方式对之予以简化处理。在新闻价值标准中,新闻事件的重要性或显著性是新闻选择的重要参考依据。从这一层面上来说,《自由时报》在"九合一"选举报道中选择报道典型对象有其合理性的一面,然而这其中的问题在于,该报对于新闻报道对象的选择,并不是真正地以客观公正为前提而从事件的重要性或显著性上来进行的,而是以其负面性以及对国民党选情的冲击程度为标准来进行的。也就是说,有些事件,即便是正常来看有其重要报道价值,但只要是它无助于对国民党予以否定,都不会成为该报的重点报道对象。比如前文所提到过的国民党全代会、台湾地区"双十节"等活动,该报即采取避重就轻的手法,对事件的核心部分给予了淡化处理,只选择对其中的负面细节予以报道。此外,选前发生的"张显耀案""鼎新油案""十二年国教案""军公教年慰金案"等均是《自由时报》集中予以负面报道的新闻重点,所刊相关文章十分密集。而相比之下,关于绿营的负面新闻则少了很多,即便是有一些关于绿营的负面事件无法避开,报道也会通过一定的倾向,帮助消解其负面效应。比如,选前民进党台北市议员爆出婚外情,这种事件在选举中通常都会成为焦点新闻,但《自由时报》在报道中显然给予了刻意淡化,并在一篇以《'世坚情'伤选情? 党内评估:冲击不大》为题的报道中,为消解其负面效应放大声援舆论。③

这种基于负面诉求的典型化新闻选择策略更加突出的体现在《自由时报》的人物报道中。因为具有特定倾向的典型人物报道不但可以对其自身形象产生某种塑造作用,也会同时对其所属的整个群体的形象产生影响,所

---

① 苏芳禾,姜翔. 民团凯道抗议 高喊"马吃馊水"[EB]. 自由时报, 2014 - 10 - 11.
② 陈彦廷,郭安家. 连市场拜票 乐生青年呛声 [EB]. 自由时报, 2014 - 11 - 21.
③ 林恕晖. "世坚情"伤选情? 党内评估:冲击不大 [EB]. 自由时报, 2014 - 09 - 04.

以对人物进行典型化建构常常是媒体在试图达到某种宣传目的时积极采用的报道手法。如在 2003 年伊拉克战争中,美国《新闻周刊》即通过典型化塑造萨达姆反面形象的手段,建构美国对伊发动战争的正义性。[①] 这种手段自然也适用于政治选举报道。因此在"九合一"选举报道中,《自由时报》通过对典型人物的批判报道,能够帮助其获得"以点带面"的效果,实现对整个国民党所有候选人的负面建构。在该报对典型人物的负面报道中,有两个人是最典型的报道对象,即马英九和连胜文。马英九身兼国民党主席和地区领导人职务,报纸对他予以集中批判,最能达到"擒贼擒王"的效果。如果通过一定的舆论建构,能够将马英九这个"核心领袖"的形象完全推倒,那么这显然也会对整个国民党予以沉重打击。因为只要将马英九与国民党的一切问题相绑定,就能促使人们将自己对马英九的负面情绪转移到整个国民党以及该党的所有候选人身上。《自由时报》也曾经在社论中就领导人支持度与选民投票倾向的相关性作过表述:"特别当国家元首的支持度下降时,被归类为同颜色的选民就会开始游离,成为隐性选民,或不表态,或不投票,或甚至改投他党。"[②] 依此观点,《自由时报》对马英九的努力批判,显然是有助于该报表达"九合一"选举诉求的。该报在报道中,诸多情况下无论事大事小,均会对马英九进行问责,将马英九个人作为否定整个国民党执政合法性的符号人物。由于马英九被建构出了极具负面色彩的个人形象,在选举中一度成为国民党的"票房毒药",坊间甚至传出了"投给某某某就是支持马英九"的声音。[③] 比如,民进党在新北市召开记者会,主题即为"票投朱立伦,就是支持马英九",以此呼吁选民拒绝为国民党候选人投票,"避免台湾未来再被'第二个马英九'掌控"。[④] 在云林,民进党四处张挂"票投张丽善,就是支持马英九"的布条,还因此引起国民党籍县长候选人张丽善差点以"意图使人不当选的奥步"为由对民进党提出控告。[⑤]《自由时报》一篇社论称,张丽善"扬言要提告"的行为,所间接证明的即是"票投某某某,就是支持马英九"这句话的杀伤力。[⑥]

① 李希光,周庆安. 软力量与全球传播 [M]. 北京:清华大学出版社,2005:198.
② 社论. 超越蓝绿,人民作主 [EB]. 自由时报,2014－11－06.
③ 社论."次要敌人"与"统一之友" [EB]. 自由时报,2014－11－05.
④ 何玉华,赖筱桐. 游锡堃阵营:投朱＝投马 [EB]. 自由时报,2014－11－16.
⑤ 廖淑玲,林国贤,郑旭凯,蔡文居."票投张丽善,就是支持马英九"是奥步? 张丽善喊告 李进勇阵营反击 [EB]. 自由时报,2014－11－17.
⑥ 社论. 马英九"总统"的期中考试 [EB]. 自由时报,2014－11－20.

　　将连胜文作为对国民党候选人的负面典型进行建构，也是因为他在这场地方选举中同样具有一定的标志性意义。连胜文参选市长的台北市，是台湾地区的"首善之都"，也是国民党县市执政的主轴区域，而且对于整个台湾地区的政局发展具有重要战略地位。台湾地区时任领导人马英九与前任领导人陈水扁，都曾做过台北市市长，并以此为跳板进而成功竞选地区领导人。因此，台北市长选举，对于国民党的县市执政版图布局意义十分重大。在"九合一"选举后，曾有智库评论认为，国民党丢掉台北市"有可能对台湾未来的政治格局造成深远影响"。① 实际上，"九合一"选战期间的台北市长之争，蓝绿两大阵营也都绝未怠慢，各自均投入了极大的精力。正因如此，这场选战也是《自由时报》所报道的焦点，而连胜文也成了该报在对国民党县市长候选人进行负面报道中的第一典型。在很大程度上，《自由时报》对国民党所建构的许多负面形象，诸如"政商同盟""权贵集团"等，其实都主要来自于对连胜文个人负面形象的塑造，实现了十分显著的"以点带面"效果。然而事实上，在这场选举中，连胜文的个人情况并不代表所有的国民党候选人，因为并非所有的国民党候选人都出身富贵家庭。另外，也并非所有的绿营候选人都出身于平民，所谓"权贵"与"平民"的阶级对立只是绿营与《自由时报》这样的亲绿媒体以典型化手段建构而成的。但是，《自由时报》对国民党人物进行典型化建构的这种话语手段，并不是一成不变的。一个显著的例子是在不到两年之后的 2016 年台湾地区领导人选举中，民进党推出了远比国民党参选人洪秀柱出身富贵的参选人蔡英文，虽然国民党对蔡发起同样的攻击，将其称为"千金小姐""娇娇女"②，但《自由时报》这次显然并没有延用它在"九合一"选举中屡试不爽的"权贵－平民"话语。由此可见，对于该报来说，所谓的负面典型建构，只是针对国民党，而非针对民进党，这与事实上的谁对谁错，并无多少关系。

第二节　《自由时报》合法性偏向建构的信源引用

　　新闻信源指的是新闻记者获得新闻信息的来源，它可以来自直接的受访

① 瞭望智库. 台湾"九合一"选举：国民党为何惨败？　[EB]. 共识网，2014 - 11 - 30. http://www.21ccom.net/articles/tgzc/20141130116846 _ all. html.

② 无署名. 批蔡英文　施明德酸千金大小姐、洪秀柱讽娇娇女 [EB]. 华夏经纬网：2015 - 05 - 28. http://www.huaxia.com/xw/twxw/2015/05/4423476. html.

对象，也可以来自对于第三方的间接引述，还可以作为一种新闻背景在报道中出现。"对记者及其新闻来源的研究，其根源来自于关于偏见、权力和影响的问题。"① 因而，信源引用可以被认为是媒介产生偏向的一种形式。以信源引用的差异量化来论证媒介偏向，已经有许多学者进行过尝试，如菲科及其同伴曾以这种方式（他们所用的概念为"Story source"）对 1996 年美国总统大选中的媒体报道偏向问题进行的研究。② 从新闻报道的基本规范上来说，新闻的信源选择应该坚持不偏不倚的公平公正原则，即报道中应该平衡引用新闻事件所涉及的各方面声音，让各方观点得到同样的尊重，以此避免报道产生片面性。这一原则也适用于报纸评论，即报纸的评论版块应该充分发挥其作为公共意见平台的作用，给予不同读者发表不同观点的机会。但事实上，《自由时报》显然没有遵守这样的原则，反而正是通过单向的信源引用，努力表达其倾向性话语，试图对公众意见形成干预。综观《自由时报》"九合一"选举报道的信源引用情况，其偏向性特征主要体现在倾向于引用绿方信源、倾向于引用来自第三方及国民党党内的负面信源两种方式。

一、偏向引用绿营信源

在对《自由时报》"九合一"选举报道的考察中，明显可以看到该报在以蓝绿两营作为信息引用来源方面的偏向性。举个例子，由于"立委"具有其职业角色的特殊性，往往会积极为本党争取利益，是对选举活动进行言论干预较多的人，他们的言论或行为自然是选举期间各媒体关于选举报道的重要信息来源之一，因此本研究对《自由时报》"九合一"选举报道的全部样本中关于"立委"的信源引用情况进行了比较，尝试发现该报在蓝绿"立委"信源引用方面的量化区别。结果通过对"立委"一词检索发现，全部文本中出现国民党"立委"386 次、民进党"立委"508 次（是国民党的132%），明显可以看出报在以"立委"为引用信源中的蓝绿差别。而且在这一数据对比中，还没有考虑到样本中多数关于国民党"立委"的文字还是作为批判对象而出现的实际情况。

依常理来说，国民党作为"执政党"，并且在县市执政中也占有绝对优

---

① ［美］乔根森，［美］哈尼奇. 当代新闻学核心. 北京：清华大学出版社，2014：108.

② Fico，Frederick；Cote，William Fairness and Balance in the Structural Characteristics of News-paper Stories on the 1996 Presidential Election ［J］. 1999，76（1）：129.

势，选举过程中与之相关的事件会相对更多，因而媒体在对这场选举的报道中也会更多引用作为主要当事者的国民党方面的信源。但显然《自由时报》在报道中只做到了一半，即报道的事件虽然确是多与国民党相关，但其信源引用方面却偏向了民进党及柯文哲方面。这样就产生了一种矛盾，即事件或行为是国民党的，而相关的释读却是民进党与柯营的。其结果便是，整场报道必然会是以绿营对国民党进行否定、批判为主的偏向性报道。例如《台商返台投票机票五折　绿告发蓝贿选》① 一文，虽然是关于亲蓝群体——台商的事件报道，但通篇并未出现事件当事人的声音，仅引用国民党发言人寥寥数字的回应以及连胜文的简短回应，而留以最大的篇幅引用民进党的反面质疑。在报道的文字数量上，除去对事件本身进行记述的文字外，属于国民党方面的回应仅为 159 字，而属于民进党与柯文哲的回应则多达 477 字，整整是国民党的三倍。另一篇关于"行政院"调整退休军公教年终慰问金发放基准的报道也同样如此。该报道引述多位民进党人士对"行政院"的质疑，称国民党团通过调整发放标准是依仗其"人数优势"，"让发放标准得以逐年调整，早已预留政策买票的空间"，而对于国民党方面的报道，则仅仅提到其回应"这是基于照顾弱势"，所引信源比重只能算作是"一笔带过"而已。②

这种以绿营为主要信源、以国民党为主要批判对象的报道方式，是《自由时报》对国民党执政合法性予以消解的重要策略。这种报道策略所能够带来的效应，可以用心理学上的"否定性心理偏差"来解释，即心理学认为，"否定"可以带来负面的心理作用，"否定性容易使人会将注意力放在负面的事情上，而且会超过其他可能经验，逐渐产生一种失衡"。③ 因此，《自由时报》的否定性信源引用能够对受众产生负面心理感染并能够进而将之诱导转化为倾向性行动。这种策略也被绿营称为捡掉"最烂苹果"的选举诉求方式，即在舆论中努力将蓝营建构成"最烂的苹果"，这样即便是绿营也很"烂"，但它只要是"第二烂的苹果"，在选民没有第三种选择的情况下，他们就不得不选择绿营这个"第二烂的苹果"。关于"捡掉最烂苹果"的这种说法，《自由时报》在一篇评论中，即以连胜文、柯文哲为例进

---

① 陈慰慈，施晓光，涂巨旻，卢姮倩，苏芳禾.台商返台投票机票五折　绿告发蓝贿选 [EB].自由时报，2014 – 10 – 23.
② 曾韦祯.年慰金发放基准放宽至25K预算早编了 [EB].自由时报，2014 – 08 – 31.
③ 彭怀恩.大众传播辞典 [M].台北：风云论坛有限公司，2010：221.

行过论述。① 不过, 与将国民党建构为"最烂苹果"的报道倾向相对,《自由时报》也并没有将绿营建构成"第二烂的苹果", 当然也没有为绿营是"好苹果"而进行极力辩护。它所呈现的特征便是隐匿自我, 突出对手, 只通过大量的关于国民党的负面新闻与评论来消解其执政合法性, 而并不特意主动培植绿营执政的合法性, 以此实现它的偏向性诉求。

二、偏向引用第三方及国民党党内负面信源

除去以上所述《自由时报》倾向于引用绿营信源外, 该报在对第三方意见的引用上, 也是有所偏向的。具体表现为, 该报对第三方信源的引用也是以对国民党的否定为主的, 而对于支持国民党的第三方声音则基本不予选用。本来, 第三方信源在新闻报道中往往能够给人以中立的印象,"冲突双方相互谩骂的话就不如独立的、没有利益瓜葛的第三方说的话公正",② 因而第三方信源的说服力往往优胜于当事人, 在新闻中的作用十分关键。在台湾, 有许多各种各样的小型民团组织及政党, 它们常常会在各个问题上发出自己的不同声音, 有很多都可以被当作摆脱蓝绿的第三方意见被媒体作为中立性信源进行选择。《自由时报》也不例外, 它在对这场选举的报道中也多会选择第三方信源, 不过, 其选择标准却是单向的, 即大多都是以否定国民党、支持绿营为基本立场的, 该报只是借用了它们的第三方身份, 以"中立性"为幌子强化自己的媒体偏向。有些时候, 该报为表达"第三方"对绿营的支持, 会在同一议题上连续引用多家亲绿组织的意见对国民党进行"围攻"。这些"围攻"有时会以对同一议题的多篇报道来体现, 有时会以在单篇报道中的多方引用来体现。前者如该报在 8 月 22 日关于"张显耀案"的报道中, 多篇文章中仅有一篇来自于当局方面, 且以"检调不同调"为题强调了检方与调查局在案件处理中存在分歧的问题。而与此相对, 其他报道则分别以民进党、"台联党"、亲民党、国民党党内的反对者、张显耀自身以及张的老家邻居等方面的质疑为来源, 其中多数属于对"第三方"负面信源的引用。后者如 9 月 11 日一篇关于货贸问题的报道, 文中引用了包括"台联党""岛国前进"团体、"民主阵线"团体等多个方面对于货贸

①　陈慧萍. 看连柯. 蔡丁贵:先捡掉最烂苹果 [EB]. 自由时报, 2014 – 09 – 09.
②　李希光. 初级新闻采访写作 [M]. 北京:清华大学出版社, 2013:119.

的反对,以多种"第三方"负面信源对国民党予以"围攻"。① 报纸在引用
"橘营"宋楚瑜的观点时,也都是引其反对国民党的那些观点。比如针对连
胜文说胜选后要把"市府路"改为"经国路"一事,《自由时报》采访宋
楚瑜,宋表示:"蒋经国在世时,从未用自己的名字定过一条路,也没有做
过人像,搞个人崇拜之事。"② 该报还倾向于引用其他亲绿媒体中关于国民
党的负面新闻。如一篇质疑连胜文是"投资中国大户"的报道中,引用了
《新新闻》的质疑,称连家有资产在大陆,"若未来台北市长是投资中国大
户,中国是否会有意无意伸手来管台北事务?"③ 此外,可以作为第三方意
见的网友评论也被该报选择性引用,通过大量负面的网友评论,基本上建构
了国民党在网络舆论中人人喊打的形象。比如报纸在一篇关于连胜文网络直
播的报道中称:"不断有网友对连胜文避重就轻的说法感到不满,直接在
PTT 网页上留言吐槽……"④ 随后,该文将不满的评论进行列举呈现,却对
网友评论中的正面支持选择了视而不见。

　　除了注重选择来自于对手阵营及第三方的信源来建构国民党及其候选人
的负面形象以外,《自由时报》还注重选用来自国民党内部的反对意见作为
信源。这种方法可以被看作是一种"以敌攻敌"的策略。"以敌攻敌"可以
产生"攻心"、制造"内讧"、瓦解对方"军情"的效果,有时候是一种极
为有效的攻击手段,曾在一些战争传播中被广泛使用。如美国在 2003 年攻
打伊拉克时,即采用过这种宣传策略。⑤ 在"九合一"选举报道中,《自由
时报》借助国民党不团结的党内实情,通过有意呈现国民党党内的反对声
音,一方面对国民党的不团结形象予以展示,另一方面建构了特定对象
(如马英九、连胜文)在党内的孤立形象。如一篇关于国民党召开十九届全
代会的新闻报道中称,国民党基层党代表频频开炮,称该党只有派系与财
富。⑥ 这种来自内部的批判,显然会比外界的批评更为有力。在一篇关于基

---

　　① 黄佩君,江志雄,朱则玮. 躲躲藏藏　货贸礁溪密谈 [EB]. 自由时报,2014 - 09 - 11.
　　② 苏金凤,郭安家,陈彦廷,邱燕玲. 市府路改经国路? 宋:蒋不搞个人崇拜 [EB]. 自由
时报,2014 - 11 - 24.
　　③ 卢姮倩,郭安家. 被质疑是"投资中国大户"连:胡扯 [EB]. 自由时报,2014 - 09 - 26.
　　④ 郭安家. PTT 乡民有约/理财有道? 连自爆赔光私募基金 [EB]. 自由时报,2014 - 09 - 23.
　　⑤ 赵雪波,周哲. 现代国际传播大事件　案例与分析 [M]. 北京:中国传媒大学出版社,
2014:95.
　　⑥ 施晓光,王文萱,余雪兰,谢银仲,吴世聪. 国民党全代会　基层轰党:只有派系与财富
[EB]. 自由时报,2014 - 09 - 15.

隆市月眉路拓宽弊案的报道中,文章除了引用民进党对国民党政治操弄的批判,另引述三位国民党基隆市议员对于本党的质疑,称国民党为了选举而专门操作,但全文并未选择发表国民党官方对各种批评的回应。① 在军工教年终慰问金一事上,《自由时报》引用身为连营市政顾问团成员的前"卫生署长"杨志良的批评,称"这是侮辱所有退休军公教","根本就是公开卖票",② 并于次日的评论版块中,连发三位"退休公职人员"的投书,响应称年终慰问金一事实为国民党的买票行为,一位"退休公职人员"甚至表示:"看到废票联盟呛声要求恢复年终慰问金,我以退休公职人员的一份子深感蒙羞受辱!"③ 这样的偏向性信源引用方式,对于瓦解泛蓝支持者的团结意识自然会产生一定作用。

第三节　《自由时报》合法性偏向建构的新闻编辑

如果说新闻与信源选择是整个新闻生产流程较为前端的把关控制的话,那么在此基础之上的新闻编辑可以被认为是中、末端的把关控制。作为对媒体内容进行二次加工并确定其最终呈现样态的编辑工作,同样可以通过特定的策略来建构话语偏向。"编辑话语是蕴含在编辑活动中的一种话语实践,它不仅是构成思考、产生意义的方式,也是构成它们试图控制的那些主体的思想意识、心智活动及情感生活的要素。"④ 在平面媒体中,编辑过程的话语表达可以通过对新闻标题与内容的修改调整、对报刊版面的设计修饰以及对新闻文章的排列组合等方式来实现。在台湾,报纸在编辑方面有一种被称为"苹果化"的特征,其实就是它们热衷于表达编辑话语的表现形式。"苹果化"源自于2003年香港《苹果日报》赴台湾创刊后所引发的台湾各媒体的效仿风潮,基本特征是利用突出的文字、图片及版式设置以制造煽动性。《自由时报》也是深受"苹果化"影响的纸媒之一,其在"九合一"选举报道中,这种特征同样十分明显。本研究基于所选择的样本来自于该报的电子版(网页式),这里从其电子内容文本所能体现的新闻标题偏向与篇章组

---

① 俞肇福. 民进党:国民党为选举一鱼三吃 [EB]. 自由时报,2014 - 08 - 22.

② 俞泊霖,陈彦廷,王文萱,邱燕玲. 杨志良轰军公教年终慰问金买票 [EB]. 自由时报,2014 - 11 - 15.

③ 林光义. 年终慰问金　卖票逼买票 [EB]. 自由时报,2014 - 11 - 16.

④ 王金茹. 论编辑话语的基本特征 [J]. 吉林师范大学学报(人文社会科学版),2007 (4).

合偏向两个层面来考察它的编辑话语偏向。

一、偏向性标题加工

对于一篇新闻报道来说，标题具有显著的重要性。"有数据调查显示，标题是大多数读者在翻阅报纸时首先阅读的版面元素，是吸引眼球的第一视觉元素。"① 新闻标题往往是新闻的浓缩，可以发挥吸引受众及表达编辑思想的功能，其引导作用有时甚至超过新闻主体部分。在对记者稿件进行二次把关的新闻编辑过程中，为适应版式设计需求或表达倾向的需要，对新闻标题进行修改是一种常见策略。在对《自由时报》"九合一"选举报道进行分析中，我们能够明显发现一些文章存在标题语意与主体内容不一致的地方，让人推测认为这是编辑加工的结果（即便这种推测并不必然为真）。具体来看，该报在标题加工方面拥有以下两种倾向性特征：

一是对标题予以误导性简化。虽然对标题进行简化往往是出于适应版面限制的需要，但"标题中所叙述的事实、所传达的观点、所阐述的意义等都应该是在全面衡量新闻报道内容基础上而进行的提炼，要让读者从标题中读出的意思和新闻报道中反映的含义一致"②。然而在对《自由时报》的标题进行考察时，我们却可以看到标题与内容不对应的时有发生。这种情况极有可能是编辑有意加工的结果。如一篇批评报道本来批评的对象是曲棍球协会，内容主要是说该组织涉嫌诈领公款，然而该报道的标题却被误导性地简化为《"立委"爆：林沧敏诈领曲棍球补助》，将涉事主体由曲棍球协会偷换成该组织理事长，即身为国民党"立委"的林沧敏。③ 另一篇关于蒋丙煌接任"卫福部长"的报道中，内容引用蒋丙煌的原本说法是："既然接了，就有心理准备面对挑战……我不能保证未来的食安都没问题，毕竟杀头生意还是有人做，虽然无法给出保证，但我可以负责……"④ 但标题为了达到负面效果，有意断章取义，拟为《蒋丙煌上任 食安不敢保证》，以表达蒋丙煌无力解决食安问题之意，对蒋决心承担的思想本意进行了歪曲。这种对于标题的误导性简化，显然暴露了报纸编辑的偏向性干预目的。

---

① 杜波，张西静．韩卫娟．实用报纸编辑［M］．北京：清华大学出版社，014：156.
② 杜波，张西静．韩卫娟．实用报纸编辑［M］．北京：清华大学出版社，2014：171.
③ 曾韦祯．"立委"爆：林沧敏诈领曲棍球补助［EB］．自由时报，2014－11－13.
④ 林惠琴，钟丽华．蒋丙煌上任 食安不敢保证/首位食品专家掌卫福部［EB］．自由时报，
2014－10－23.

二是赋予标题评论化效果。新闻的一个重要原则是要遵守客观性,即"新闻报道应追求其报道内容的不偏不倚与公平性"。^① 因此,作为对新闻事实进行简化与压缩的新闻标题,更应该坚守客观公正原则。如果新闻标题产生了评论化倾向,那么它就沦为一种表达观点的工具,显然是不符合新闻客观性标准的。但在《自由时报》的编辑操作中,常常可以看到采用评论性标题方式表达媒介立场的现象。这种现象大致分为两类,一类是"妄下定论",即将新闻事件中未得证实的可能情况,在标题中轻率地下结论。如一篇标题为《郑丽文节目 批马被消音》的报道,^② 其标题含义是郑丽文的节目因批判马英九而被停播,但事实上,报道内容中并未提出实质证据证明郑丽文节目停播是因为"批马被消音"。另一类是"以观点为题",即通过引用文中人物的观点作为标题,以此取代对新闻事实的概括。例如《外患罪办张显耀?"除非高检署赞成两国论"》一文,^③ 标题中有意通过对特定观点的引用,来回答前一句的设问,以此表达报道的话语倾向,将矛头指向马英九当局。如果说这篇新闻的标题不管怎样其评论部分都还做到了用引号标注的形式对"客观性原则"予以遵守的话,那么在另一篇文章标题《教部的微调连治标都没有……台联:应恢复基测》^④ 中,则已明显无视语法上的引用规范,暴露出其评论化操作的蓄意性。这篇新闻虽然所要报道的是"台联"的言论,但从句式上来看,该句标题的前半部分已经不再应该属于对第三方的引用,而应算作该报的自有意见,即"教部的微调连治标都没有……"这半句的意义,是《自由时报》自己所要表达的。而且在句后加上省略号的处理方式,还体现出了一种嘲讽式的语气。这种标题评论化的编辑方式,无疑是与《自由时报》试图消解国民党执政合法性的目标相一致的。

二、偏向性篇章组合

以《自由时报》电子版(网页式)文章作为样本进行考察,虽然看不

① Karen Sanders(著);郑郁欣,林佳谊,蔡贝仑(译). 探究新闻伦理 [M]. 台北:韦伯文化国际出版有限公司,2008:75.
② 邹景雯. 郑丽文节目 批马被消音 [EB]. 自由时报,2014-11-14.
③ 项程镇,林庆川. 外患罪办张显耀?"除非高检署赞成两国论" [EB]. 自由时报,2014-08-22.
④ 陈仔轩. "教部"的微调连治标都没有…台联:应恢复基测 [EB]. 自由时报,2014-08-31.

到其纸质版的空间化的编排方式，但是能够于同一天的文章类型及主题分布中看出其篇章组合情况。从传播效果上来看，对于稿件的组合配置"有助于提高受众新闻选择的易得性，降低选择成本，从而提高受众选择几率"，①使新闻信息得到更好的接收；但是从传播偏向上来看，对于稿件的组合配置往往可以呈现出某种倾向，从而形成编辑话语。篇章组合能够表达传播偏向的原因是其不但可以体现编辑室最初的选题布局，还可以体现编辑室在稿件筛选及组合过程中的某种考虑。所以，通过对媒介产品最终的编排特征进行回溯，可以在一定程度上揭示新闻编辑在篇章组合中所要表达的话语思想。本书依据《自由时报》"九合一"报道（电子版）所刊发文章的组合情况，总结出其具有两种倾向性编辑话语表达的形式，即一种是对国民党进行负面形象强化的组合形式，另一种是对国民党进行正面形象消解的组合形式。

一是旨在对国民党进行负面形象强化的篇章组合。首先，表现为对有关国民党同类主题负面新闻的重复刊发。事实上，在"九合一"选举期间，《自由时报》关于国民党的负面新闻虽多，但其所能依托的事件却是有限的。所以，《自由时报》中关于国民党的负面议题主要来自于对有限事件的反复炒作。在这种情况下，该报的有些新闻报道明显产生了某种程度上的同质化倾向。比如该报在对"军公教年慰金"一事的报道中，就将这一本来很简单的事情设置成了一个重要议题，随时拎出来作为对国民党进行批判的依据。虽然无论从新闻价值标准来说，还是从版面资源的有限性来说，重复刊发同质性较高的文章都是不合适的，因为它不但违背了新闻报道求新、求简的要求，而且还造成了资源浪费，但《自由时报》在对这场选举的报道中，显然没有按照这一标准来做。

其次，是配发大量对国民党进行倒戈的各类评论。《自由时报》的评论主要有四种形式：社论、特稿、投书与专栏。其中，社论是媒体的官方言论，它可以直接表达媒体的立场偏向。特稿是记者的评论性文章，它在《自由时报》中并不被编排于评论版块，而是夹在消息版块之中，用于对相关新闻事件进行评判，因此对读者的新闻释读具有重要引导作用。需要强调的是，特稿虽然是新闻记者的个人观点，但由于记者身份的特殊性及其位置的特殊性，所以在很大程度上也可以看作媒体的官方言论。相对而言，投书的作者较为多元，主要为市民、官员等，来自各行各业，作者也不固定，它

---

① 梁媛. 新闻编辑 [M]. 长沙：湖南大学出版社，2007：230.

与作者相对固定的、主要为媒体评论员的专栏一起,是代表第三方观点的评论形式。但由于《自由时报》所刊第三方言论都是单向的,所以事实上投书与专栏所表达的观点也依然是该报官方所想要表达的观点。在对与国民党相关的某一负面事件进行报道中,为达到最有效的否定效果,《自由时报》通常会采取"1事实+N评论"的篇章组合形式来进行议题建构,即针对一个事件,配发多种类型的负面评论,其中既包括关于事件本身的新闻报道中大量引用的亲绿人士的否定性评论,也包括代表媒体观点的社论与特稿的否定性评论,还包括代表民众及专业人士的投书或专栏等方面的否定性评论。

在针对同一事件所配发的多篇评论中,同质化现象同样十分明显,最为极端的是多篇内容相似的评论被刊发在同一天的报纸版面上。比如9月5日的言论版块中,该报同时发布了两篇对于郝柏村关于"台湾前途由全体中国人决定"这一言论的批判文章——《郝柏村害惨郝龙斌》《小蒋会枪毙郝柏村吗?》。同样,"馊水油"事件后,《自由时报》也在同一日的评论版块中,连发三篇同主题的文章——《食药署长良心何在》《用头发想也知道的谬论》《该换管食安的当署长了》,对"食药署长"的言论进行轮番批判。所以总体上来看,《自由时报》试图以评论组合方式进行舆论建构的倾向是十分明显的。

二是旨在对国民党进行正面消解的篇章组合。虽然《自由时报》"九合一"选举报道在整体上优先选择关于国民党的负面新闻,但偶尔也会刊发少量从正面报道个别国民党候选人的文章——这或许是出于掩护其"公正性"形象的需要。不过,即便是这些作为少数的对于国民党的正面报道,《自由时报》也不会放过对它们的及时消解。通常情况下,每当刚刚发布对于国民党的正面报道之后,该报即会通过同时搭配负面文章的方式,抵消这一报道的正面效应。这种篇章组合方式可以被称为"负面抵消"策略。举个例子,《自由时报》在《马批民进党:少数霸凌　民主最大的危机》这篇报道中,记述了马英九批判民进党"停止暴力、内耗的焦土抗争,回归民主正道,'用文明说服人民'"的言论,[①] 等于是从正面角度对国民党进行了报道,但与此同时,该报另外刊发一篇否定文章,引民进党及"太阳花"学运带头人士的驳斥回应,称"毁宪乱政、践踏民主,是经过法院认证的,

---

① 王寓中,王文萱,施晓光. 马批民进党:少数霸凌　民主最大的危机 [EB]. 自由时报,2014-09-15.

马总统才是民主的害虫"，① 以此将前一篇报道的正面效应予以抵消。同样，在对一些国民党候选人的报道中，这种策略也十分常见。例如 8 月 25 日关于台中两位候选人的报道，前文《再赞 BRT 马喊"用脚挺老胡"》从正面报道了国民党候选人胡志强任内的 BRT 项目，随后即刊发否定报道予以"抵消"，引民进党台中市长参选人林佳龙对 BRT 的否定称："台湾大道原本应兴建捷运蓝线，计划遭中央取消，导致蓝线从 MRT 变成 BRT，最该负责的人就是马英九，马应该先向台中市民道歉，才来评论台中交通。"② 同样的策略还存在于对其他多位候选人的报道中，如关于屏东两位候选人的专访，前一篇写道，国民党籍的简太郎批判称："屏东县沦为全国最贫穷的县市之一，这就是长期绿色执政下的结果。"③ 但随后一篇文章中，即摆出民进党籍候选人潘孟安在专访中对这一批判的回应，称这乃是由"中央"资源分配不公所致。④ 这样的报道方法，在平衡报道的掩护下，实现了对国民党正面形象的消解。而相比之下，《自由时报》对于民进党的正面报道，却并不积极于追求这种"平衡"。

第四节 《自由时报》合法性偏向建构的说服策略

传播者为实现特定的主观宣传意图，通常会在传播活动中运用一些说服技巧，以达到说服目的。"说服技巧指的是在说服性传播活动中为有效地达到预期目的而采用的策略方法。"⑤ 关于传播说服的考察是传播研究中较为主流的一脉，自霍夫兰开启耶鲁学派的说服研究以来，媒介说服研究一直都是传播学界的关注热点。大众媒体在进行有意图的传播活动过程中，往往会通过一些说服技巧来实现其传播效果，比如语言运用、逻辑安排等。传播说服策略往往是将特定的态度或隐或显夹带在传播内容中，以此影响接收者的思想或行为。经典传播学家对于大众传播媒介在说服技巧方面的研究已经有了较为丰富的成果，成为今天我们对传播活动进行分析的重要参考。在对

① 苏芳禾，陈凤丽，陈文婵. 民进党驳斥：毁宪乱政 马才是民主害虫 [EB]. 自由时报，2014 - 09 - 15.

② 张菁雅. MRT 变 BRT 林佳龙：马应道歉 [EB]. 自由时报，2014 - 08 - 25.

③ 李立法. 问鼎台湾尾 简太郎：行政高手 治理县政 [EB]. 自由时报，2014 - 08 - 21.

④ 侯承旭. 问鼎台湾尾 潘孟安：基层熟手 延续建设 [EB]. 自由时报，2014 - 08 - 21.

⑤ 郭庆光. 传播学教程 [M]. 北京：中国人民大学出版社，1999：203.

《自由时报》"九合一"选举报道进行分析的过程中,我们可以明显看到它在政治合法性偏向诉求中所体现的一些说服策略。通过总结,这里提出该报在这场选举报道中运用较多的十种说服策略:

一、诉诸情感。20 世纪 30 年代,哈特曼曾以实验研究的方法证明了"诉诸情感"相对于"诉诸理性"具有更为突出的说服效果的结论。梅尼菲也于 1940 年的研究中确认,基于感情诉求的说服效果可能比诉诸理性更为显著。①《自由时报》在"九合一"选举报道中,其"诉诸情感"的成分明显是大于"诉诸理性"的。该报在新闻报道中,往往通过一定的素材选用来表达其情感倾向。比如前文所说过的关于"张显耀案"的报道中,该报为了诱导读者对张显耀予以同情,报道了张的邻居对他小时候"乖巧孝顺"的评价以及张不可能犯案的评论,并对张的父母年迈及患病情况予以着墨,② 颇有动之以情的效果。另外,在对柯文哲的报道中,《自由时报》也试图以悲情化的描述建构柯文哲的被动形象,以此博得读者同情。柯文哲虽是独立参选人,但他也有自己的助选团队,更有绿营的广泛支持,但是报道有意建构柯文哲"孤立无援"的处境,如引用柯文哲的自我评论,称自己"一人要对抗整个党国机制"。③ 这种敌强我弱的情感诉求,在一些评论文章中更为显著,如一篇评论称:"柯 P 只是台大医生,有什么黑材料可挖? 不过区区 MG149 而已! 换个思考方向:如果可以动用党国机器,像国民党对付柯 P 般,连胜文早就一刀毙命了。"④ 这篇评论更是以《这样的国民党非推翻不可!》作为标题,体现出了强烈的愤怒情绪,其情感煽动的意味十足。

二、辱骂法。本质上来说,辱骂法是一种诉诸情感的极端形式。在说服策略中,利用辱骂的言辞能够将作者的情绪直接传递给受众,以达到对辱骂对象的否定效果。正如有学者称:"给一个观念或人冠上一个恶名,则一般人会不经仔细验证就相信那个观念或那个人是坏的。这种方法经常被用于政治斗争中来斗倒斗臭对手。"⑤《自由时报》在"九合一"选举报道中,常常引用绿营人士对国民党的谩骂攻击,以向读者传递对国民党的负面情绪。

① 安月英. 信息传播学 [M]. 北京:气象出版社,2002:13.
② 佟振国,蔡淑媛. 张南投老家邻居:不该乱扣帽子 [EB]. 自由时报,2014 - 08 - 22.
③ 涂巨旻,郭安家,游蓓茹. 柯:连早就在打负面选战 [EB]. 自由时报,2014 - 10 - 06.
④ 金恒炜. 这样的国民党非推翻不可! [EB]. 自由时报,2014 - 10 - 07.
⑤ 翁秀琪. 大众传播理论与实证 [M]. 台北:三民书局,1993:50.

这些谩骂攻击既体现在新闻消息中，更体现在新闻评论中。如该报在关于"张显耀案"的一篇报道中，引用民进党"立委"的批判，称"总统""无知、愚蠢"，"国安会""违法滥权"，而相比之下，文中所引国民党的回应则苍白无力。① 在该报的评论文章中，这种辱骂更显赤裸，侮辱性的言辞有时被用到极致。如一篇评论以《'他，马的'，贱到这款!"》为题，以双关语气表达对马英九的辱骂。② 还有一篇报道以《那些不要脸的公务员》为题，列举"张显耀案""十二年国教案""农委会高薪案""郭冠英案""赖素如案"等事件中国民党的"劣迹"，分别以一遍遍的"不要脸"之辞痛骂，并称："要改善拓清此一现象，唯一之途就是阻止国民党继续拥有全面性的强大政治权力，年底的'七合一'选举（当时尚未被确定为'九合一'），2016 的大选，是台湾人民'投票不投降'的最后机会。"③

　　三、恐吓法。恐怖诉求是詹尼斯和费希贝在 20 世纪 50 年代证实的一种说服方法，它是通过以利害关系作为依托对受众进行恐吓来实现说服目的的一种方法。他们的研究结果证明，适度的恐吓诉求会对受众具有一定的说服效果。④ 虽然后来也有一些研究产生了与之略有不同的结果，但恐吓与说服的相关性基本上得到了确认。在选举传播中，恐吓诉求可以表现为"你投了某党，将会如何如何"，或者"你不投某党，将会如何如何"这样的恐吓话语。例如《自由时报》有评论称："国民党赢得台北市、台中市与彰化县，稳如泰山，弱者若想对抗这个权贵统治的世界，只能采取类似关厂工人与失地农民所做的，卧轨、堵路、绝食或自杀，以求唤起政府或舆论的一点注意力。"⑤ 这种话语即是以对未来的恐怖预测，诉诸公众拒投国民党。在对国民党两岸政策进行否定的过程中，该报所刊发的评论也纷纷打出恐吓牌，认为国民党未来持续主政后，台湾会"失去优势的市场，没有获利的可能，法律保障不足的环境，将导致台商溃不成军"。⑥ 一篇评论还借助香港"占中事件"在台湾引起的抵触情绪称："国共合体加上愚民媒体，台湾

---

　　① 曾韦祯，曹伯晏，王文萱. 民进党团：金如地下总统［EB］. 自由时报，2014 - 08 - 21.

　　② 金恒炜. "他，马的"，贱到这款!［EB］. 自由时报，2014 - 09 - 30.

　　③ 邓蔚伟. 那些不要脸的公务员［EB］. 自由时报，2014 - 09 - 02.

　　④ 李彪，郑满宁. 传播学与认知神经科学研究工具、方法与应用［M］. 北京：人民日报出版社，2013：115.

　　⑤ 林宗弘. 发自未来，给台湾公民的信息［EB］. 自由时报，2014 - 11 - 24.

　　⑥ 钟国元. 老共吃定老 K［EB］. 自由时报，2014 - 08 - 21.

会很惨！搞不好比香港还惨！到头来只能靠年轻人出面、出手拯救的惨！"①这样的恐吓言论，无非是要让民众拒投国民党，推倒它的执政。

四、暗示法。暗示法在传播说服中具有独特的作用。"当媒介传播具有暗示性内容，人会由于情感作用展开联想、想象、从而出现'变延'现象，而其结果往往会带来负面效应。"②《自由时报》在"九合一"选举报道中，即采用了大量的暗示手法。如一篇报道在记述柯文哲座车遭追尾时称："在对手不断激化选情的当下发生车祸，让柯幕僚相当担心，将调阅监视录像带评估是否增加维安。"③这一句话所暗含的意思是，车祸可能是由反对者操纵，通过这种暗示，该报有意让大家将怀疑对象指向国民党。一篇特稿在报道"张显耀案"中称："马政府处理的过程有太多的'疑点'。隐藏在背后，隐含着更严肃、更严重的问题：两岸互动是否藏有不可告知之事？"④该文以此质问，暗示马英九当局在两岸关系处理中存在更多出卖台湾利益的行为。暗示法有时还可以通过暗指那些大家都心知肚明的含义，以达到"打擦边球"的讽刺效果。这类暗示方法的运用，鲜明地体现在《自由时报》对柯文哲暗示性语言的选用上。比如一篇报道引用柯文哲的指控称："目前台湾社会复杂的政商关系、权贵世袭现象赤裸裸地表现出来，才是让人火大之处……"⑤该文明显意在指责连胜文的权贵世袭问题，但通篇并未提及连胜文的名字，达到了一种大家心知肚明，却又不主动明说的暗示式说服效果，这种方法在一定程度上表达了一种对方是"权贵"，我们"敢怒不敢言"的讽刺意义。

五、标签法。标签是一种以固定的词句作为话语符号，通过反复运用以表达某种倾向的说服方式。这些标签往往也具有一定的幽默讽刺效果，易于传播、易于记忆。"标签新闻最大的特征便是模式化、脸谱化，有选择地对事件细节进行加工整合，抹平新闻发生背景的不同，甚至隐蔽地剥夺受众的个体判断，多是以偏概全的说法。"⑥在《自由时报》"九合一"选举报道中，高频出现了各种用于批判国民党的标签词句，比如用以指称马英九的

①　李君仪. 罢课与公投［EB］. 自由时报，2014-09-23.
②　徐国源. 传播的文化修辞［M］. 台北：文史哲出版社，2008：11.
③　涂巨旻，王文萱，刘庆侯. 赶场座车遭追撞　柯吓一跳［EB］. 自由时报，2014-11-17.
④　彭显钧. 低级恶斗　践踏国家体制［EB］. 自由时报，2014-08-21.
⑤　涂巨旻，卢姮倩. 柯：台湾权贵世袭　令人火大［EB］. 自由时报，2014-09-04.
⑥　邵娟. 媒介传播中的"刻板印象"及"标签化新闻"浅析［J］. 中国记者，2014（09）.

"九趴总统"，指称连胜文的"富二代""靠爸""连公子"，指称国民党集团的"权贵"，以及在报道中经常使用的语句"别让胜文不开心""国民党不倒，台湾不会好""支持马英九，就是支持某某某"等。这些标签均夹带着明显的批判与否定，建构了国民党及其候选人的负面形象。如一篇评论称："这次九合一选举，'权贵'与'钱贵'吃相最难看。"① 这里的"权贵"标签指称的即是连胜文、连战家族，而"钱贵"指称的是亲蓝的台湾首富郭台铭。与此相对，反观《自由时报》对于民进党人士及柯文哲等人的报道，却并没有相应的负面标签。

六、拆招法。拆招法是通过将对方私密的行为目的、行动策略予以公开展示，以消除对方的神秘性，为相关批判提供依据，并提醒公众采取防范或应对行为的一种说服策略。《自由时报》对于这一方法的运用主要表现为对国民党选举策略进行大量的猜测性公示，而这种公示又多含抹黑、污蔑的成分。报道屡次引用民进党及柯文哲对国民党可能采用选举"奥步"手法的揭露，比如选前报道柯文哲的预测称，"对手还有买票、绑桩、赌盘、司法、媒体广告及谣言等'六大战术'可用"，"若最后两周对手将六大战术一次用上，他真心认为自己不一定能赢得选战。"② 同样，该报还引用民进党人士对于选民的提醒："国民党可能动用包括买票、发动黑函、国家机器介入选举、国家资源滥开地方竞选支票等四大奥步，呼吁选民协助共同防范。"③ "选战最后要清楚明辨'一颗子弹、二行眼泪、三人成虎、四个小孩、五体投地'等五大奥步。"④ 除了预测式的"奥步"揭露，也有以负面角度对国民党现行选战策略的分析拆解。例如一篇新闻在关于台商动员活动的报道中称："国民党还特别拉高动员规格，除中国台商系统已陆续在台湾22个直辖市、县市成立台商台湾后援会，在中国地区138个台商协会也将针对会员整理户籍名册，下月29日动员返台投票；并配合国民党提供在台各地亲友名单、联络方式，做为直辖市、县市长参选人竞选总部电话催票、书信动员之用。"⑤ 这样的报道对国民党的选举方法、选情状况进行公示、

① 王景弘. 空头支票买台湾［EB］. 自由时报，2014 - 11 - 28.

② 蔡亚桦，卢姮倩. 柯：敌六大战术全出 我未必会赢［EB］. 自由时报，2014 - 11 - 12.

③ 李欣芳，陈慧萍. 民进党：国民党可能出四大奥步［EB］. 自由时报，2014 - 11 - 19.

④ 陈慧萍，曾韦祯. "看见"国民党弊端 民进党广告 3 连发［EB］. 自由时报，2014 - 11 - 21.

⑤ 施晓光. 国民党深化组织战 动员台商［EB］. 自由时报，2014 - 10 - 05.

暴露，无疑对于消解国民党的正面形象，向读者传递负面情绪是有明显帮助的。

七、唱衰法。唱衰法是通过对对手力量的否定，降低受众对对手的信心，从而实现某种说服目的的一种策略。《自由时报》在报道中，即通过不断对国民党的选情进行唱衰，以及提前向公众预设蓝败绿胜的选举结果，试图说服公众不再对国民党抱以期望。事实上，"九合一"选举是一场结果出人意料的选举，在未开票之前，大量的选前民调并未有效预测出国民党的大败，多数民调的结论都还是认为国民党能够取得过半胜绩的。但是《自由时报》的选前报道却并未正视这一主流预测，它提前在社论中称："年底的超大型选举，即将为台湾新的权力生态揭开序幕，'大明王朝'注定落日照大旗、马鸣风萧萧了。"① 在一些关于国民党事务的具体报道中，该报也极力塑造其无力的形象。比如针对国民党在党代会上营造团结氛围一事，一篇特稿批评称，这是一场为了选举而上演的造势戏码，"但这种老把戏看在民众眼中，其实早已无感，尤其在中央执政无力，选举气势拉抬不起来的现实下，戏角无新意，自然很难感动人心。……像极桌上的赌客，推出手上所有筹码'梭哈'，但在距离投票还有70多天的时间，难免给人已经'王牌出尽'的味道！"② 在一些对于国民党造势活动的报道中，《自由时报》也以场面萧条的细节建构来表达对国民党选情的唱衰目的。如一篇报道称："身兼党主席的总统马英九首度和新北市长朱立伦同台造势，营造团结胜选气氛，但党籍市议员候选人不捧场，42人仅约三分之一到场接受授旗，其余不是缺席就是派代表出席。"③ 相比之下，对于民进党则予以积极报道，充分表达对选情的乐观情绪。一篇报道引用民进党的说法称："除了绿色执政县市稳定领先外，台中、基隆、澎湖民调皆有'两位数'领先，彰化也有微幅领先。党内干部指出，台中若赢，民进党就是九席起跳，民进党将从离岛澎湖、北台湾基隆、中台湾重镇台中市，一路挥军北上，由地方包围中央。"④ 这种对待选举结果的不同态度，显示出《自由时报》运用唱衰手段的针对性。

---

① 社论.外斗外行 当家又作乱［EB］.自由时报，2014-08-27.
② 施晓光.逼宫变尊马 选举利益摆第一［EB］.自由时报，2014-09-15.
③ 郭颜慧，赖筱桐，陈韦宗.马新北授旗 仅1/3议员选将到场［EB］.自由时报，2014-11-10.
④ 苏芳禾.绿看好：赢中市 九席起跳［EB］.自由时报，2014-11-18.

八、小丑化。小丑化是一种通过对特定人物荒诞离奇、肤浅张扬的行为进行描写，以塑造其令人鄙夷的负面形象的说服方法。采取小丑化手法进行形象建构，是台湾媒体在政治报道中一种十分常见的现象。这种报道方式通过对政治人物进行丑化描写，往往既能达到政治目的，又能获得娱乐效果，吸引受众的关注。① 《自由时报》在对国民党人物的报道中，对于这一策略的应用也十分常见。一篇新闻在对连胜文打漆弹一事的报道中，运用了一些很有戏剧性、具有丑化效果的语句对连的行为进行描写，比如称连胜文"'龟缩'在假碉堡后方猛扣扳机，约莫一分钟，就把漆弹射完"，游戏后他还说自己"心里有一点阴影存在"，并称连的对手在游戏过程中对其有所相让等，② 建构出连胜文在游戏中既无胆识、又无谋略而且十分滑稽的小丑形象。一篇评论论及连胜文在选举中的表现时，甚至直接嘲讽连胜文充当了小丑的角色："今年九合一选举如果没有连胜文独撑大局，提供闻腋、押韵和跳针欢笑，投票率肯定很低；如果不是连阵营砸大钱做 MV，跳街舞，打广告，选举商机恐怕更冷更低迷，广告掮客们根本发不了选举财了！"③ 这样的小丑化建构，直接对连胜文的个人形象予以否定，无疑会对其参选的正面意义产生消解作用。而且，《自由时报》在采用这种小丑化方法进行负面建构时，并非只针对连胜文等国民党"九合一"选举候选人，同样也针对其他国民党人士，包括一些国民党"立委"等重要政治人物等。比如国民党"立委"蔡正元也是一个被"小丑化"建构的典型。一篇关于他与网络名人"鸡排妹"进行骂战的报道，就渲染了蔡正元无聊、被耍的负面形象。④ 另外，该报曾对马英九屡次口误等滑稽细节的报道也都可以看作是对"小丑化"方法的运用。

九、两难法。两难法是指在对某一事件进行报道中，从正反两面分别对当事人予以责难，从而陷当事人于窘境的报道方式。《自由时报》在对连胜文的报道中，有多处采用了这种两难的报道方式。例如在对连胜文妻子正在申请放弃加拿大国籍一事的报道中，文章通过引用不同言论，从两个角度进行围堵追问，一是质问连胜文，为什么因为自己要参选就要让太太做出牺

---

① 陈炜. 俗世之镜　台湾综艺节目研究 [M]. 北京：中国电影出版社，2013：136 - 138.
② 郭安家. 连打漆弹　网友酸没当兵 [EB]. 自由时报，2014 - 09 - 17.
③ 蓝祖蔚. 跪求胜文年年选 [EB]. 自由时报，2014 - 11 - 20.
④ 曾德蓉，邱燕玲. 蔡正元下战帖　鸡排妹酸：跟小模一样废 [EB]. 自由时报，2014 - 09 - 02.

牲,放弃加国国籍;二是对连胜文妻子申请放弃国籍的进度情况进行追问。① 在这样的双重责难中,连胜文妻子无论是放弃还是不放弃加国国籍身份,都将受到质疑。再如对连胜文与马英九关系问题的报道,该报一方面取笑连胜文批评马英九显示二人之间有间隙,另一方面又取笑连胜文后来主动亲马是"为争取选票、权位而沾染政客的习气"。② 在这样的话语之下,连胜文不管是批马还是亲马,都将受到取笑。这样的两难策略,在对"张显耀案"的报道中,也曾多次使用。该案在未定论之前,必然只有两种结果,一是张显耀有罪,二是张显耀无罪。《自由时报》在报道中认为,两结果都事关重大,其社论称,"如果张显耀经证实泄密……这是何其严重的国家安全事件",但若确属无辜,也是问题重重,"不啻去年九月整肃立法院长王金平的再版,只是手法更为拙劣,印证了当事人所指控的长官出卖和白色恐怖,也再度凸显马氏执政既笨又坏的本质"。③ 也就是说,张显耀最终无论是有罪还是无罪,国民党都将难辞其咎。由此可见,两难法在传播说服中具有独特的"围堵"效果,乃是《自由时报》"九合一"报道中乐于使用的方式之一。

十、对比法。对比是一种常用的修辞策略。在传播说服中,运用对比可以通过以表现差异的方式来强化或消解受众的某种态度。由于政治选举一般都会涉及多个参选主体,所以媒体在选举报道中使用对比方法是十分常见的。《自由时报》在报道"九合一"选举中的蓝绿两大阵营时,也较多地运用了对比方法。比如在对连胜文、柯文哲两人账目公开问题的一篇报道中,文章先是报道了柯文哲将竞选账目予以公布,然后又报道了连胜文在媒体的追问下却并未明确表态,④ 以此对比,将柯文哲积极公开账目的坦荡形象给予了突显,并同时建构了连胜文对账目问题有所逃避的形象。在对连胜文与柯文哲二人财富差距问题的报道中,《自由时报》也多次采用对比方法对二人予以不同的形象建构。如一篇投书将二人对比评论道:"不该是有国际声望的台大医师被逼着把财产都摊在阳光下的同时,屡遭外界质疑无故坐拥豪宅、财富数十倍于柯医师的连胜文先生却仍对其财富累积过程不说清楚、不

---

① 陈彦廷,蔡亚桦,卢姮倩.蔡依珊放弃加籍　陈佩琪:凭什么要太太牺牲[EB].自由时报,2014-11-14.

② 吕政儒.连胜文的真诚与勇气?[EB].自由时报,2014-08-27.

③ 社论."孝子变国贼"奇案[EB].自由时报,2014-08-22.

④ 涂巨旻,郭安家.柯办公开竞选账目　吁连营跟进[EB].自由时报,2014-09-11.

讲明白，对外界的质疑更视而不见、听而不闻吧?"① 在对对比法的运用中，除了这种以竞选双方作为对象进行比较之外，《自由时报》还经常拿过去和现在进行对比，从而质疑国民党人物违背本党历史教义，或者所言所行前后标准不一的失信问题。如在顶新集团爆发食安问题后，该报扒出马英九2010 年在 ECFA 辩论中的言论，谓当时他称顶新是"对台湾有益的补药",② 以此表达马英九有欺骗民众、包庇不良商家的嫌疑，从而实现了对马英九个人权威形象的否定。

---

① 陈万全. 连胜文应速公布财产 [EB]. 自由时报，2014 - 10 - 06.
② 曾韦祯. 昔辩 ECFA 马赞顶新是补药 [EB]. 自由时报，2014 - 10 - 16.

第六章　结论与建议

本研究借合法性理论为视角依托，从多重层面对《自由时报》"九合一"选举报道进行分析，一方面为我们展示了该报在这场选举中的合法性传播偏向问题，另一方面也为我们展示了台湾媒体在台湾政治生态中的角色与表现。换言之，通过研究《自由时报》关于这场选举的报道，我们看到了一个关于合法性危机的舆论建构过程，也看到了台湾媒体与政治相互"苟合"的不良生态问题。

第一节　《自由时报》合法性偏向与"执政党"的合法性危机及败选

以合法性理论为视角对《自由时报》"九合一"选举报道进行分析，必然要论及作为合法性理论重要组成部分的"合法性危机"问题。合法性危机是哈贝马斯提出的概念，最初是用以指称"晚期资本主义社会陷入了合法性困境"[①] 的问题。哈贝马斯指出，晚期资本主义拥有四种危机倾向，即经济系统中所存在的经济危机倾向，政治系统中所存在的合理性危机倾向与合法性危机倾向，以及社会文化系统中存在的动机危机倾向。哈贝马斯采用了投入与产出两种视角来对政治系统中的两种危机形式进行分析，他认为政治系统需要投入各种不同的"大众忠诚"，并产出由权力部分行使的"行政决定"。当政治系统不能成功实现管理决策时，这种产出危机即表现为合理性危机；当政治系统不能得到足够的"大众忠诚"之时，这种投入危机便会产生合法性危机。[②] 因此，合法性危机与合法性确立一样，都源自于公众对当权者是否赞同的合意。正如马克·夸克所言："只要存在着赞同，那么

---

① ［德］尤尔根·哈贝马斯（著）；刘北成，曹卫东（译）. 合法性危机［M］. 上海：上海世纪出版集团，2009：79.

② ［德］尤尔根·哈贝马斯（著）；刘北成，曹卫东（译）. 合法性危机［M］. 上海：上海世纪出版集团，2009：53.

对权力与权力的同一性的判断就将一直延续下去。如果这种赞同被收回，那么这将构成政治缺乏合法性的标志。"①

在考察政党执政合法性的过程中，同样应该考虑到执政党的合法性危机问题。有学者认为："合法性危机是对执政党地位的严重挑战。"② 执政党在执政过程中，一旦它的合法性基础受到削弱，它所得到的民众拥护就会流失，其执政的合法性危机便随之产生。国民党在"九合一"选举中的惨败，自然可以看作是其执政合法性弱化、民众支持度降低所致。出现这一结果的原因，既包括国民党自身确实存在种种问题，也包括外部环境变化、舆论攻击等带来的不利影响。在国民党自身方面，有如国民党积重难返的历史问题；马英九试图做"全民总统"却适得其反两面得罪的问题；党内组织涣散、高层内斗致使政党元气大伤、形象受损的问题；等等。在环境因素方面，问题则更为复杂。比如近年来台湾选民结构发生了变化，大批具有亲绿倾向的青年选民参与投票，改变了以往具有泛蓝倾向的中老年选民占优势的选民结构。据统计，在"九合一"选举中，台北市有 63% 的青年人把票投给了柯文哲，这被认为是柯文哲取得胜选的重要原因。另外，选前的一些偶发事件，特别是食安事件也对国民党的选情产生了巨大的冲击。在媒介因素方面，正如本研究所揭示的，绿营媒体所进行的舆论干预对国民党的形象造成了极大破坏。这些原因的相互交错，共同构建了国民党执政的合法性危机，并最终致使该党在这场选举中遭受惨败。

本研究所着力呈现和探寻的《自由时报》这一亲绿媒体在"九合一"选举报道中的合法性传播偏向问题，实际上也即该报对国民党执政合法性危机的建构问题。值得留意的是，合法性危机建构有一个特征，即其所指对象只能是执政者。因为只有执政者才有现实的执政问题（可以称其为"执政包袱"），会被反对者作为凭借予以攻击。因此，执政者的这一特殊身份会使其体现出一种"执政劣势"。相反，在野者就没有这个问题，因此它能够在一定程度上体现出"在野优势"。没有执政问题，自然就不会有执政的合法性危机问题，所以合法性危机建构对于在野者来说基本上是无效的。

《自由时报》在"九合一"选举期间对国民党的报道，即体现了国民党

① ［法］让－马克·夸克（Jean – Marc Coicaud）（著）；佟心平，王远飞（译）. 合法性与政治 ［M］. 北京：中央编译出版社，2002：15.
② 王长江. 现代政党执政规律研究 ［M］. 上海：上海人民出版社，2002：176.

因存在"执政劣势"而遭到合法性危机建构的问题。在《自由时报》"九合一"选举报道中，合法性危机因此体现为国民党的"专利"，而民进党因为没有"中央执政"的包袱，所以在不侧重讨论县市层面执政的情况下，它并无合法性危机问题。因此，在两个政党身份不等的情况下，亲绿媒体对于合法性的舆论建构本身就不是一个对等的话语体系，因为这种报道必然会对处于执政地位的政党十分不利。所以在"九合一"选举报道中，国民党只能被动接受和应对来自《自由时报》的执政合法性危机建构，却不能以同样的危机建构方法来对绿营予以还击。由此也可以看出，关于执政合法性危机的舆论建构其实是政党轮替的内在动力之一，这或许可以在一定程度上解释为何在选举政治中，不管是哪个政党上台，它一般都很难得到民众长久支持的原因。因为任何一个通过政党轮替而获得执政地位的政党，都将立即接受来自民间的舆论评价，并很快产生"执政劣势"的处境，由此滋生关于执政合法性的种种危机。

《自由时报》在"九合一"选举报道中，正是通过从多个方面、以多种方式对处于"执政劣势"的国民党进行揭批，建构其执政合法性危机，为绿营争取地方翻转机会的。这种将对执政党的合法性危机建构视作政党轮替内在动力的关注视角，其实可以成为我们对政治传播进行深入研究的一种良好路径。

第二节 《自由时报》合法性偏向背后的
台湾媒介失范与民主困境

本研究另一个重要呈现是《自由时报》在其政治偏向建构中对新闻媒介所应遵守伦理规范的严重违背。我们可以清楚看到，该报为了实现对国民党执政合法性的消解，努力建构该党的负面舆论，表现出了具有显著偏向的政治立场，令媒体作为公共"看门狗"的角色沦为"政治打手"，明显偏离了大众媒介应该遵守的客观、公正等基本价值立场。在"九合一"选举报道中，《自由时报》为了达到否定国民党执政合法性的舆论建构目的，有些时候甚至连最基本的新闻真实性原则都没有遵守。虽然这场选举极其复杂，我们很难对《自由时报》所载的全部事实进行真实性核对，但是仅从该报在报道中的一些自我暴露，即可看出它在遵守新闻真实性原则方面所存在的明显问题。这里列举几种表现：一是曲解当事人的话意。曲解话意显然是一种不尊重事实的行为，在新闻传播中，即是对新闻真实性的违背。据《国际新闻道德信条》内容："报业及所有其他新闻媒介的工作人员，应尽一切努力，确保公众所接受的消息绝对正确。他们应当尽可能查证所有的消息内容，不应任意曲解事实，也不故意删除任何重要的事。"① 而《自由时报》在报道国民党人士讲话时经常明显违背这一规范，仅选择其中的特定片段，对其本意进行歪曲解读。例如在报道马英九关于高雄人寿命问题的言论时，即采用过度解读的方式，称马英九"扯高雄人短命"，说"践踏高雄人的夭寿话"。② 事实上，马英九只是以高雄市民平均寿命差台北市民四年为例，批判绿营执政过程中未能用心推广捷运，影响民众健康而已，这种说法顶多只是推理不当，绝对不会含有对高雄市民进行诅咒之意。然而《自由时报》在对马英九的讲话进行引述时，不断对之进行曲解，直至后来在一篇言论中，马英九的原话竟然被质变为诅咒"高雄人活得不耐烦"，③ 从而成为绿营煽动仇恨的借口。这种曲解在对连胜文的报道中也多有出现。比如连胜文发布"希望的种子"竞选广告，本来在于表达其虽然出身富贵之家，但依然注重个人努力，以求造福台北市民之意，但在《自由时报》的新闻及读者投书中，连胜文的这一广告被解读为"公然炫富"、侮辱年轻人只想吃喝玩乐。最后，因受这种语义曲解的煽动，几句广告词竟然演化为一场街头运动，青年人跑到街上，怒吼抗议"连胜文你把我们想得太 LOW、太肤浅了"。④ 另一种违背新闻真实性原则的表现是在报道中对特定概念进行偷换，以捕捉对手的语误或把柄，从而为回应抨击找寻借口。比如郝柏村称"台湾前途就是中华民国前途，而中华民国前途就应由全体中国人决定"这一原话中的"中国人"本身当然包含"台湾人"，但在该报的报道中却将其含义偷换为"台湾的前途由中国人（仅指大陆人）决定"。⑤ 另外还有一个例子是，连战因曾骂了一句"混蛋"，所指对象本来只是柯文哲，但在一篇报

① 联合国新闻自由小组委员会.《国际新闻道德信条（草案）》第一条. 见：中国广播电视协会编. 中国广播电视行业自律与维权报告书2007年卷［M］. 中国广播电视出版社，2007：441.
② 施晓光，王荣祥. 马辅选扯高雄人短命　高市府：夭寿话［EB］. 自由时报，2014 – 10 – 09.
③ 卓春英. 高雄人活得不耐烦？［EB］. 自由时报，2014 – 10 – 11.
④ 蔡亚桦，卢姮倩. 连胜文广告惹议　议员参选人赴帝宝抗议［EB］. 自由时报，2014 – 09 – 14.
⑤ 周思宇，陈慧萍，蔡亚桦. 郝柏村：台湾前途　全体中国人决定［EB］. 自由时报，2014 – 09 – 04.

道中，却将他所骂的对象偷换为所有普通民众，① 以此试图达到激怒广大民众的目的。

　　新闻的生命在于真实，这是新闻传播职业伦理的第一规范。记者所报道的新闻事件"移除了与真相的连结，新闻便宣告死亡"。② 《自由时报》在"九合一"选举报道中所采用的这些曲解事实的报道方式，显然是一种严重的失范行为。而且，这种行为的普遍存在，让我们很难相信该报在报道中没有采用更多直接的事实造假行为。媒介在新闻报道中以单向表达的方式建构其话语偏向本来就已是对新闻客观公正原则的严重违背，而采用违背真实性原则的曲解事实行为显然比违背客观公正原则更不应该发生。如果一个媒体连在对新闻事实的记述方面都会失真，那我们又如何企望它在新闻选择、信源引用、新闻编辑等方面能够杜绝偏向呢？

　　由于大众媒介是人们在政治生活中至关重要的信息传递工具，因而媒介在政治传播中尤为需要能够对基本的职业伦理规范拥有严格的遵守。"媒介是传播公共资讯和知识的重要管道，所以媒介必然在某种程度上决定了公众政治理解的特性和术语。"③ 因此，新闻媒介在政治报道中承担着重要的社会责任，尤其是媒介所具有的舆论监督功能，可以形成对执政者的有力制衡，甚至被视为"第四权力"，为民众所寄予厚望。但是，媒体在发挥其监督职能的时候，必须是建立在切实维护公众利益且遵守媒体行业伦理规范的基础之上的。如果媒体行使舆论监督的权力确是旨在帮助民众争取应有利益、维护社会公平正义、促进政治文明发展进步，那么它必须杜绝结党营私的可能，努力做到以独立自主的媒介品格及中立立场为公众提供意见平台，而不能成为特定政治势力的附庸，对公众做出偏向性的舆论建构、误导或煽动等不正当干预行为。用哈贝马斯的话来说，大众媒介的理想功能即是成为一个"公共领域"，应避免受到操纵而陷入所谓的"封建化"与"再封建化"的处境，不要让"具有操纵力量的传媒褫夺了公众性原则的中立特征"④。

----

　　① 卢姮倩，陈彦廷，郝柏村：柯是台湾皇民后裔［EB］. 自由时报，2014 - 11 - 19.

　　② Karen Sanders（著）；郑郁欣，林佳谊，蔡贝仑（译）. 探究新闻伦理［M］. 台北：韦伯文化国际出版有限公司，2008：244.

　　③ Eoin Devereux 等（著）；何哲欣，谢明珊（译）. 媒介研究：关键议题与争辩［M］. 台北：韦伯文化国际出版有限公司，2010：230.

　　④ ［德］哈贝马斯（著），曹卫东等（译）. 公共领域的结构转型［M］. 上海：学林出版社，1999：15.

　　从本研究对于《自由时报》"九合一"选举报道的分析可以发现，该报过度化的政治偏向使之在选举报道中，根本未能做到正反兼顾与话语平衡，为了消解国民党的执政合法性，它的报道是单向的，其中不乏采用违背事实、刻意曲解、攻击谩骂、煽动仇恨等违背新闻从业操守的报道方式。这些方式不但不符合国际传媒界所普遍遵循的伦理价值，也完全相悖于台湾地区现行的媒介规范。据台湾地区《"中华民国"新闻记者信条》的内容称："吾人深信：新闻记述，正确第一。凡一字不真，一语失实，不问为有意之造谣夸大，或无意之失检致误，均无可恕。明晰之观察，迅速之报导，通俗简明之叙述，均缺一不可。"又称："吾人深信：评论时事，公正第一。凡是是非非，善善恶恶，一本于善良纯洁之动机、冷静精密之思考、确凿充分之证据而判定。忠恕宽厚，以与人为善：勇敢独立，以坚守立场。"① 同样，在《"中华民国"报业道德规范》中，也有类似的规定："新闻报导应守庄重原则。不夸大渲染、轻浮刻薄、歪曲或隐藏重要事实，或加入个人意见。在明了真相前，不做臆测。""对于有争议事件，应同时报导各方不同之说词或观点，力求平衡。""新闻评论应力求公正，避免偏见与武断"，"报纸应尽量刊登来源明确之读者投书，使各不同群体与个人有发抒意见之管道，使报纸成为共众论坛。""对刊出之读者投书应公平处理，不得以特别编排设计，突出某一特定意见。"② 与这些条款对比可见，《自由时报》在"九合一"选举报道中，对台湾地区自有的媒介职业规范实在显著违背。

　　事实上，在台湾，新闻报道中显著存在各种破坏新闻伦理规范行为的并不只有《自由时报》一家媒体，尤其是在政治偏向问题方面。台湾许多媒体虽然表面上高度支持新闻自由，但"政党对媒体的变相操控却让新闻自由异化，'只问政党，不问事实'的蓝绿媒体难以承担'第四权'责任"。③因此，作为台湾媒体在政治报道中存在严重失范问题的个例，《自由时报》所展示的只是台湾"党媒苟合"生态的冰山一角。在台湾，由于对政治的热衷，诸多媒体都已沦为了政治宣传工具。在这些媒体的政治报道中，谎

---

① "中华民国"新闻记者信条［EB］."中华民国"新闻评议委员会网站，http：//www. xn-fiq46nqybr7dy7ug1bx8o7l6bxygejr70c. tw/inside. htm.

② "中华民国"新闻记者信条［EB］."中华民国"新闻评议委员会网站，http：//www. xn-fiq46nqybr7dy7ug1bx8o7l6bxygejr70c. tw/inside. htm.

③ 谢清果，曹艳辉."解严"后政党角力下台湾新闻自由的进步与迷思［J］. 台湾研究集刊，2014（1）.

言、欺骗往往充斥版面，新闻的真实、客观、公正等原则被抛置一边。对于这种现象，前"美国在台协会"台北办事处处长、卡内基国际和平基金会副会长包道格曾批评说："任何人都不应低估台湾媒体混淆视听的能力，它们尤其擅长把一个人的威严举止曲解成对另一个人的贬低侮辱。"① 这种乱象之下，媒体在政治选举中沦为政党之间相互攻击的舆论工具，政治选举也相应演化为空对空的媒介口水战，一个政党在选举中能否取得胜选，所依赖的便是它们手中掌握的媒介资源状况。在媒介舆论建构的作用得到突显的情况下，各政党便会极为重视对公共舆论的操纵，而轻视对于实际执政能力、政见的追求，以及对公众切实利益的争取。这种情况，有学者称其为台湾选文化的恶质化倾向。"台湾恶质选举文化的最典型表现就是民粹主义和负面选举的过度操弄，致使选民出现非理性投票的比例过高，候选人则不需要通过政绩、政见来赢取选票，只需着力于某些产生短线效应的选举花招。"②

　　这种状况不仅对台湾媒介良性发展的生态环境造成了破坏，也最终伤及台湾的民主政治本身。台湾媒体对台湾民主政治发展的伤害不可小觑，正如有学者认为："如果说，在台湾有一个'民主万花筒'，那么，媒体肯定是其中极为重要的'构图因子'。从舆论导向的角度考察媒体，不难发现，因为有了它，台湾'民主万花筒'变幻出了许多光怪陆离的图案。"③ 就台湾媒体的发展历程来看，30 多年前台湾开放"报禁"，虽然改变了之前"一言堂"的媒介体制，但并未带来实质的媒介民主，随之产生的只是一种新形式的媒介专制，即媒介以两元分化的形式，继续高度依附并干预政治。而这种过度政治化的新型媒介生态，被认为在很大程度上是由民进党的操纵而加剧的。相对于国民党，民进党是个年轻的政党，虽然仅成立于 1986 年 9 月，但它从一开始就十分注重利用媒体进行政治宣传，所以实现了短时间的快速发展与崛起。2000 年陈水扁上台后，民进党则进一步推动了台湾媒体的"绿化"，这种状况迫使国民党不得不予以还击，也加紧推动部分媒体的"蓝化"，最终导致台湾传媒界形成了蓝绿分立的派系生态。在政党政治斗争的裹挟中，各大媒体纷纷完成自己的政治归位，并在更为深入的层次上参与到了政治斗争之中。如今，台湾媒体的这种政治参与行为已经与它们的生

---

　　① 杨晗轶. 包道格：习马会不仅是两岸关系的一大步［EB］. 观察者网，2015 - 11 - 06. http：//www. guancha. cn/BaoDaoGe/2015 _11 _06 _340362 _ s. shtml
　　② 李鹏. 台湾恶质选举文化对民众投票行为之影响分析［J］. 台湾研究. 2006（2）.
　　③ 汪澍，洪伟，艾克. 台湾"民主政治"透视［M］. 北京：华艺出版社，2014：189.

存产生了牢固的绑定，这些媒体为了得到更多的银行信贷、广告经费等经济回报，经常不惜采用"置入性营销"、制造"假事件"等严重违背新闻专业操守的手段进行政治操弄，以满足它们政治雇主的需要。这种状况不但使台湾媒体的公信力严重下滑，也使台湾民主政治的规范性严重受损，媒体在新闻传播中本该发挥的对民主政治的监督、推进作用因为受到了政治力量的左右而严重丧失，甚至自身都成了麻烦制造者。因此，综观台湾媒介自由化变革之路，其失败的结果令人喟叹。"台湾媒体从一党政治的受害者变为当今的民主政治破坏者，这是一场带有悲凉意味的戏剧性演变。"①

第三节　重建台湾政治与媒体良性互动的生态秩序

正如前面分析中我们可以看到的，台湾政治与媒体相互苟合的生态关系，深刻困绕着台湾媒介与政治的发展。因此，重建台湾政治与媒体良性互动的生态秩序，还是应该从问题本身入手，通过革新政治文化、复归媒体的专业性、促进社会和解等方式予以解决。

一、革新政治文化

台湾"党媒苟合"现象产生的深层次原因，乃是台湾独特的政治文化，即台湾的民主政治乱象。台湾自 20 世纪 80 年代蒋经国宣布实施民主政治转型至今，虽已经历了多次政党轮替，但"把台湾打造成西方式民主的亚洲样板"的理想仍然未能实现。"台湾'民主政治'转型中，始终问题重重，所谓的台湾'民主政治'似乎依旧停滞于碎片式、畸形化的表现形式，派系争斗、族群撕裂、你争我夺，'普力夺'式（在制度化程度低而参与程度高的政治体制内，社会力量借助它们各自的方式直接在政治领域里进行活动的政治体制）政治生态凸显。"② 这样的政治文化渗透在选举中，便形成了政党之间"逢对手必反，以各种手段击败对手而不管手段是否合情理；选举中注重攻击对手，忽略选民对政纲的认同和理性讨论"③ 的现象，参选的政党为了达到胜选的目的，不惜实施黑金政治，违法乱纪现象频频发生。在

---

① 汪澍，洪伟，艾克．台湾"民主政治"透视［M］．北京：华艺出版社，2014：203.
② 汪澍，洪伟，艾克．台湾"民主政治"透视［M］．北京：华艺出版社，2014：2.
③ 吴伟金．台湾地区选举文化的特性研究［J］．重庆社会主义学院学报，2014（3）.

这样的政治文化熏染之下，若要使新闻媒体置身事外，注定是一件不可能的事情。

因此，重建媒体与政治良性互动的生态环境，首先需要对台湾现实的政治文化予以革新。台湾政治文化的劣质性有其复杂的原因，其中既包括民主政治尚处转型阶段而不够成熟，也包括西方民主模式在台湾被照搬照抄而产生的"水土不服"。"台湾的政党政治环境具有典型的东方政治文化特性，未来很长时期内难以真正达到美国式的政党政治品质要求。"① 探寻台湾民主政治良性发展的出路，作为公民权利代表的政治党派及政治人物负有首要责任。作为岛内两大主要政党，无论是国民党还是民进党都应该充分认识到在纯粹以争权逐利为目的之下的政治参与对台湾民主政治发展的伤害，双方均应尽早醒悟、回归职能本位，肩负起从政为民的根本责任。在对台湾政治文化的革新及民主政治秩序重建的过程中，一个必须解决的问题是"台独"。"台独"势力的逆势而行，撕裂了台湾政治在核心问题上的一致性，其对两岸关系的阻碍、对民粹主义的煽动等严重损害了台湾民众的根本利益。与此同时，"台独"势力在台湾所得到的纵容，也体现了台湾当局一向对于"一国两制"缺乏认同而导致的严重后果。所以，重建台湾政治文化及其与媒体良性互动的生态环境，必须从肃清"台独"政治势力在台湾的祸乱以及切实推进实现"一国两制"的制度实施做起，因为只有让台湾回归到尊重历史与现实的合理政治框架之中，才能彻底解决其因身份游离而导致的定位不清问题。

二、复归媒体的专业性

《自由时报》"九合一"选举报道所呈现的种种失范现象使我们对台湾媒体尽快实现专业性复归产生了强烈期待。"对于新闻业来说，新闻专业理念（有些学术文章称为新闻专业主义）是为了确保新闻业对整个社会的稳定、发展发挥有效功能的一种保障，从而也是新闻业赖以在整个社会系统中立足的保障。"② 台湾媒体在追求新闻自由的过程中所发生的规范偏离，体现了过度放松对于媒体的约束，将会带来专业主义乱象的媒介发展规律。在1999年，台湾"立法院"宣告废除"出版法"，当时曾一度被认为是"新

---

① 刘国深. "九合一"选后台湾政党政治发展的未来趋势 [J]. 台湾研究，2015 (1).
② 李良荣. 新闻学概论（第5版）[M]. 上海：复旦大学出版社，2013：355.

闻自由"的胜利,"这些被媒体人员与反对运动人士视为钳制新闻自由、言论自由、出版自由的恶法,从此走入历史尘埃",① 然而这种预判显然忽视了西方先哲洛克的著名规训——"自由意味着不受他人的束缚和暴力,哪里没有法律,哪里就不可能有自由","自由并不是'每个人愿意做什么就做什么的自由'"。② 台湾媒体在尝试借鉴西方的自由模式之后,由于只从西方学到了媒体作为自由市场的单层含义,未能很好地领会和把握媒体同时需要承担社会责任的另一要义,以致配套法令缺失,媒体过度放任,乱象随之产生,并最终导致整个媒介生态的严重失序。因此,促进台湾媒介专业性的回归,需要从他律和自律的双重层面对台湾传媒界进行有效约束。

从他律的角度来看,需要进一步强化对传媒产业的法律管制。虽然台湾当局对传媒业的乱象早已充满忧虑,并不断补全相关法律规范,但执行效果并不理想。"其实,对于大部分的媒体乱象法律上均有限制,却几乎没有落实、没有执行。"③"综观台湾媒体管制历史,对于商业媒体的内容管理依循着政治解严的路径,从高压到同谋,兼或混杂着家父长式的风俗教化思维,从来未能令人满意。"④ 台湾地区难以通过法律来规范媒介乱象的原因,追根溯源还是在于台湾社会难以净化的政治文化问题。有台湾学者认为,台湾存在一个"官怕'立委','立委'怕媒体,可是官又咬住媒体"的三环相扣的复杂生态,"假如政府要做一件危及媒体利益的事,媒体就会利用'立委'去逼迫政府不要去做这件事,'立委'是仰赖媒体的,通过一种间接的反作用来牵制对方。"⑤ 因此,从他律层面上改善台湾媒体环境,我们不但要寄希望于法律制定,更要寄希望于相关方面以负责任的政治担当和有力的法制执行,推动台湾政治文化的净化,革除让以上各种媒介乱象得以滋生的外在环境。

在自律方面,需要台湾传媒业界进一步清醒认识台湾媒介专业性缺失问

---

① 王天滨. 台湾新闻传播史 [M]. 台北: 亚太图书出版社, 2002: 509.

② [英] 约翰·洛克 (著), 赵伯英 (译). 政府论两篇 [M]. 西安: 陕西人民出版社, 2004: 161.

③ 向芬. 台湾民主转型号中新闻传播的变迁与发展——一项基于对台湾新闻传播界深度访谈的研究 [J]. 厦门大学学报 (哲学社会科学版), 2015 (3).

④ 洪贞玲, 刘昌德, 唐士哲. 商业媒体内容管制: 从国家权威到社会共管. 见: 媒改社, 刘昌德. 丰盛中的匮乏, 传播政策的反思与重构 [M]. 巨流图书公司, 2012 年 6 月.

⑤ 陈百龄访谈实录. 访谈日期 2013 年 8 月 16 日. 转引自向芬. 台湾民主转型号中新闻传播的变迁与发展——一项基于对台湾新闻传播界深度访谈的研究 [J]. 厦门大学学报 (哲学社会科学版), 2015 (3).

题的严重性，响应社会及学界的监督和推动，以真正充满诚意的态度，采取有效措施，予以应对和解决。虽然长期以来，面对台湾传媒界的种种问题，来自民间社团、学界与业界的监督批评之声看上去一直都很强烈，但是这些批评往往都还只停留在口头层面，它们并没有促成多少实际的行动。在台湾，以媒介监督为宗旨的独立机构、民间社团、媒体同业协会有很多，如"国家"通讯传播委员会、台湾媒体观察教育基金会、公民参与媒体改造联盟、台北市报业商业同业公会等，另外诸多媒体也成立有自己的自律（咨询）委员会或伦理委员会，但显然这些机构的作用都近乎摆设。因此，若要彻底改变台湾媒介的专业性缺失问题，必须促进各类媒体从业机构、从业者及行业自律机构加强对新闻业的监督，并切实将这种监督从口头批评转化为强有力的干预行动。

如上所述，台湾媒介与政治苟合的不良生态实在是积弊太深，在整个大环境面前，根本无法依靠单独某一方面的力量来实现彻底的改变。所以，推进台湾媒介走向专业化之路，必须坚持他律与自律的双管齐下，不但需要各个政党团体及从政者一起行动，拿出改良政治、改良媒体的真实意愿，也需要传媒业界齐心协力，主动拒绝政治势力及资本财团向媒体的收买利用行为，以负责任的态度和行为共同促进媒体回归专业主义的伦理框架，回归良性的政治参与。

三、促进社会和解

从另一个层面上来说，具有异质性特征的社会文化也是台湾"党媒苟合"生态产生的原因之一。在台湾的社会文化中，一个尤为严重的问题便是"撕裂"，其中包括台湾人在省籍认同方面的撕裂以及他们在中国认同方面的撕裂。这些问题的产生，既有历史原因，也有现实原因。在台湾，民众对于国民党、民进党的不同态度往往意味着他们在省籍问题和国家问题上的两种不同认知。由于民进党是以"台独"为纲的，那么它在很大程度上就成了主张"台独"、台湾"本省人"的象征；由于国民党是承认"一个中国"的，那么它在很大程度上就成了主张统一、"外省人"的象征。以此为基础，分属两党支持者的泛绿、泛蓝民众也就坚持着两种不同甚至对立的省籍与国家观念。显然，这种观念分化是一种严重的认同撕裂，无论对台湾的政治发展还是社会进步，都是不利的。在本研究对《自由时报》"九合一"选举报道的分析中，我们即可以看到这种撕裂的存在及其对台湾政治社会发展的伤害。这种伤害，表现为一种恶性循环的作用机制：民众之间的认同撕裂与媒介的派系分立相互裹挟、相互交织——媒介为迎合受众，为持特定立场的民众提供偏向性信息，与此同时，具有特定认同偏向的受众也在选择性心理的左右下只去接受片面的媒体信息——这种相互作用的结果是，整个社会的认同分化不断进一步加剧，不同群体之间相互沟通、理解和融合的鸿沟变得越来越难以逾越，他们之间的对抗情绪与对抗行为也越来越激烈。

因此，革新台湾不良的政媒生态，还需要以采取有效措施、化解台湾社会矛盾、促进岛内社会和解来实现。要实现这种改变，务必需要各个方面一起推动，努力修复台湾民众之间长期以来因本省、外省及"独"、统意识分化所导致的情感隔阂与认同撕裂问题。与此同时，也需要不断增进两岸关系。通过破除两岸交流中的各种藩篱，强化两岸民众的沟通与对话，促进台湾民众充分知晓和理解大陆地区在两岸关系发展中所释放的善意与做出的努力，提升他们对"台独"势力蓄意蛊惑，并借此捞取政治资本行为本质的辨识力，提醒他们不要迷信诸如《自由时报》之类绿色媒体的舆论陷阱。在积极推进两岸的沟通与对话中，作为占据绝大多数中国人口的大陆民众也应该尽可能地贡献智慧与力量，通过热情、真诚的相互交往来消除两岸人民因隔离而产生的心理距离，以切实的行动帮助台湾社会修复认同鸿沟，平复少数台湾民众心中"拒统、仇中"的戾气。

参考文献

一、报纸/新闻网站：

自由时报：http：//www. libertytimes. com. tw/

中国时报（中时电子报）：http：//news. chinatimes. com/

联合报（联合新闻网）：http：//www. udn. com/

苹果日报：http：//www. appledaily. com. tw/

Yahoo 奇摩新闻：http：//tw. news. yahoo. com/

东森新闻网：http：//www. ettoday. com/

美丽岛电子报：http：// www. my－formosa. com

工商时报：http：//ctee. com. tw/

旺报：http：//www. want－daily. com

"中选会"网站：http：//www. cec. gov. cn. tw/

"中华民国"新闻评议委员会网站：http：//www. xn－fiq46nqybr7dy
7ug1bx8o7l6bxygejr70c. tw/

中国新闻网：http：//www. chinanews. com/

环球时报（环球网）：http：//www. huanqiu. com/

人民政协网：http：//www. rmzxb. com. cn/

中国台湾网：http：//www. taiwan. cn/

台海网：http：//www. taihainet. com/

海峡时报：http：//www. fzhxsb. com/

华夏经纬网：http：//www. huaxia. com/

大公网：http：//www. takungpao. com/

共识网：http：//www. 21ccom. net/

观察者网：http：//www. guancha. cn/

二、国外文献

1. Andrea Miller, Renita Coleman, Donald Granberg. TV Anchors, Elections, and Bias: A Longitudinal Study of the Facial Expressions [J]. Visual Communication Quarterly, 2007, 14 (4).

2. An Seon - Kyoung, Cho Seung. How Does News Media Frame Organizational Crisis Response? Selective Bias of Crisis News Coverage in South Korea Political Crisis, Conference Papers [A]. National Communication Association [C]. 2008.

3. Berelson, Bernard. Content Analysis in Communication Research [M]. Hafner Press, 1952.

4. Bernard Goldberg. Bias: A CBS Insider Exposes How the Media Distort the News Washington, DC: Regnery, 2001.

5. D D'Alessio, M Allen. Media bias in presidential elections: A meta - analysis [J]. Journal of Communication, 2000, 50 (4).

6. Danny Hayes. Party Reputations, Journalistic Expectations: How Issue Ownership Influences Election News [J]. Political Communication,
2008, 25 (4).

7. Dautrich Kenneth, Hartley Thomas H. How the News Media Fail American Voters: Causes, Consequences, and Remedies [M]. New York : Columbia University Press. 1999. (eBook)

8. Erica Huls, Jasper Varwijk. Political bias in TV interviews [J]. Discourse & Society, 2011, 22 (1).

9. Fico Frederick, Cote William. Fairness and Balance in the Structural Characteristics of Newspaper Stories on the 1996 Presidential Election [J]. Journalism and Mass Communication Quarterly; Spring 1999, 76 (1).

10. Hopmann David Nicolas, Erik Albaek. Incumbency bonus in election news coverage explained: The logic of the political system and the media market [A]. Conference Papers—International Communication Association [C], 2009.

11. Jason P. Abbott. Electoral Authoritarianism and the Print Media in Malaysia: Measuring Political Bias and Analyzing Its Cause [J]. Asian Affairs: An American Review, 2011, 38 (1).

12. Jennifer Barbara Stein. The 2000 presidential election：A content analysis of newspaper media coverage ［D］, Master of Arts Degree, Hank Greenspun School of Communication Greenspun College of Urban Affairs. 2001.

13. Jonathan S. Morris. Slanted Objectivity? Perceived Media Bias, Cable News Exposure, and Political Attitudes ［J］. Social Science Quarterly, 2007, 88 (3)：707.

14. Marsha Barber. Getting the Picture：Airtime and Lineup Bias on Canadian Networks during the 2006 Federal Election ［J］. Canadian Journal of Communication, 2008, 33 (4).

15. Merritt Davis, McCombs Maxwell E. The Two W's of Journalism ：The Why and What of Public Affairs Reporting ［M］. NJ ：Lawrence Erlbaum Associates. 2004：122. （eBook）

16. Wei – Hsin Fu. Framing Taiwan's independence in the coverage of Taiwan 's presidential elections, 1996 to 2004：An analysis of the U. S. press ［D］. Rutgers, the State University of New Jersey. Ph. D. Dissertation, 2007, 10.

17. Richard M. Perloff. The dynamics of political communication ：media and politics in a digital age Routledge, 2014 ：pbk

18. Sid Bedingfield, Dien Anshari. Thinking about Romney：Frame Building in a Battleground State in the 2012 Presidential Election ［J］. Journalism & Mass Communication Quarterly, 2014, 91 (1).

19. T. Adachi, Y. Hizen. Political Accountability, Electoral Control and Media Bias ［J］. The Japanese Economic Review, 2014, 65 (3).

20. Takens Janet, Ruigrok Nel, van Hoof Anita, Scholten Otto. Leaning to the Right or Leaning to the Left? ［A］. Dutch Media and Politics, Conference Papers—International Communication Association ［C］. 2008.

21. 托克维尔 （著）；冯棠 （译）. 旧制度与大革命 ［M］. 北京：商务印书馆, 1992.

22. 安东尼奥·葛兰西 （著）；曹雷雨等 （译）. 狱中札记 ［M］. 北京：中国社会科学出版社, 2000.

23. James Lull （著）；陈芸芸 （译）. 媒介、传播与文化 全球化的途径 a global approach ［M］. 台北：韦伯文化事业出版社, 2002.

24. 保罗·塔格特 （著），袁明旭 （译）. 民粹主义 ［M］. 长春：吉林人民出版社，2005.

25. 大卫·麦克里兰（著）；孔兆政，蒋龙翔（译）. 意识形态 第 2 版 [M]. 长春：吉林人民出版社，2005.

26. Eoin Devereux 等（著）；何哲欣，谢明珊（译）. 媒介研究：关键议题与争辩 [M]. 台北：韦伯文化国际出版有限公司，2010.

27. 凡勃伦（著）；蔡受百（译）. 有闲阶级论 关于制度的经济研究 [M]. 北京：商务印书馆，1964.

28. 格雷姆·伯顿（著）；史安斌（主译）. 媒体与社会 批判的视角 critical perspectives. 北京：清华大学出版社，2007.

29. 哈贝马斯（著）；张博树（译）. 交往与社会进化 [M]. 重庆：重庆出版社，1989.

30. 哈贝马斯（著）；刘北成，曹卫东（译）. 合法性危机 [M]. 上海：上海世纪出版集团，2009.

31. 哈贝马斯（著），曹卫东等（译）. 公共领域的结构转型 [M]. 上海：学林出版社，1999.

32. 霍布斯. 利维坦 [M]. 北京：商务印书馆，2009.

33. Karen Sanders（著）；郑郁欣，林佳谊，蔡贝仑（译）. 探究新闻伦理 [M]. 台北：韦伯文化国际出版有限公司，2008.

34. 卡尔·施米特 [M]. 合法性与正当性. 上海：上海人民出版社，2015.

35. 赖恩·麦克奈尔（著），殷祺（译）. 政治传播学引论 [M]. 北京：新华出版社，2005.

36. 莱文森. 新新媒介 [M]. 上海：复旦大学出版社，2011.

37. 利普塞特（著）；刘钢敏，聂蓉（译）. 政治人 政治的社会基础 [M]. 北京：商务印书馆，1993.

38. 卢梭. 社会契约论 [M]. 南昌：江西教育出版社，2014.

39. 加布里埃尔·A·阿尔蒙德 小 G·宾厄姆·鲍威尔. 比较政治学：体系、过程和政策 [M]. 上海：上海译文出版社，1987.

40. 麦库姆斯（著）；郭镇之，徐培喜（译）. 议程设置：大众媒介与舆论 [M]. 北京：北京大学出版社，2008.

41. 迈克尔·埃默里，埃德温·埃默里（著）；南希·L. 罗伯茨（撰稿）；展江，殷文（译）. 美国新闻史 大众传播媒介解释史 第 8 版 [M].

北京：新华出版社，2001.

42. 迈克尔·罗斯金等（著）；林震等（译）. 政治科学［M］. 北京：华夏出版社，2001.

43. 马基雅维利（著）；李蒙（译）. 君主论［M］. 上海：上海三联书店，2006.

44. 马克斯·韦伯（著）；林荣远（译）. 经济与社会 上［M］. 北京：商务印书馆，1997.

45. 马克思，恩格斯（著），中共中央马克思、恩格斯、列宁、斯大林著作编译局（译）. 马克思恩格斯全集 第 3 卷［M］. 北京：人民出版社，1960.

46. 马克斯韦尔·麦库姆斯，埃米·雷诺兹. 新闻对我们认识世界的影响. 见：布莱恩特（主编），石义彬（译）. 媒介效果理论与研究前沿（第二版）［M］. 北京：华夏出版社，2009.

47. 诺思（著）；杭行（译）. 制度、制度变迁与经济绩效［M］. 上海：格致出版社，2008.

48. 米歇尔·福柯（著），莫伟民（译）. 词与物：人文科学考古学［M］. 上海：三联书店出版社，2001.

49. 乔根森，哈尼奇. 当代新闻学核心. 北京：清华大学出版社，2014.

50. Richard Jackson Harris. 媒介心理学［M］. 北京：中国轻工业出版社，2007.

51. 塞缪尔·亨廷顿（著）；刘军宁（译）. 第三波——20 世纪后期民主化浪潮［M］. 上海：上海三联书店，1998.

52. 斯坦利-巴兰，丹尼斯-戴维斯（著）；曹书乐（译）. 大众传播理论：基础、争鸣与未来［M］. 北京：清华大学出版社，2004.

53. 托伊恩·A. 梵·迪克（著）；曾庆香（译）. 作为话语的新闻. 北京：华夏出版社，2003.

54. 亚里士多德（著）；吴寿彭（译）；徐大同（选编）. 政治学［M］. 北京：商务印书馆，2006.

55. 约翰·洛克（著）；赵伯英（译）. 政府论两篇［M］. 西安：陕西人民出版社，2004.

56. 约翰·康芒斯（著）. 制度经济学 上［M］. 北京：华夏出版

社，2009.

57. 亚瑟·伯格（著）；黄光玉，刘念夏，陈清文（译）．媒介与传播研究方法 质化与量化研究途径［M］．台北：风云论坛有限公司，2004.

58. 让－马克·夸克（著）；佟心平，王远飞（译）．合法性与政治［M］．北京：中央编译出版社，2002.

59. 让－雅克·卢梭，社会契约论［M］．南昌：江西教育出版社，2014.

三、国内文献

60. 安月英．信息传播学［M］．北京：气象出版社，2002.

61. 陈力丹．舆论学——舆论导向研究［M］．北京：中国广播电视出版社，1999.

62. 陈炜著．俗世之镜 台湾综艺节目研究［M］．北京：中国电影出版社，2013.

63. 迟汗青．传统社会官民对立及其调整［J］．学习与探索，1996（4）.

64. 陈博威，林颖．人民网"台湾频道"的竞选报道框架分析：以台湾地区 2012 年选举辩论会报道为例［J］．湖北社会科学，2014（12）.

65. 陈淑雅．意识形态和意识形态控制理论［D］．开封：河南大学博士学位论文，2012.

66. 曹任何．治理的兴起与政府合法性重建［D］．长春：吉林大学博士毕业论文，2004.

67. 佟文娟．过程与分析：媒体与台湾政治民主化（1949－2007）［M］．厦门：厦门大学出版社，2009.

68. 丁和根．大众传媒话语分析的理论、对象与方法［J］．新闻与传播研究，2004，11（1）.

69. 段鹏．政治传播 历史、发展与外延［M］．北京：中国传媒大学出版社，2011.

70. 杜波，张西静．韩卫娟．实用报纸编辑［M］．北京：清华大学出版社，2014.

71. 郭庆光．传播学教程［M］．北京：中国人民大学出版社，1999.

72. 桂宏诚．何谓行政中立［J］．国家政策论坛．2002（3）.

73. 管爱华. 试论道德信仰与政治意识形态的关系 [J]. 社会科学辑刊, 2007 (5).

74. 甘剑斌. 全球视野中的政治合法性问题研究 [M]. 长春: 吉林人民出版社, 2008.

75. 韩震, 董立河. 历史学研究的语言学转向 西方后现代历史哲学研究 [M]. 北京: 北京师范大学出版社, 2008.

76. 方苏. 台湾新闻媒体公共性建构研究——公共利益原则在台湾媒体改革中的凸显与张大 [D]. 武汉: 武汉大学博士论文, 2010.

77. 郝志东. 媒体的专业主义和新闻工作者的角色: 以 2008 年海峡两岸媒体对台湾"立法委员"选举的评论? 报导为例 [J]. 新闻学研究, 2009 (10).

78. 黄裕峯. 解读新闻性电视谈话节目与台湾选举 [J]. 台湾研究, 2014 (4).

79. 黄辉编. 广播电视学 [M]. 上海: 同济大学出版社, 2013.

80. 黄嘉树, 程瑞. 台湾选举研究 [M]. 北京: 九州出版社, 2002.

81. 黄靖惠. 对美国《时代》台湾政党轮替报导的批判论述分析: 以 2000 年及 2008 年"总统"选举为例 [J]. 新闻学研究, 2011 (106).

82. 黄俊贵. 文献著录总则概说 [M]. 北京: 书目文献出版社, 1984.

83. 黄小雄, 沈国麟, 杜旭赟. 新华社台湾地区领导人选举报道的框架分析 [J]. 新闻大学, 2009 (1).

84. 媒改社, 刘昌德. 丰盛中的匮乏, 传播政策的反思与重构 [M]. 台北: 巨流图书公司, 2012.

85. 胡小君. 执政党与当代中国选举发展研究 [D]. 北京: 中共中央党校博士毕业论文, 2006.

86. Ketty W. Chen. 促生惊惧抑或鼓动狂热——2004 年台湾"国会"选举期间的地方英文报纸报导 [J]. Taiwan International Studies Quarterly, 2008 (4).

87. 赖海榕. 改革的前景 中国与世界 [M]. 北京: 中央编译出版社, 2014.

88. 林正士, 周轩逸. "总统大选"电视辩论对于首投族之政治传播效果: 以 2012 年台湾"总统"选举为例 [J]. 选举研究, 2014, 21 (1).

89. 罗文辉, 黄葳威, 龚小文, 庄树颖. 公民营报纸总统选举新闻之公正性研究［A］. 中华传播学学会年会论文［C］，2000.

90. 罗文辉，王慧馨，候志钦. 2004年台湾报纸"总统"选举新闻之政治偏差［J］. 选举研究，1996，14（2）.

91. 罗文辉，候志钦，郑丽萍，李伟农. 2004年电视"总统"选举新闻的政党偏差［J］. 广播与电视期刊，2004（7）.

92. 林裕展，罗文辉. 台湾电视公司四届"总统"选举新闻报导政党偏差研究［J］. 选举研究，2010（1）.

93. 刘登翰. 海峡文化论集［M］. 镇江：江苏大学出版社，2014.

94. 刘吉发. 政治学新论［M］. 北京：中国人民大学出版社，2008.

95. 刘国深. "九合一"选后台湾政党政治发展的未来趋势［J］. 台湾研究，2015（1）.

96. 龙太江，王邦佐. 经济增长与合法性的"政绩困局"——兼论中国政治的合法性基础［J］. 复旦学报（社会科学版），2005（3）.

97. 梁媛. 新闻编辑［M］. 长沙：湖南大学出版社，2007.

98. 李立. 透析台湾选举文化［J］. 台声，2007（5）.

99. 李立. 台湾政党政治发展史［M］. 北京：九州出版社，2014.

100. 李良荣. 新闻学概论（第5版）［M］. 上海：复旦大学出版社，2013.

101. 李希光，周庆安. 软力量与全球传播［M］. 北京：清华大学出版社，2005.

102. 李希光. 初级新闻采访写作［M］. 北京：清华大学出版社，2013.

103. 李敖. 民进党研究［M］. 北京：中国友谊出版社，2006.

104. 李敖. 李敖议坛哀思录［M］. 北京：中国友谊出版公司，2009.

105. 李景春. 性别伦理视域下女性自我观的建构［J］. 伦理学研究，2014（5）.

106. 李鹏. 台湾难以实现政治稳定的政治文化根源. 见：张文生主编. 台湾研究新跨越 政治思辨［M］. 北京：九州出版社，2010.

107. 李鹏. 台湾恶质选举文化对民众投票行为之影响分析［J］. 台湾研究. 2006（2）.

108. 李彪，郑满宁. 传播学与认知神经科学研究 工具、方法与应用［M］. 北京：人民日报出版社，2013.

109. 莫勇波，张定安. 制度执行力：概念辨析及构建要素［J］. 中国行政管理，2012（11）．

110. 聂平平．武建强．政治学导论［M］．武汉：武汉大学出版社，2012．

111. 纪彭文．国民党党产从有到无［J］．党史参考，2012（21）．

112. 姜朝晖．权力论：合法性合理论研究［D］．苏州：苏州大学博士论文，2005．

113. 贾乐蓉．当代俄罗斯大众传媒研究［M］．北京：中国广播电视出版社，2008．

114. 吴敏苏．和谐世界与国际报道［M］．北京：中国传媒大学出版社，2010．

115. 马端临．文献通考 上［M］．北京：中华书局，1986（09）．

116. 马宝成．有效性：现代政治合法性的政绩基础［J］．天津社会科学，2002（5）．

117. 马宝成．试论政治权力合法性的意识形态基础［J］．东方论坛，2000（2）．

118. 马宝成．政治合法性研究［M］．北京：中国社会出版社，2003：116．

119. 彭定光．政治伦理的现代建构［M］．济南：山东人民出版社，2007．

120. 彭怀恩．大众传播辞典［M］．台北：风云论坛有限公司，2010．

121. 秦伟，吴军等．社会科学研究方法［M］．成都：四川人民出版社，2000．

122. 盛治仁．媒体？民调和议题——谈竞选过程中民意的变动性和稳定性［J］．选举研究，2004，11（1）．

123. 史卫民．解读台湾选举［M］．北京：九州出版社，2007．

124. 商鞅等（著）；章诗同（注）．商君书［M］．上海：上海人民出版社，1974．

125. 苏蘅．消息来源与新闻价值——报纸如何报道"许历家退党"效应［J］．新闻学研究，1995，50（1）．

126. 苏虹，何溢诚．和平的眉角 世界大局下的两岸关系透视［M］．上海：上海三联书店，2014．

127. 苏梦珊．大陆媒体对台湾2012选举辩论会报道之研究：以《人民日报海外版》为例［J］．文艺生活（文海艺苑），2012（7）．

128. 孙要良．哈贝马斯政治哲学中的合法性思想研究［M］．北京：中共中央党校出版社，2013.

129. 邵娟．媒介传播中的"刻板印象"及"标签化新闻"浅析［J］．中国记者，2014（09）.

130. 王若伊．大陆媒体对台湾2012年选举辩论会的报道研究：以搜狐网为例［J］．福建论坛（人文社会科学版），2012（S1）.

131. 王长江．政党现代化论［M］．南京：江苏人民出版社，2004.

132. 王长江．现代政党执政规律研究［M］．上海：上海人民出版社，2002.

133. 王国珍．"媒体偏向"现象探析［J］．新闻知识，2009（07）.

134. 王天滨．台湾报业史［M］．台北：亚太图书出版社，2003.

135. 王天滨．台湾新闻传播史［M］．台北：亚太图书出版社，2002.

136. 王天滨．新闻自由 被打压的台湾媒体第四权［M］．台北：亚太图书出版社，2005.

137. 王海洲．合法性的争夺：政治记忆的多重刻写［M］．南京：江苏人民出版社，2008.

138. 王浦劬等．政治学基础（第二版）［M］．北京：北京大学出版社，1995.

139. 王邦佐等．中国政党制度的社会生态分析［M］．上海：上海人民出版社，2000.

140. 王鸿志．政治狂澜的浪花 台湾第三势力研［M］．北京：九州出版社，2013.

141. 王明生．当代中国政治参与研究［M］．南京：南京大学出版社，2012.

142. 王照东．政治文明视野中的权力问题研究［M］．北京：中国社会科学出版社，2006.

143. 王金茹．论编辑话语的基本特征［J］．吉林师范大学学报（人文社会科学版），2007（4）.

144. 汪澍，洪伟，艾克．台湾"民主政治"透视［M］．北京：华艺出版社，2014.

145. 翁秀琪．大众传播理论与实证［M］．台北：三民书局，1993.

146. 吴伟金．台湾地区选举文化的特性研究［J］．重庆社会主义学院学报，2014（3）.

147. 夏敏，索柏民．政府知识管理新论［M］．北京：人民出版社，2014.

148. 徐兆荣．新闻的分量［M］．北京：新华出版社，2001.

149. 徐国源．传播的文化修辞［M］．台北：文史哲出版社，2008.

150. 辛鸣．制度论 关于制度哲学的理论建构［M］．北京：人民出版社，2005.

151. 谢清果，曹艳辉．"解严"后政党角力下台湾新闻自由的进步与迷思［J］．台湾研究集刊.2014（1）.

152. 谢岳．大众传媒与美国民主——政治传播的个案研究［D］．上海：复旦大学博士后出站论文，2003.

153. 向芬．台湾民主转型号中新闻传播的变迁与发展———一项基于对台湾新闻传播界深度访谈的研究［J］．厦门大学学报（哲学社会科学版），2015（3）.

154. 杨柳．媒体文化对美国政治选举的影响［J］．新闻传播，2009.

155. 杨孝溁．台湾报纸选举新闻中评论成分之研究［J］．新闻学研究，1973，11（05）.

156. 杨雪冬．论意识形态与经济增［J］．复印报刊资料（理论经济学），1996（8）.

157. 俞世伟，白燕．规范·德性·德行：动态伦理道德体系的实践性研究［M］．北京：商务印书馆：2009.

158. 袁峰．价值认同与当代政治合法性的基础［J］．华东政法大学学报，2008（6）.

159. 于保中，陈新根．海峡两岸关系发展简史［M］．北京：九州出版社，2014.

160. 于凤荣．公共服务理论与实践［M］．哈尔滨：黑龙江人民出版社，2009.

161. 于霞．政治伦理视野内的行政"价值中立"［J］．学术论坛，2007（6）.

162. 叶永烈．台湾的选举文化［J］．同舟共济，2008（5）.

163. 燕继荣．发展政治学［M］．北京：北京大学出版社，2010.

164. 周志怀．两岸关系和平发展的巩固与深化 全国台湾研究会 2012 年学术研讨会论文选编［M］. 北京：九州出版社，2013.

165. 周鸿泽. 政治传播学概论［M］. 北京：中国纺织出版社，2005.

166. 周光辉. 论公共权力的合法性［M］. 长春：吉林出版集团有限责任公司，2007.

167. 钟瑛，余红. 传播科技与社会［M］. 武汉：华中科技大学出版社，2006.

168. 张学智. 日本电视［M］. 北京：中国电影出版社，2001.

169. 郑贞铭. 新闻传播总论［M］. 台北：允晨文化实业股份有限公司，1984.

170. 郑贞铭. 美国大众传播［M］. 台北：台湾商务印书馆，1977.

171. 张铭清. 海峡两岸新闻与传播研究［M］. 北京：九州出版社，2009.

172. 张亚靖. 新闻媒体与台湾选举政治的互动融合研究［D］. 北京：首都师范大学硕士毕业论文，2014.

173. 张志雄. 台湾政治营销与选民投票行为之研究［D］. 北京：中国人民大学博士学位论文，2010.

174. 张志丹. 阶级意识：马克思意识形态概念的精神实质［J］. 社会科学，2015（11）.

175. 张烁. 中国传统合法性话语的文化研究［M］. 武汉：武汉大学出版社，2014.12.

176. 朱熹集注. 论语［M］. 上海：上海古籍出版社，世纪出版集团，2007.

177. 邹振东. 台湾政治文化的符号变迁研究——光复以来台湾的舆论议题演变［D］. 厦门：厦门大学博士学位论文，2007.

178. 祝捷. 两岸关系定位与国际空间 台湾地区参与国际活动问题研究［M］. 北京：九州出版社，2013.

179. 庄江山. 制度的哲学思考［D］. 上海：复旦大学博士论文，2007.

180. 赵雪波，周哲. 现代国际传播大事件 案例与分析［M］. 北京：中国传媒大学出版社，2014.

181. 中国广播电视协会编. 中国广播电视行业自律与维权报告书2007年卷［M］. 北京：中国广播电视出版社，2007.

182. 祝基滢. 政治传播学［M］. 台北：三民书局，1995.

附　　录

一、台湾"中央选举委员会"关于"九合一"选举的部分新闻稿或公告

（一）台湾"中央选举委员会"新闻稿："中选会"委员会议讨论通过 2014 年地方公职人员选举投票日及工作进行程序表

日期	标题
2014－12－05	2014 年选举当选人名单公告
2014－12－01	选举结果概况
2014－11－27	2014 年选举选举人人数统计
2014－11－21	2014 年地方公职人员选举 选举公报
2014－11－18	候选人名单公告
2014－11－15	政见发表会日程表
2014－10－31	身心障碍选举人投票 协助措施
2014－10－01	2014 年地方公职人员选举编造选举人名册注意事项
2014－09－30	投开票所设置地点
2014－09－05	候选人登记概况
2014－08－28	候选人登记公告
2014－08－28	候选人登记申请各种书件表册格式
2014－08－21	选举公告
2014－07－02	投票所选择具备无障碍设施场地注意事项
2014－06－27	选举区划分及变更
2014－06－27	2014 年选举工作进行程序表
2014－06－17	2014 年直辖市长、直辖市议员、县（市）长、县（市）议员选举候选人登记应缴纳保证金数额
2014－05－13	"中选会"表示今年年底将有 9 项地方公职人员选举同时进行
2014－01－21	"中选会"委员会议讨论通过 2014 年地方公职人员选举投票日及工作进行程序表

"中选会"委员会议讨论通过 2014 年地方公职人员选举投票日及工作

进行程序表

"中央选举委员会" 新闻稿

2014 年 1 月 21 日（星期二）

（二）"中央选举委员会" 新闻稿："中选会" 表示今年年底将有 9 项地方公职人员选举同时进行

"中央选举委员会" 21 日举行委员会议，会中讨论通过 2014 年地方公职人员选举投票日期，将订于 2014 年 11 月 29 日（星期六）举行，投票起、止时间自上午 8 时至下午 4 时止，将函报行政院备查。

"中选会" 表示，委员会议同时讨论通过「2014 年直辖市长、直辖市议员、县（市）长、县（市）议员选举工作进行程序表」，重要选务工作日程如下：

（一）2014 年 8 月 21 日 发布选举公告。

（二）2014 年 8 月 28 日 公告候选人登记日期及必备事项。

（三）2014 年 9 月 1 日至 9 月 5 日 受理候选人登记之申请。

（四）2014 年 9 月 5 日 政党推荐之候选人政党撤回其推荐截止。

（五）2014 年 10 月 21 日前 审定候选人名单，并通知抽签。

（六）2014 年 10 月 27 日 候选人抽签决定号次。

（七）2014 年 11 月 9 日 选举人名册编造完成。

（八）2014 年 11 月 13 日 公告直辖市长选举候选人名单。

（九）2014 年 11 月 14 日至 11 月 28 日 办理直辖市长选举公办政见发表会。

（十）2014 年 11 月 18 日 公告直辖市议员、县（市）议员、县（市）长选举候选人名单。

（十一）2014 年 11 月 19 日至 11 月 28 日 办理直辖市议员、县（市）议员、县（市）长选举公办政见发表会。

（十二）2014 年 11 月 25 日 公告选举人人数。

（十三）2014 年 11 月 29 日 投票、开票。

（十四）2014 年 12 月 5 日前 审定当选人名单。

（十五）2014 年 12 月 5 日 公告当选人名单。

（十六）2014 年 12 月 19 日前 发给当选证书。

（十七）2015 年 1 月 4 日前 通知候选人领取补贴之竞选费用。

"中选会" 并指出，2014 年乡（镇、市）长、乡（镇、市）民代表及村（里）长选举工作进行程序表，则由各直辖市、县（市）选举委员会配合上开日程订定。

"中选会"表示今年年底将有9项地方公职人员选举同时进行

"中央选举委员会"新闻稿
2014年5月13日（星期二）

（三）"中央选举委员会"新闻稿：2014年直辖市长、直辖市议员、县（市）长、县（市）议员选举候选人登记应缴纳保证金数额

"立法院"院会13日三读通过公职人员选举罢免法修正案，于地方公职人员范围增列"直辖市山地原住民区民代表"及"区长"，"中央选举委员会"13日表示，今年年底将共有9项地方公职人员选举同时进行。

"中选会"表示，新增的"直辖市山地原住民区民代表"及"区长"分别是，新北市乌来区、桃园市复兴区、台中市和平区、高雄市那玛夏区、桃源区、茂林区，将于今年年底选出第一届区民代表及区长。

2014年直辖市长、直辖市议员、县（市）长、县（市）议员选举候选人登记应缴纳保证金数额

"中央选举委员会"新闻稿
2014年6月17日（星期二）

（四）"中央选举委员会"公告

"中央选举委员会"15日举行委员会议，会中讨论通过2014年地方公职人员选举开票顺序之原则，将函请各直辖市、县（市）选举委员会办理，并载明于投开票所工作人员手册。

"中选会"表示，为达成2014年地方公职人员选举开票结果正确迅速，于日前召开2014年地方公职人员选举选务工作协调会议，会中确定年底选举开票顺序原则。

一、直辖市（不包括山地"原住民"区）及市之开票所，得分2组同时开票，分2组开票时，应分别先开市长与市议员选举票，最后再以1组进行里长选举票之开票；仅1组开票时，依市长、市议员、里长次序开票。

二、直辖市山地"原住民"区之开票所，原则应分2组同时开票，其中1组负责依序进行市长、区长、里长选举票之开票，另1组负责依序进行市议员、区民代表选举票之开票；如工作人员较少，无法分2组开票时，即以1组依市长、市议员、区长、区民代表、里长次序开票。

三、县之开票所，原则应分 2 组同时开票，其中 1 组负责依序进行县长、乡（镇、市）长、村（里）长选举票之开票，另 1 组负责依序进行县议员、乡（镇、市）民代表选举票之开票；如工作人员较少，无法分 2 组开票时，即以 1 组依县长、县议员、乡（镇、市）长、乡（镇、市）民代表、村（里）长次序开票。

"中央选举委员会" 5 日表示，2014 年地方公职人员选举候选人已于 5 日完成登记，共有 19762 位候选人完成登记，将角逐 11130 个名额。该会将于 2014 年 10 月 21 日前完成候选人资格审查后，于 2014 年 10 月 27 日办理候选人抽签。

"中选会"指出，此次选举候选人登记，计有 20 位直辖市长、688 位直辖市议员、64 位县市长、920 位县市议员、475 位乡镇市长、3287 位乡镇市民代表、14194 位村里长、20 位山地"原住民"区长、94 位山地"原住民"区民代表完成登记。

另外，此次选举应选名额共计 11130 名，分别是直辖市长 6 名、直辖市议员 375 名、县市长 16 名、县市议员 532 名、乡镇市长 198 名、乡镇市民代表 2096 名、村里长 7851 名、山地"原住民"区长 6 名、山地"原住民"区民代表 50 名。

"中选会"表示，5 日来的各项选举的每日统计情形、各政党每日推荐候选人情形、登记候选人名单（包括直辖市长、直辖市议员、县市长、县市议员、山地"原住民"区长、山地"原住民"区民代表），

"中央选举委员会"公告

发文日期："中华民国"2014 年 8 月 21 日

发文字号："中选务"字第 1033150145 号

二、2014 年"直辖"市长及县市长候选人名单（整理自维基百科）

2014 年"直辖"市长及县市长候选人名单

"直辖市"省	县/市	国民党	民进党	其他政党	无党籍
	台北市	连胜文		陈汝斌①	柯文哲、冯光远、陈永昌、李宏信、赵衍庆
	新北市	朱立伦	游锡堃		李进顺

续表

"直辖市" 省	县/市	国民党	民进党	其他政党	无党籍
	桃园市	**吴志扬**	郑文灿		许睿智
	台中市	**胡志强**	林佳龙		
	台南市	黄秀霜	**赖清德**		
	高雄市	杨秋兴	**陈菊**		周可盛
台湾省	基隆市	谢立功	林右昌	何燕堂②	黄景泰、江鉴育、吴武明
	宜兰县	邱淑媞	**林聪贤**		
	新竹县	**邱镜淳**			郑永金、庄作兵、叶芳栋
	新竹市	**许明财**	林智坚		蔡仁坚、刘正幸、吴淑敏
	苗栗县	徐耀昌	吴宜臻		康世儒、江明修、曾国良、陈淑芬
	彰化县	林沧敏	魏明谷		黄文玲、洪敏雄
	南投县	林明溱	李文忠		
	云林县	张丽善	李进勇		
	嘉义县	翁重钧	**张花冠**		黄宏成台湾阿成世界伟人
	嘉义市	陈以真	涂醒哲	林诗涵③	陈秀丽、陈泰山、许文建
	屏东县	简太郎	潘孟安		
	台东县	**黄健庭**	刘櫂豪		
	花莲县	蔡启塔			**傅崐萁**、柯赐海、黄师鹏、朱国华、徐榛蔚
	澎湖县	苏崑雄	陈光复		
"福建"省	金门县	**李沃士**		汪成华④	陈福海、许乃权、洪志恒、杨荣祥、雷由靖、林水泉、庄育民、苏龙科
	连江县	**杨绥生**、刘增应			

注：①：三等国民公义人权自救党；②、③：人民民主阵线；④：教科文预算保障 e 联盟。
竞选连任的候选人以粗体字标示，各直辖市、县市框色依据选举时在任者之党籍标示。

三、2014 年"直辖"市长及县市长选举结果（整理自百度百科）

2014 年 11 月 29 日，台湾地区历来规模最大的选举，即"九合一"选举进行投票、开票。据台湾当局选举事务部门统计，在 22 个县市长中，国民党籍参选人获得 6 席，民进党籍参选人获得 13 席，另有 3 席为无党籍人士当选。

六大"直辖市"市长选举结果

台北市长：无党籍参选人柯文哲当选

柯文哲，男，55 岁，无党籍，台湾大学医学院博士。曾任台大医院创伤医学部主任。

新北市长：国民党籍参选人朱立伦当选

朱立伦，男，53 岁，国民党籍，美国纽约大学会计博士。现任新北市市长，曾任台湾"行政院副院长"、"立法委员"、桃园县县长等职。

桃园市长：民进党籍参选人郑文灿当选

郑文灿，男，47 岁，民进党籍，台湾大学硕士。曾任台湾"行政院"发言人兼"新闻局长"、桃园县议员、民进党文宣部主任、台湾海基会副秘书长等职。

台中市长：民进党籍参选人林佳龙当选

林佳龙，男，50 岁，民进党籍，美国耶鲁大学政治学博士，现任台湾"立法委员"，曾任台湾"总统府办公室副秘书长"、民进党中央党部秘书长等职。

台南市长：民进党籍参选人赖清德当选

赖清德，男，55 岁，民进党籍，美国哈佛大学公共卫生硕士，现任台南市长，曾任台湾"立法委员"等职。

高雄市长：民进党籍参选人陈菊当选

陈菊，女，64 岁，民进党籍，台湾中山大学公共事务管理研究所硕士，现任高雄市长，曾担任台北市社会局局长、高雄市社会局局长、台"劳工委员会主任委员"等职。

一般县市长选举结果

新竹县长：国民党籍参选人邱镜淳当选

邱镜淳，男，65 岁，国民党籍，台湾东海大学公共行政研究所结业、美国圣汤玛斯大学国际管理硕士。现任新竹县县长。曾任台湾"立法委员"、"台湾省议员"等职。

苗栗县长：国民党籍参选人徐耀昌当选

徐耀昌，男，59 岁，国民党籍，台湾中华大学经营管理研究所管理学硕士，现任台湾"立法委员"。曾任台湾"立法院"国民党团书记长等职。

彰化县长：民进党籍参选人魏明谷当选

魏明谷，男，52 岁，民进党籍，台湾大叶大学事业经济研究所硕士。现任台湾"立法委员"。

南投县长：国民党籍参选人林明溱当选

林明溱，男，63岁，国民党籍，台湾朝阳科技大学休闲管理系硕士。现任台湾"立法委员"。曾任南投县观光局局长、县议员等职。

云林县长：民进党籍参选人李进勇当选

李进勇，男，63岁，民进党籍，台湾大学法学硕士。曾任台湾"法务部副部长"、"交通部副部长"、云林县代县长等职。

嘉义县长：民进党籍参选人张花冠当选

张花冠，女，49岁，民进党籍，台湾中正大学战略暨国际事务研究所硕士。现任嘉义县县长。曾任台湾"立法委员"、民进党中执委及中常委等职。

屏东县长：民进党籍参选人潘孟安当选

潘孟安，男，51岁，民进党籍，台湾高雄师范大学成人教育研究所硕士班、美国檀香山文理及人文大学高阶经理人企管硕士班。曾任台湾"立法委员"、屏东县议员等职。

宜兰县长：民进党籍参选人林聪贤当选

林聪贤，男，53岁，民进党籍，台湾佛光大学公共事务研究所硕士。现任宜兰县县长。

花莲县长：无党籍参选人傅崐萁当选

傅崐萁，男，52岁，无党籍参选人，淡江大学大陆研究所硕士、广州暨南大学法学博士班。现任花莲县县长。曾任台湾"立法委员"。

台东县长：国民党籍参选人黄健庭当选

黄健庭，男，55岁，国民党籍，台湾政治大学国贸系、美国加州圣塔克拉拉大学企管硕士。现任台东县县长。曾任台湾"立法委员"、国民党中央委员等职。

澎湖县长：民进党籍参选人陈光复当选

陈光复：男，59岁，民进党籍，台中喜信圣经学院毕业。曾任台湾"立法委员"、"台湾省政府委员"、高雄市议员等职。

金门县长：无党籍参选人陈福海当选

陈福海，男，51岁，无党籍参选人，高雄大学高阶经营管理硕士，曾任金门县金湖镇民代表、金门县议员、金门县金湖镇长。

连江县长：国民党籍参选人刘增应当选

刘增应，男，57岁，国民党籍，台湾大学预防医学硕士，曾任连江县卫生院医师、连江县卫生局局长。

基隆市长：民进党籍参选人林右昌当选

林右昌，男，43岁，民进党籍，台湾大学建筑与城乡研究所硕士。现任台湾城市竞争力发展协会理事长。

新竹市长：民进党籍参选人林智坚当选

林智坚，男，39岁，民进党籍，台湾大学在职硕士、中华大学科技管理所硕士、中华大学企业管理系。现任新竹市议员。

嘉义市长：民进党籍参选人涂醒哲当选

涂醒哲，男，63岁，民进党籍，美国加州大学洛杉矶分校公共卫生学博士。曾任台湾"卫生署署长"、"疾病管制局局长"、"立法委员"等职。

后　记

　　本书是由我的博士论文修改而成的，选择这个题目，起缘于一次偶然的机会。2014 年，我跟随导师黄瑚教授参加由"两岸关系和平发展协同创新中心"举办的一场学术会议，被其中关于台湾媒介研究的议题所吸引，随后便跟老师商量确定了基本方向，开始了这项研究。

　　但在研究过程中，一些困惑不断出现。其中包括：研究所涉样本文章众多，仅通读一遍就要耗掉大量时间，要不要做抽样？我身在上海，怎样才能更好地感受台湾政治社会的现实情境？本研究所选媒体具有单向属性，如何确保研究立场的中立？等等。经过一番思考，我不断为自己找到一个个出口。为了实现对文本更为全面、细致的把握，我没有选择抽样，而是一篇篇地啃了下去。为了找到与台湾相关的政治社会情境，我启用一个微博账号，每日利用闲散时间就台湾话题与两岸网友互动。研究过程中，除了"九合一"选举外，还经历了台湾 2016 年地区领导人选举，大家（尤其是台湾网友）围绕这两场选举事件的热情评论增进了我对台湾政治社会的理解。在立场问题上，我选择就事论事，力求保持较好的中立，不但分析了《自由时报》这样的绿营媒体，也对台湾蓝营媒体进行了客观评价。（不过在阅读中，可能有读者会对本研究产生"偏蓝"的感受，需要说明的是，这是由本研究所选媒体为单向属性所致，它只是一种假象，试想如果所选媒体为另一种偏向，读者也许会产生相反的感受。）

　　虽然本研究并不对这场选举的双方持以某种立场，但研究过程中所看到的台湾政媒交织的不良生态及台湾社会的其他各类问题，让我充满忧虑。像《自由时报》这样公然宣扬"台独"思想的媒体显然是惑乱台湾社会、助长"独立"倾向的肇事者之一，但目前我们与之相关的学术研究显得相当不足。这种状况可能会使我们对"台湾问题"难以有足够精准的把握。解决"问题"，必先正视"问题"的所在，而不能以对"问题"的无视作为解决应对的方式。"台独"是当前两岸关系当中的最大问题，只有更多地关注与"台独"相关的问题，我们的研究才能更好地深入到"台湾问题"的真正根源中去。面对 2016 年后"独派"势力在台湾的"全面执政",我认为两岸关系研究有必要破除更多忌讳,不断加强对"台独"相关问题的关注,以此更好地为推进两岸关系找到新的思路和对策。

最后,我要表达自己的谢意。在整个研究与写作过程中,我的导师黄瑚教授给我提供了十分重要的学术指导。黄老师德学双馨,永远是晚辈学习的榜样,有幸考入老师门下,实属人生幸事。感谢复旦大学新闻学院曾经对我予以言传身教、提供过帮助的各位老师,在复旦有机会向如此之多学术精湛、负有盛名的专家学者学习,是我人生的财富。感谢厦门大学台湾研究院、新闻与传播学院的诸多老师,以及其他来自大陆及台湾、香港、澳门的各类研究机构与新闻媒体的老师和朋友们,感谢曾经与你们合作,聆听你们对于两岸关系发展的学术高见,你们的学识和思想都令我受益匪浅。感谢"两岸关系和平发展协同创新中心"为本书出版提供的资助,感谢九州出版社编辑老师的辛勤付出。

感谢我的家人。永远不忘父母的养育之恩、兄弟的帮助之恩、妻子的信任之情。我将不负你们的期望,永不懈怠,积极进取、努力奋斗,为家庭、为人生、为社会。